REIHE: NEUE PHILOSOPHIE

BAND 9: ANIL K. JAIN: MEDIEN DER REFLEXIVITÄT – OBJEKTE UND IHR »VERMÖGEN«

edition fatal

Gewidmet den Dingen und ihrer Schwere

ANIL K. JAIN

MEDIEN DER REFLEXIVITÄT

Objekte und ihr »Vermögen«

edition fatal

»edition fatal« Verlagsgesellschaft bR, München
Gesellschafter: Mario R. M. Beilhack, Anil K. Jain
www.edition-fatal.de, kontakt@edition-fatal.de

Reihe: Neue Philosophie, Band 9
Herausgeber: Mario R. M. Beilhack

Anil K. Jain: Medien der Reflexivität – Objekte und ihr »Vermögen«

Originalausgabe, München 2020

Titelbild:
Selbstportrait des Autors

Bibliografische Information der Deutschen Nationalbibliothek:

Die Deutsche Nationalbibliothek verzeichnet diese Publikation in der Deutschen Nationalbibliografie. Detaillierte bibliografische Daten sind im Internet über die Seite http://dnb.d-nb.de abrufbar.

ISBN 978-3-935147-30-9

Herstellung: Books on Demand GmbH

Inhaltsverzeichnis

Inhaltsverzeichnis

Ausrede (statt einer Vorrede)

AUSREDE (STATT EINER VORREDE)

Kann man die (In-)Fragestellung greifbar machen? Muss man es nicht sogar, wenn aus der Frage eine (Tat-)Sache entstehen soll? Denn in der Tat: Die Medien der Reflexivität, um die es hier gehen soll, sind materiell, und Reflexivität selbst ist es ebenso. Nur wo sich nämlich Reflexion (sozial) verdinglicht, entstehen Strukturen, die über sich selbst hinausreichen. Die Reflexivität: das Ding der Unmöglichkeit. Das Ding: Mittler der Möglichkeit (der Reflexivität). Ganz einfach, weil es da ist und somit einen Ansatzpunkt liefert. Die Wirkmacht der Objekte liegt also – bezogen auf Reflexivität – in dem Raum, den sie eröffnen, indem sie einen Raum einnehmen, sich in den Weg stellen, mit Schwere auf einem lasten. So muss das Neue angegangen werden – vorbei an den alten Dingen, ihr Gewicht, ihre Last abschüttelnd. Manchmal aber auch mit ihnen, die Taschen gut gefüllt, aus dem Vollen schöpfend. Reflexivität, als Öffnung zum Neuen, jedenfalls (ver-)nichtet nicht nur das Alte, sie setzt bei ihm an und auf ihm auf.

Wer aber kann mit derart kryptischen Sätzen – die voraussetzen, wohin sie führen sollen – etwas anfangen? Machen sie einen Sinn? – Ja und nein. Denn sie sind Anklang und Einstimmung auf das Kommende und somit durchaus »sinnvoll«. Aber zugleich verstellen sie doch (auch und gerade in ihren Vorwegnahmen) den Blick. Vor allem überdecken sie den, durchaus relevanten, Ausgangspunkt. Denn nicht nur im Titel, auch thematisch wird hier ein Topos – die »Materialität« – aus einem Werk wieder aufgegriffen, dessen Veröffentlichung schon eine gute Zeit zurückliegt, und aus dessen Einleitung ich deshalb hier kurz – zur Erinnerung – »zitieren« möchte: In *»Medien der Anschauung«* habe ich nämlich versucht, eine Methode der Heuristik auf der Basis (reflexiv gedeuteter) Metaphern »aufzuzeigen«. Dabei dient eine *initiale Metapher* als Ausgangspunkt, indem ein »abstrakter« Gedanken in eine bildliche Vorstellung übertragen wird *(imaginative Übertragung)*. Die initiale Metapher wird dann immer weiter detailliert und verdichtet *(Verdichtung)* und schließlich zurück gespiegelt auf die zugrunde liegende Vorstellung *(überschreitender Retransfer/Rückübertragung)* – und kann so zu neuen Erkenntnissen führen. Gerade die »Konkretion« der Metapher bildet nämlich, so meine damalige These, den sinnlichen-materiellen Ausgangspunkt für assoziative, abweichende Denkbewegungen.

In diesem Text gehe ich zugleich einen Schritt weiter und einen Schritt zurück: Es geht hier nicht (nur) um die Frage, wie man Erkenntnis gewinnen, sondern darum, wie sich Erkenntnis »manifestieren« kann. Und die Materialität, die

hierbei in den Fokus genommen wird, liegt auf viel grundlegenderer Ebene: Nicht das vorgestellte, sondern das reale Ding wird betrachtet und dient als »Anstoßgeber« für einen hinterfragenden Erkenntnisprozesses.
Eine weitere Parallele zu den *»Medien der Anschauung«* ist, dass die Anregung zu diesem Text sich ebenfalls aus einem empirischen Forschungsprojekt speist – dem (vom BMBF geförderten) Verbundprojekt »Objekte als Medien der Reflexivität«, das nicht nur im Titel seine inhaltliche Nähe zu diesem Text offenbart, sondern auf empirischer Ebene die Rolle der Objekte im Kontext von Reflexivität untersuchte. Im abschließenden Teil des Textes werde ich auf einige Beispiele aus diesem Projektzusammenhang näher eingehen. Allerdings, dies ist kein Forschungsbericht, sondern primär der Versuch einer theoretischen Annäherung an die Begriffe und Konzepte, die in diesem Kontext relevant sind: also der Begriff des Mediums, das Konzept der Reflexivität (aber ebenso ihr Anderes: die Deflexivität), die Frage der Objekte und ihre Materialität – und schließlich: das Symbolische. Erst im Anschluss an die Ergründung dieser separaten Begriffswelten wird ein Versuch der Zusammenschau unternommen. Und genauso wie dies kein Forschungsbericht ist, so ist es auch keine scholastische Akademieübung, sondern vielmehr soll sich ein möglichst freier Fluss der Gedanken ergeben – nicht ohne Referenzen, aber ohne sich in Referenzialität zu ergehen. Schon fast könnte man nun in Anbetracht dieser relativierenden Bemerkungen meinen: dies ist weniger eine Vor- als vielmehr eine Ausrede. Nun aber keine Ausrede(n) mehr – denn ich soll wohl endlich beginnen!

Anil Jain im Oktober 2014

1. Medien: Die Geister, die ich rief …

1. MEDIEN: DIE GEISTER, DIE ICH RIEF ...

Wir sitzen um einen runden Tisch. Der Raum ist dunkel, kaum können wir im Dämmerlicht die Mienen unserer Tischgenossen lesen. Unsere Fingerspitzen berühren sich. Wir warten gespannt. Das Medium murmelt Unverständliches, in Trance verfallen. Wir hören ein Klopfen. Erst unmerklich, dann immer lauter werdend. Ein Morse-Code aus dem Jenseits. Der Tisch beginnt zu schweben. Wir spüren, wie er sich vom Boden hebt ... Das ist unser Bild einer Séance. Wir tragen dieses Bild in unserem Kopf. Wahrscheinlich ist es irgendwie da hineingekommen. Genau wissen wir es nicht mehr. Wahrscheinlich haben es die Medien da hinein verpflanzt. Durch unzählige Filmszenen und Beschreibungen hat es sich zu einer recht konkreten Vorstellung verdichtet. Und vielleicht haben wir es, angeregt durch diese Medienbilder, sogar selbst einmal probiert, die Geister zu beschwören. Vielleicht hat das, was dabei geschehen ist, unser Weltbild erschüttert. Vielleicht aber ist auch nichts passiert. Dann lag es sicher daran, dass unsere medialen Fähigkeiten nicht ausgereicht haben ...

Die bedeutendsten Medien des 19. Jahrhunderts – das man mit gutem Recht auch das Jahrhundert des Spiritismus nennen könnte – waren die Schwestern Margaret und Kate Fox. Ihre Geschichte liest sich wie ein Kriminalroman – oder wie ein Gruselmärchen. Und ihre medialen Fähigkeiten müssen enorm gewesen sein, vor allem ihre Fähigkeiten, die Aufmerksamkeit der damaligen Massenmedien auf sich zu ziehen. Alles begann im März 1848, als die beiden noch jugendlichen Schwestern aufgeregt von unerklärlichen Klopfgeräuschen in ihrem Elternhaus in Hydesville (im US-Bundesstaat New York) erzählten, über welches schon zuvor einige Spukgeschichten im Umlauf gewesen waren. Zunächst verbreitete sich die Neuigkeit nur in der Nachbarschaft. Schon bald aber meldeten selbst überregionale Zeitungen von den unglaublichen Vorkommnissen im Hause Fox: Der Geist eines verstorbenen Mörders, der im Keller vergraben sein solle, kommuniziere über einen Code aus Klopfzeichen mit den beiden Schwestern.

Dieser wusste nicht nur über so spannende Angelegenheiten wie das allseits bestens bekannte Alter der Schwestern zu berichten, sondern offenbarte über den Klopfcode auch Details über seine Mordtat. Wundersamerweise hörten die Schwestern von nun an überall, wohin sie gingen, Klopfzeichen von Geistern, die also eine Art universelle Sprache der Untoten zu sein schienen. Schnell machten Kate und Margaret mit dieser Fähigkeit Karriere. Ihr Weg führte sie über diverse Provinzstädte bis nach New York, wo sie zahlreiche Séancen auch mit Persönlichkeiten der Zeitgeschichte abhielten. Und der Erfolg der Schwestern sorgte recht bald für zahlreiche Nachahmer und Nachahmerinnen. Der Spiritismus, also der Dialog mit den Toten vermittelt durch ein Medium, wurde Mode und verbreitete sich als Phänomen über den ganzen Globus. Man kann also sagen, dass die Fox-Schwestern den historischen Ausgangspunkt für die moderne, bis heute kaum weniger verbreitete spiritistische Bewegung darstellten. Mit Sicherheit aber waren sie die ersten professionellen Medien und machten ihre »Gabe« relativ erfolgreich zum Beruf. (Vgl. zur Geschichte der Fox-Schwestern z.B. Weisberg: *Talking to the Dead)*

Allerdings: erfunden haben Kate und Margaret Fox die Geisterbeschwörung natürlich nicht. Schon in prähistorischer Zeit war die Kommunikation mit »Naturgeistern« Aufgabe von Schamanen. Die ersten schriftlichen historischen Dokumente über Ahnenrituale, die dem modernen Spiritismus durchaus ähneln, stammen aus dem antiken China und datieren in die Periode ca. 300 Jahre vor unserer Zeitrechnung. Um sich entsprechend einzustimmen, musste das Medium, meist ein Enkel oder eine Enkelin des/der Verstorbenen, tagelang meditieren und fasten und nahm während des Rituals Speisen und Alkohol zu sich. Aber auch im Alten Testament gibt es Stellen, die nahelegen, dass man im antiken Mittelmeerraum ebenso gerne die Dienste von Medien in Anspruch nahm, um mit den Geistern von Toten in Kontakt zu treten. (Vgl. Paper: *Mediumism Throughout History and Around the Globe*)

Wie man sieht, hat die Anrufung der Geister von Verstorbenen durch Medien also eine lange Tradition und Geschichte. Was aber ist nun das besondere, das spezifische der Situation im 19. Jahrhunderts, als Margaret und Kate Fox auf die Bühne des Spiritismus traten? – Nun, die spiritistischen Medien des 19. Jahrhunderts wurden erstmals von Massenmedien begleitet, sie fanden ein öffentliches Interesse und Echo vor. Was in vergangener Zeit rein privaten oder religiösen Zwecken gedient hatte, wurde ein Element der öffentlichen Diskussion und, vor allem, der Unterhaltung. Im Zuge dieser Popularisierung, entstand eine neue Profession, die insbesondere für Frauen aus der Unterschicht eine attraktive Einkommensmöglichkeit bot. Zwar zeigen verfügbare Zahlen, dass das Geschlechterverhältnis tatsächlich nahezu ausgeglichen war. Und die meisten Medien hatten ein eher geringes Einkommen aufzuweisen. Zudem war das soziale Ansehen der Medien in der prüden viktorianischen Gesellschaft nicht gerade hoch, denn ihnen wurde eine zweifelhafte Sexualmoral mit vielen wechselnden Partnern unterstellt. Aber gerade für Frauen aus ärmlichen Verhältnissen bot sich mit dem Beruf des Mediums trotzdem (oder vielleicht

gerade deshalb) eine der wenigen Möglichkeit des Aufstiegs und der Emanzipation. (Vgl. Laurence Moore: *The Spiritualist Medium)*
Neben dieser technischen und sozialen Komponente gibt es aber auch noch einen eher globalen zeitgeschichtlichen Aspekt, der den Spiritismus-Boom, welcher durch die Fox-Schwestern ausgelöst wurde, erklären könnte: Das 19. Jahrhundert war geprägt von einem noch weitgehend ungebrochenen Fortschrittsglauben. Es ist das Jahrhundert der großen Erfindungen, die die Welt revolutionieren sollten: der Eisenbahn, der Dampfschiffahrt, des Automobils, der Telegraphie und des Telephons, des elektrischen Lichts, der Photgraphie, des Films. Die Reihe ließe sich noch lange fortsetzen. Doch gerade die »Wunder« der Wissenschaft und Technik drohten die Welt zu entzaubern, wie man in Anlehnung an Max Weber (vgl. *Wissenschaft als Beruf)* formulieren könnte. Denn hinter ihren »Wundern« steckte eine kalte Rationalität, die sich anschickte, auch die letzten Geheimnisse zu ergründen – und damit banal zu machen. So entstand mit der Verwissenschaftlichung und Technisierung der Welt ein Bedürfnis nach Mystik, nach dem Rätselhaften und Geheimnisvollen. Gleichzeitig aber musste sich diese neue Mystik in die Ordnung der Rationalität integrieren. Selbst die Geister mussten sich materialisiseren, mussten sinnlich erfahrbar werden und einen Nachweis über ihre Existenz liefern – z.B. indem sie mittels Kopfzeichen in Séancen mehr oder weniger sinnvolle Fragen beantworteten. Genau diese obskure Mischung des Spiritismus, diese gleichzeitige Ansprache beider Bedürfnisse – nach der Evidenz und nach dem Unergründlichen – kann erklären, warum er ausgerechnet zu dieser Zeit so erfolgreich werden konnte.
Übrigens: Im Jahr 1888 gestanden die beiden Fox-Schwestern, die mittlerweile mit Alkoholproblemen und finanziellen Schwierigkeiten zu kämpfen hatten, dass alles ein großer Schwindel gewesen war. Sie hatten die Klopfzeichen selbst produziert, angeblich angestachelt von ihrer älteren Schwester Leah, die von Beginn an zu ihrer Managerin geworden war und mit der sie sich zwischenzeitlich völlig überworfen hatten: »The rappings are simply the result of a perfect control on the muscles of the leg below the knee [...] No one suspected us of any trick because we were such young children.« (Margaret Fox in *The New York World* vom 21.10.1888 zitiert nach Weisberg: *Talking to the Dead:* S. 243) War dieses Eingeständnis das Ende des Spiritismus? – Keineswegs. Denn zum einem widerrief Margaret ihre (mit einem hohem Honorar erkauften) Interview-Aussagen im Jahr 1889 – was die spiritistische Bewegung nur allzu gern als Rückkehr zur Wahrhaftigkeit ansehen mochte. Zum anderen waren die tiefer liegenden Gründe für das Aufblühen des

Spiritismus mit dem Geständnis der Medien Margaret und Kate keineswegs beseitigt: Der Wunsch nach der Wahrheit des Ungeheuerlichen war offenbar weit größer als die Empörung über die Ungeheuerlichkeit der wahrscheinlichen Wahrheit.

DER BEGRIFF DES MEDIUMS

Aber warum wurde hier überhaupt die Geschichte der Trance-Medien Margaret and Kate Fox erzählt? In welchem Verhältnis stehen sie und ihr Leben zur Thematik der Reflexivität (und ihrer Medien)? – Offensichtlich in keinem. Doch das Offensichtliche offenbart selten das ganze und häufig ein allzu oberflächliches Bild. Wer sich mit dem Begriff des Mediums (und seiner Geschichte) beschäftigt, wird zudem schnell feststellen, dass die spiritistischen Medien, für die die Fox-Schwestern hier exemplarisch stehen sollen, noch zu Beginn des 20. Jahrhunderts sogar viel eher zum Kern des Medienbegriffs gehörten als z.B. die Kommunikations- und Massenmedien, die wir heute überwiegend darunter verstehen wollen: Stefan Hoffmann hat in einer empirischen Auswertung historischer deutscher Wörterbücher (vom beginnenden 18. bis zum frühen 20. Jahrhundert) festgestellt, dass man in diesen Lexika im Wesentlichen sechs Medienbegriffe unterscheiden kann, nämlich das Medium als Mitte/-Mittleres (also eng angelehnt an die Bedeutung des lateinischen Wortursprungs), als Hilfsmittel, als Hälfte, als Vermittelndes, als Form des Genus Verbi und eben als vermittelnde Person im Spiritismus/Mesmerismus. Während in den Wörterbüchern des 18. Jahrhunderts noch die ersten drei Bedeutungen dominierten, verschob sich der Begriffsschwerpunkt im späten 19. und frühen 20. Jahrhundert hin zu den letzten drei Bedeutungsfeldern. (Vgl. Hoffmann: *Geschichte des Medienbegriffs:* S. 25ff.)

Aus geistesgeschichtlicher Perspektive ist allerdings eine ganz andere Verschiebung viel bedeutungsvoller: nämlich die Verschiebung vom materiellen Medium hin zum entmaterialisierten, »leeren« Medium. Die klassische Vorstellung, dass zur Wahrnehmung immer ein vermittelndes (materielles) Medium notwendig ist, geht auf Aristoteles zurück. Dieser bemerkt bezogen auf das Sehen: »[…] es muss ein Medium geben; ist dieses leer so wird nicht nur nicht deutlich, sondern überhaupt nichts gesehen.« *(Über die Seele;* Buch II, Kap. 7-419a [S. 37]). Gleiches gilt auch für die anderen Sinne – um Wahrnehmung zu ermöglichen, ist gemäß Aristoteles zwingend ein Medium erforderlich. Ein leerer Raum ist darum undenkbar, denn im »Nichts« des

Raumes wäre nach dieser Vorstellung, die bis in die frühe Neuzeit die Wahrnehmungstheorien dominieren sollte, jede sinnliche Wahrnehmung unmöglich. Deshalb bildete sich in der Antike die Vorstellung des »Äthers« aus – als hypothetisches Medien-Substrat, das die Leere des (Welt-)Raums ausfüllt, so dass z.B. das Licht der Sterne zu uns dringen kann (vgl. auch Hoffmann: *Geschichte des Medienbegriffs:* S. 34ff.). Paradoxerweise erfolgte dann ausgerechnet im Zuge des naturwissenschaftlich-technischen Fortschritts eine Entmaterialisierung und »Entleerung« des Medienbegriffs. Für die »Übertragung« von Signalen ist nämlich spätestens seit der Entwicklung der Feldtheorie im 19. Jahrhundert kein materielles Medium mehr erforderlich (vgl. ebd.: S. 124ff.). An die Stelle des Äthers trat der leere Raum.

Hier schließt sich der Kreis zu den spiritistischen Medien. Sie sind gewissermaßen die (verkörperten) Kanäle, durch die hindurch die Feldkräfte einer anderen, entmaterialisierten »Geister-Welt« zu uns vordringen – und ähneln so durchaus Radioapparaten oder Satellitenempfängern, die ebenfalls unsichtbare (elektromagnetische) Strahlung in für uns wahrnehmbare Signale umwandeln. Es ist also möglicherweise gar nicht so abwegig eine Annäherung an den Medienbegriff über den (Um-)Weg der Trance-Medien zu unternehmen. Dies gilt insbesondere, wenn man bedenkt, dass unser moderner, technisch geprägter Medienbegriff erst in den 1940er Jahren etabliert wurde und die spiritistischen Medien, durch ihre Funktion als personale Mittler zwischen Jenseits und Diesseits, tatsächlich eben genau zwischen einem metaphysischen und einem technisch-dinglichen Medienbegriff anzusiedeln wären (vgl. hierzu auch Kittler: *Aufscheibesysteme:* S. 235, Peters: *Speaking Into the Air:* S. 89ff., Groys: *Im Namen des Mediums* sowie Schüttpelz: *Mediumismus und moderne Medien).*

ÜBERTRAGUNGEN

Folgt man der von mir in »*Medien der Anschauung*« etablierten Methode der metaphorischen Heuristik (vgl. ebd.), so ist es allerdings gar nicht von zentraler Bedeutung, ob und in welchem »realen« Verhältnis die Trance-Medien zum modernen Medienbegriff stehen. Es kommt nur darauf an, sich auf das Bild einzulassen, sich in seinem Raum treiben zu lassen, die Impressionen assoziativ zu verdichten und dann (kritisch) zurück zu spiegeln auf die Ausgangsvorstellung. Genau in den Abweichungen und Differenzen, die sich dabei ergeben, liegt der mögliche Erkenntnisgewinn. Also, akzeptieren wir das Medium als Metapher für sich selbst; erkunden wir den Bildraum, der sich hierin auftut; nehmen wir die Geisterwelt der Trance-Medien (für einen Moment) als Realität – und gewinnen so, über diesen Umweg, vielleicht auch eine Perspektive auf die moderne Medienwelt, die anderenfalls möglicherweise im Verborgenen bliebe:

Zunächst einmal ist augenfällig, dass es sich bei den Trance-Medien eben nicht um technische Artefakte, sondern um Personen handelt. Und es sind, wenn wir dem gängigen Bild dieses »Medientyps« folgen, auch keine beliebigen Personen, sondern besonders sensible (vielleicht sogar labile), jedenfalls für die Geisterwelt in spezieller Weise offene und empfängliche Menschen, die sich als Medium eignen. Obwohl die wenigen verfügbaren Daten eher für ein nahezu ausgeglichenes Geschlechterverhältnis sprechen (siehe oben), ist das Trance-Medium für mich zudem eindeutig weiblich konnotiert. Am eindrücklichsten ist in mir das Bild des Mediums Tangina Barrons aus Steven Spielbergs Film »Poltergeist« präsent. Diese kleine Frau mit großer Brille, geblümtem Kleid und seltsamer Stimme – ist ein Medienbild eines Mediums, gewiss, aber darum nicht unbedingt unwirklicher, sondern sozusagen eine medial verdichtete Repräsentation des Trance-Mediums. Dieses spezielle Medium ist dabei in jedem Fall doppelt kodiert. Tangina Barrons erscheint einerseits als unentbehrliche Helferin, die zwischen der diesseitigen und der jenseitigen Welt vermittelt. Andererseits umweht sie, wie jedes Medium, der Hauch des Dubiosen und Unheimlichen, indem sie ja gewissermaßen halb zur Geisterwelt gehört. In ihrem Fall wird die furchteinflößende Seite allerdings noch zusätzlich verstärkt durch irritierende Elemente wie die mit der Brille zugleich verdeckten und betonten Augen oder ihre seltsam anmutende Flüsterstimme. Das Medium wird so gewissermaßen zur Verkörperung der Bedrohung unserer rationalen Moderne durch eine Sphäre, die sich der Vernunft und der Erklärbarkeit entzieht.

Vielleicht empfinde ich, der ich mich – wenn auch zuweilen widerwillig – eher dieser Ordnung der Vernunft zuordne, Tangina Barrons genau deshalb als wenig sympathisch. Und ich frage mich: Warum reagieren die Geister ausgerechnet auf diese Frau, warum besitzt sie einen Zugang, der anderen verschlossen bleibt? Andererseits ist es positiv zu werten, dass im Film »Poltergeist« als Repräsentantin des Mediums eben nicht ein ätherisches, schlankes Frauenwesen mit langen Haaren, blasser Haut und zarten Gesichtszügen gewählt wurde, welches (mehr oder minder) das gesellschaftliche Schönheitsideal widerspiegelt. Barrons stemmige Fülle widersetzt sich dieser Zuordnung eindeutig. So wurde nicht nur einer Sexualisierung des Mediums vorgebeugt – wie sie tatsächlich Tradition hat, denn den Trance-Medien wurde in der

Vergangenheit schließlich zumeist ein ausschweifendes Sexualleben unterstellt (siehe auch oben). Es wird durch diesen Verzicht möglich, eine Distanz zum Medium aufzubauen, die nicht nur im Sinne der Filmhandlung notwendig ist, sondern die den allgemeinen Charakter des Mediums klarer hervortreten lässt: das Medium ist zweideutig, vielleicht sogar zweifelhaft.

Der zweifelhafte Charakter des Mediums wird noch verstärkt, wenn man sich die Geschichte der Fox-Schwestern nochmals vergegenwärtigt. Es steht immer die Frage im Raum, ob das Medium nicht alles vorgaukelt und diejenigen, die sich hilfesuchend an es gewendet haben, betrügt. Denn selbst wenn man grundsätzlich an die Realität der Geisterwelt und den medialen Zugang zu dieser glaubt – es kann sich im konkreten Fall immer um Scharlatanerie handeln, um eine geschickt inszenierte Illusion. Wir haben es im Fall der Trance-Medien also mit einen doppelten Zweifel zu tun: Gibt es die jenseitige Welt, zu denen die Medien Zugang versprechen, überhaupt? Und wenn ja: sprechen die Geister wirklich durch das Medium zu uns oder handelt es sich um eine Täuschung? Wobei es auch dann sogar denkbar wäre, dass das Medium selbst an die Realität dessen glaubt, was es uns »übermittelt« – nur dass es sich darin eben selbst täuscht; eine »Wahnvorstellung« also, die sich, durch das Medium, auf die anderen überträgt.

Und diese anderen sind im Kontext des Spiritismus durchaus relevant. Denn die Séance ist kein Zwiegespräch zwischen Medium und Geistern. Nicht nur ein/e Fragende/r ist zwingend zugegen, zumeist handelt es sich um eine Runde mit weiteren konkreten anderen. Die körperliche Präsenz und die gegenseitige Berührung scheinen dabei eine wichtige Rolle zu spielen. Die Geisterbeschwörung ist damit alles andere als immateriell und virtuell, ihr Rahmen ist eine konkrete Situation, für die körperliche Anwesenheit zentral ist. Nicht nur die Geister müssen nämlich ihre Anwesenheit sinnlich erfahrbar machen, indem sie Klopfzeichen etc. geben und damit ihre Realität beweisen. Erst die gebündelte Anwesenheit einer Gruppe von Personen lässt die magischen Beschwörungskräfte sich so konzentrieren, dass die Geister genötigt werden, sich (dem Medium) zu offenbaren und (durch seine Vermittlung) zu den Anwesenden zu sprechen. Was geäußert wird, dafür bürgen dann ebendiese Anwesenden als Zeugen.

Es scheint dabei wichtig zu sein, dass das ganze einen ereignishaften Charakter erhält und nicht etwa mit einem nüchternen Alltagsgespräch verwechselt werden kann. Der Ablauf der Séance bürgt einerseits für Spannung, denn die düstere Atmosphäre, das ungewohnte Setting und das magische Spiel mit dem Unerklärlichen sorgen für eine nervöse Entrückung des Publikums,

während das Medium in Trance verfällt, unwillkürliche Bewegungen vollführt und vielleicht sogar mit fremden Stimmen spricht. Andererseits geben rituelle Elemente mit festgelegten Abläufen der Geisterbeschwörung in der Séance einen festen Rahmen: Das Spektakel folgt einem exakten Zeitplan, an den sich auch die Geister zu halten haben, und einer genau einzuhaltenden Choreographie. Und fast könnte man dabei meinen, dieses gesamte Drumherum sei weit wichtiger als die übermittelten Nachrichten– denn die fallen allzu oft recht banal aus, berichten von vergangenen Ereignissen und nennen Fakten, die den Fragestellenden ohnehin bekannt sind. Erst der mystisch-mysteriöse Charakter der Séance verleiht diesen Mitteilungen aus dem Jenseits den Hauch des Besonderen.
Doch beginnen wir nun mit der Übertragung auf das allgemeine Feld der Medien: Anders als die Trance-Medien sind etwa Massen- und Kommunikationsmedien keine Personen, sondern technische Artefakte, denen wir in der Regel keinen Akteurscharakter zuschreiben (ich werde auf diese Fragestellung an anderer Stelle noch ausführlicher zu sprechen kommen). Allerdings könnte man aus einer bestimmten Perspektive durchaus anzweifeln, dass die Trance-Medien Akteure im strengen Sinn des Wortes sind – sofern man nämlich den Spiritismus als Realität in seinem eigenem Sinn annimmt. Die Medien werden gemäß diesem Verständnis behaust und agieren, temporär, als Werkzeuge der Geister. Sie sind ihr Mund und ihr Körper – also bloße Empfänger, Transformatoren und Sender von Nachrichten aus dem Jenseits, nicht viel anders als ein Fernseher, der digitale Signale in für uns wahrnehmbare analoge Bilder und Töne wandelt.
Nur: Fügt das Medium (durch seine Persönlichkeit und Fähigkeiten) nicht immer auch Eigenes hinzu? Und vor allem: Sagt es uns die ganze Wahrheit? Vernimmt es vielleicht selbst nur einen Teil der Geisterstimmen? Und bedeuten seine Worte für uns, was sie für das Medium bedeuten? Wir haben es hier offensichtlich mit ganz allgemeinen Problemen der Kommunikation und Informationsübertragung zu tun: mit Problemen des Empfangs, der Decodierung, der Verzerrung, der Filterung, der Übersetzung und der Interpretation (vgl. z.B. Wolf: *Nachrichtenübertragung*).
Aber noch schlimmer: Was ist, wenn es sich um einen grandiosen Betrug handelt? Wenn das Medium alles aus sich heraus erschafft und erfindet, uns eine nicht vorhandene Geisterwelt vorgaukelt. In klassischen Medientheorien wird hier analog oft von der Manipulation durch (Massen-)Medien gesprochen, die aktiv versuchen, uns ein bestimmtes Bild der Wirklichkeit vorzugaukeln, das bestimmten politischen oder wirtschaftlichen Interessen

dient (vgl. z.B. Chomsky: *Media Control*). Dies ist vor allem bei der politischen Betrachtung von Medien eine hoch relevante Fragestellung. Bezogen auf den allgemeinen Charakter der Medien bedeutet es, dass das Medium eine äußert aktive Rolle spielt, die Botschaften (mit) erschafft und keineswegs nur Nachrichten übermittelt. Zugespitzt formuliert: *Es gibt keine externe Wirklichkeit, sondern Wirklichkeit entsteht alleine in der Interaktion zwischen Medien und Rezipienten*.

Bezogen auf die grundsätzliche Rolle der Medien interessiert die Problematik des medialen Betrugs und der Manipulation also nur sekundär. Viel relevanter und weiterführend erscheint mir hier dagegen ein anderer Aspekt, der insbesondere aus der Vorstellung der besonderen Sensibilität des Trance-Mediums rückübertragen werden kann: *Das Medium ist ein sinnlicher Resonanzkörper für das Begehren der Rezipienten*. Das Medium spürt die latenten Wünsche (auf), es verstärkt sie, bringt sie »resonierend« in Schwingung und macht sie dadurch sichtbar und spürbar. Dabei kann es sich um individuelle wie um kollektive Wünsche handeln. Im Fall der Trance-Medien ist es das allgemeine Bedürfnis nach dem Mystischen oder das individuelle Bedürfnis nach Erlösung von einer persönlichen Schuld gegenüber dem Toten. Im Fall der Massenmedien können es kollektive Bedürfnisse wie ein Feindbild sein, um Identität in negativen Identifizierungen zu schaffen, wenn positive verbindende Elemente fehlen. Oder es ist z.B. das individuelle Bedürfnis nach affektivem Kontrollverlust, das mit einer übertragenen Schnulze hervorgekehrt wird.

Ein sehr grundlegendes menschliches Begehren ist das Begehren nach Klarheit und Eindeutigkeit – denn die Mehrdeutigkeit einer komplexen Welt überfordert schnell (vgl. z.B. auch Merrell: *Simplicity and Complexity*). Die Medien greifen dieses Begehren auf und verstärken es. Die Realität der Medien ist auch darum oft von Ambivalenzen gereinigt. Allerdings können untergründig in den Übertragungen der Medien immer auch andere Botschaften mitschwingen, welche die Eindeutigkeit der vordergründigen Botschaft unterminieren. Jede Aktivität bedeutet nämlich eine Quelle für »Übertragungsfehler« und »Anreicherungen«, welche ihrerseits auf die hinter der Eindeutigkeit lauernde Komplexität und Uneindeutigkeit verweisen. Ob gewollt oder ungewollt, Medien sind damit eben nicht (nur) ein Mittel der Manipulation, sondern der »Offenbarung« des Begehrens.

Und es bleibt festzuhalten: *Das Medium ist körperlich*. Wäre es nicht körperlich, könnte es keine Resonanzen erzeugen, könnte es die latenten Wünsche nicht hervorkehren. Wie die Trance-Medien nur funktionieren, indem sie den Geistern ihre Verkörperung ermöglichen, so ermöglichen Medien ganz allgemein eine körperlich-sinnliche Konkretion von Momenten des latenten und manifesten Begehrens. Um diese »Bestimmung« gut erfüllen zu können, müssen die Medienkörper allerdings bestimmte Eigenschaften aufweisen. Ich möchte die hierbei zentrale Eigenschaft als »ästhetische Dichte« charakterisieren, d.h. die Medien können ihre Aufgabe umso besser erfüllen, je intensivere und vielfältigere sinnliche Erfahrungen sie ermöglichen. Deshalb werden auch in der Séance die verschiedenen Sinne stimuliert: Geräusche, Licht, Berührung, alles wirkt zusammen, um das Erlebnis zu steigern. Es gilt also (im Übertrag): *Je höher die ästhetische Dichte der Medien, desto wirksamer sind sie.*

Eine hohe ästhetische Dichte alleine ist allerdings nicht hinreichend. Ganz so wie bei den Trance-Medien, die durch ihre Sensibilität die Schwingungen in einer Séance aufgreifen, muss noch die bereits oben genannte Fähigkeit der Resonanz hinzukommen. Das Medium verstärkt bestehende (affektive) Schwingungen, indem die medialen »Äußerungen« im Einklang mit den sinnlich-affektiven Bedürfnissen der Rezipienten stehen: *Die bedeutendste Eigenschaft für das Medium ist Resonanzfähigkeit. Das Medium ist nicht nur Vermittler, es ist ein Verstärker des (eigenen) Begehrens.*

Die Resonanzfähigkeit scheint eng mit der oben angesprochenen »weiblichen« Konnotation des Trance-Mediums zusammenzuhängen. Das Mediums spricht die Affekte und die Sinnlichkeit an, weniger die Vernunft, die oft mit dem männlichen Prinzip verbunden wird. Solche Zuordnungen sind allerdings zweifellos hochgradig historisch wie kulturell kontingent. Wir sollten lernen, sie zu überwinden. Nur ändert das nichts daran, dass es eine interessante Erkenntnis sein könnte, dass die Medien, egal wie sehr sie an die Vernunft appellieren und Beweise (für das Unbeweisbare) aufzutischen trachten, immer auf die affektiv-sinnliche Komponente angewiesen sind, um Aufmerksamkeit auf sich zu ziehen und auf uns zu wirken. *Das Medium steht immer (zumindest mit einem Bein) auch auf der anderen Seite.*

Aber noch auf einer weiteren Ebene scheint es, als sei das Medium doppelt kodiert, wenn wir dem Bild des Trance-Mediums weiter folgen: Das Medium ist nützlich, eben weil es andere Zugänge eröffnet, doch es wirkt so gleichzeitig bedrohlich: Das Trance-Medium, weil wir es zumindest halb der (rational nicht erfassbaren) Geisterwelt zurechnen; doch auch die modernen (Massen-)Medien wirken teilweise gespenstisch. Denn nicht nur die Nachrichten, die sie verbreiten, machen uns Angst. Je weiter die Technisierung der Medien voranschreitet, desto unverständlicher werden sie und ihre Funktionsweise für uns. Fast scheinen sie sich zu verselbstständigen. Doch sie leisten unglaubliches, überwinden Raum und Zeit. *Es handelt sich um einen technologischen Spuk.*

Mehr noch: Aus den (modernen) Medien sprechen tatsächlich die Geister, nicht der Geist – in der Form von untoten Gedanken. Diese untoten Gedanken kehren immer wieder in den Medienbildern – weil wir nach ihnen verlangen. Es sind Dinge, die uns bewegen, weil wir mit ihnen nicht abgeschlossen haben. Dinge, die wir – kollektiv wie individuell – im Alltag verdrängen und nur in verwandelter Form, in der Distanz auf der Medienoberfläche, in unser Bewusstsein treten lassen: den Krieg, den Tod, die Utopie, die Liebe ... Oft trifft deshalb die Medien der Vorwurf der »reißerischen« Darstellung. Aber das Medium muss in gewisser Weise »reißerisch« sein, um seine Aufgabe erfüllen zu können. Damit jedoch kehrt es unsere dunklen Seiten hervor und macht uns auch Angst: *Das Medium ist unheimlich*.

Deshalb komme ich jetzt nochmals auf die Zweifelhaftigkeit des Mediums zu sprechen. Das Medium erscheint schon wegen seiner Unheimlichkeit suspekt. Andererseits glauben wir dem Medium mehr als bereitwillig, da es uns sagt, was wir hören wollen. Das gilt nicht nur für das Trance-Medium, sondern für alle Medien: Das Medium erfüllt uns mit seinen Wahrheiten – und Lügen (die doch eigentlich unsere Wahrheiten und Lügen sind). Deshalb nehmen wir seine Unheimlichkeit bereitwillig hin und lassen uns vereinnahmen von seinen oft wahnhaften Vorstellungen: Verschwörungstheorien, Kriegspropaganda, Börsennachrichten. *Das Medium betrügt, aber vor allem betrügen wir uns selbst.* Wir sehen und hören, was wir sehen und hören wollen.

Um den angebrachten Zweifel an den Medienbildern (und -tönen) zu entwickeln, müssen wir folglich den Selbstzweifel entwickeln. Wir müssen lernen, unseren eigenen Augen und Ohren nicht zu vertrauen. Der Selbstzweifel wirkt infizierend auf das Medium. Je mehr ich mich selbst in Zweifel ziehe, desto stärker beginne ich, am Medium zu zweifeln. Dem versucht das Medium vorzubauen: Um jede Form des Zweifels gar nicht erst aufkommen zu lassen, versucht das Medium mit seinen Inszenierungen, die Wahrheit und Realität seiner »Darstellung« zu demonstrieren. Ich soll meinen Sinnen trauen können. Das Medium liefert (scheinbare) Beweise. Hören wir nicht das Klopfen der Geister? Schwebt nicht der Tisch wie von Geisterhand getragen? Sehen wir nicht die Bilder der ethnischen Säuberungen, die den Kriegseinsatz rechtfertigen? Hören wir nicht die Stimme des Terroristen, der zum heiligen Krieg aufruft? *Die Medien erschaffen eine Authentizitätsfiktion. Und diese Fiktion beruht auf einer geglätteten Wirklichkeit, in der jedes störende Element eliminiert ist.*

Mit Baudrillard (vgl. z.B. *Die Simulation)* können wir von einer Hyperrealität der Medienwirklichkeit sprechen, die eben dazu dient, den eigentlich vorhandenen grundsätzlichen Zweifel am Medium, der auf seiner Unheimlichkeit beruht, zu zerstreuen. Diesen Anforderungen des Mediums tragen auch die Medienakteure Rechnung, indem sie ihre Inszenierungen soweit entleeren, dass das Symbolische, der »Medienschein«, über die sinnhafte Handlung triumphiert (vgl. z.B. Meyer: *Die Inszenierung des Scheins)*. Wo es den Medien gelingt, ihre Bilder und Botschaften von allen Widersprüchen und »Verschmutzungen« zu reinigen, prallt an ihrer Glätte aller Zweifel ab und wird unwirksam. Allerdings schwächt diese Reinigung gleichzeitig auch ihre Wirkungsmacht, denn im Vorgang der Glättung werden ebenso Resonanzen eliminiert. Unser Begehren ist schmutzig. Ein geglättetes und bereinigtes Begehren verhält sich zum wirklichen Begehren wie eine fabrikneue Barbie-Puppe zu unserem schäbigen Lieblingsstofftier: Langeweile gegen Liebe. *Der Versuch der Glättung unterminiert sich selbst.*

Wie können die Medien diese (für sie) fatale Dialektik der »Glaubwürdigkeit« kompensieren? In der Séance gelingt dies über das soziale Moment der verschworenen Gemeinschaft, zu welcher die Runde der Anwesenden durch die gemeinsame Geisterbeschwörung wird. Nicht nur in der gegenseitigen Berührung der Finger kommt dies zum Ausdruck, sondern auch dadurch, dass die Medien glauben machen, erst die gebündelte Energie der Anwesenden sei stark genug, die Geister zu nötigen, sich zu zeigen und zu bekennen. Die gesamte Runde wird derart Teilhaber und gleichzeitig Zeuge des Geschehens. Man vergewissert sich gegenseitig der Wahrheit des Erlebten. Interessant ist dabei, dass der körperliche Kontakt peripher ist: nur die Fingerspitzen berühren sich. Doch trotzdem ist diese Berührung hoch inklusiv (im Sinne einer Vereinnahmung). Wer seine Hand zurückzieht, den Kreis und damit den Energiefluss durchbricht, macht sich gegebenenfalls schuldig am Scheitern der Beschwörung.

Auch bei den Massenmedien haben wir es mit einer (peripheren) Erlebnisgemeinschaft zu tun, die den Effekt der Glaubwürdigkeit erhöht. Haben wir nicht alle die Bilder von 9/11 gesehen? Haben wir nicht gemeinsam gejubelt über den Siegtreffer bei der Fußballweltmeisterschaft? Daran kann es keinen Zweifel geben und es verbindet uns, obwohl wir keine wirkliche oder gar tiefgreifende Verbindung mit den anderen Rezipienten besitzen. Dieser »soziale« Aspekt ist eine wichtige verstärkende Komponente der Fiktion, die das Medium schafft – auch wenn es durch eine Vervielfältigung der Kanäle zu einer zunehmenden »Zerstreuung« des Publikums kommt (vgl. auch Kerckhove: *Jenseits des Globalen Dorfes)*. In der Gemeinschaft (selbst einer rein virtuellen) wird der Zauber der Situation gesteigert. Denn nicht nur durch aufwendigere Technik hat etwa ein Film, den wir im Kino betrachten, oft eine wesentlich größere Wirkung auf uns. Es ist auch die physische Gegenwart der Anderen – die ansteckende Wirkung ihres Lachens (die nur unzureichend durch das Einspielen von »Lachkonserven« zu kompensieren ist), ihre Anspannung und Angst, die wir riechen können –, die zu dieser Intensivierung beiträgt. *Das Medium entfaltet seine Wirkung vollends in der Gemeinschaft des Erlebens*.

Um die Übertragung abzuschließen möchte ich allerdings jetzt das Bild der Séance verlassen und mich (vor diesem Hintergrund) kurz dem klassischen Bild der medialen Kommunikation zuwenden: dem Sender-Empfänger-Modell. Dieses Modell ist gewissermaßen das Standard-Modell der Kommunikationstheorie, und, wie bereits der Name sagt, geht es davon aus, dass Kommunikation vom Sender einer Nachricht zum Empfänger (und ggf. zurück) erfolgt. Für die Übertragung der Nachricht ist dabei ein Medienkanal erforderlich. Um (im Medium) übertragen werden zu können, ist es notwendig, die Nachricht zu kodieren, wobei Störungen sowohl bei der Kodierung, der anschließenden Übertragung und bei der abschließenden Dekodierung (durch den Empfänger) erfolgen können. (Vgl. Shannon: *A Mathematical Theory of Communication)*

Auch dieses mathematisch-technische Modell beinhaltet allerdings eine latente (metaphorische) »Spiritualität«: So könnte man etwa dem Sender leicht »Sendungsbewusstsein« unterstellen. Das Medium ist der (prophetische) Mittler. Der Empfänger seinerseits ist empfänglich. Empfangen aber heißt auch gebären. Und wenn wir das mittels der Trance-Medien gewonnene Bild der Medien ernst nehmen – und nicht an die Realität der Geisterwelt glauben wollen – so bedeutet es: Es gibt nur den Empfänger, der gebiert und das Medium, welches durch Resonanz das Begehren des Empfängers derart verstärkt, dass es zur »Empfängnis« kommt. Die Nachricht wird also gemäß dieser Vorstellung in der Interaktion zwischen Medium und Empfänger hervorgebracht. Wenn man so will: ein konstruktivistisches Konzept der Kommunikation und des Mediums. Und das ist in der Tat eine hoch interessante Perspektive: Das Medium als Geburtshelfer der Nachricht, mit welcher der Empfänger (möglicherweise ungewollt) schwanger ist: Medienpraxis als ästhetische Mäeutik. Damit dies gelingen kann, muss das Material, der Medienkörper, unsere Sinnlichkeit (und Empfindungen) ansprechen, aufgreifen und verstärken. Doch – zumindest potentiell – besitzt jeder Körper materielle Eigenschaften, die geeignet sind, uns anzuregen. Jedes Ding kann, unter bestimmten Umständen und im richtigen Moment, zum Medium für uns werden und beginnen mit uns und zu uns zu »sprechen«. Medien sind ubiquitär. *Die Welt, alles Seiende ist ein (potentielles) Medium.*

ICH HÖRE STIMMEN …

Das Medium hört die Stimmen der Geister. Ich höre den Widerhall der Stimmen des Medien-Diskures: ein vielfältiger Diskurs mit zahlreichen, sich teils widersprechenden Stimmen, die einen laut, die anderen leise, nur schwer zu vernehmen vor dem Hintergrund des diskursiven Rauschens. Die Stimmen, die ich im Folgenden (viel zu kurz und viel zu selektiv!) zu Wort kommen lassen möchte, werden primär um den für das oben entwickelte Medienverständnis so zentralen Aspekt der Körperlichkeit des Mediums kreisen, aber zum Teil auch andere Elemente aufgreifen.

Beginnen wir mit der vielleicht wichtigsten Stimme im Diskurs der modernen (Massen-)Medien: Marshall McLuhan. Sein Credo »the medium is the message« wurde – selbst wo es explizite Ablehnung findet – zum zentralen Referenzpunkt. Was meint McLuhan mit seiner Aussage? – Nun, es wird das beste sein, wenn wir ihn hier selbst sprechen lassen. In seinem Text *»Understanding Media«* aus dem Jahr 1964, legt er dar, dass er die Medien als (technische) Erweiterungen des Menschen auffasst. Und entsprechend gilt für ihn: »the ›message‹ of any medium or technology is the change of scale or pace or pattern that it introduces into human affairs […] ›the medium is the message‹ because it is the medium that shapes and controls the scale and form of human association and action.« (Ebd.: S. 8f.) Die Medien(körper) sind also (technologische) Erweiterungen des menschlichen Körpers – und sie verändern, durch die spezifischen neuen Möglichkeiten, die sie eröffnen, das gesamte menschliche Zusammenleben: »By putting our physical bodies inside our extended nervous systems, by means of electronic media, we set up a dynamic by which all previous technologies that are mere extensions of hands and feet and bodily heat-controls […] will be translated into information systems.« (Ebd.: S. 57)

Die elektronischen Massenmedien, für die McLuhan sich primär interessiert, eröffnen das Informationszeitalter und erzeugen eine nie da gewesene globale Gleichzeitigkeit, welche die gesamte Menschheit zu einer (virtuellen) Einheit formt: »[…] there is the difference that all previous technologies were partial and fragmentary, and the electronic is total and inclusive.« (Ebd.: S. 57) Genau in diesem Sinne ist übrigens McLuhans These vom »globalen Dorf« (vgl. auch

The Gutenberg Galaxy: S. 31) zu verstehen: durch die Massenmedien und die Geschwindigkeit, mit der sie Informationen bis in die entlegensten Regionen verbreiten, wird die gesamte Welt zum »Dorfplatz«. Was in der Vergangenheit von Mund zu Mund verbreitet wurde, wird nunmehr durch den »Äther« geschickt und erreicht damit jeden auch noch so entfernten Winkel.

Es bleibt allerdings festzuhalten: Auch McLuhan legt einen durch und durch materiellen Medienbegriff zugrunde – wobei aber eine stark technologische Prägung vorherrscht (wie sie insgesamt für den medientheoretischen Diskurs typisch ist). Inhaltlich erinnert seine zentrale These, dass Medien als (technologische) Erweiterungen des Menschen zu begreifen sind, dabei stark an die Anthropologie Arnold Gehlens, der den Menschen als »Mängelwesen« auffasst: Um seine (biologische) »Minderwertigkeit« zu kompensieren, benötigt der Mensch Kultur (und Technik), die ihm so zur »zweiten Natur« wird. Durch seine kulturellen Leistungen wendet der Mensch einen natürlichen Nachteil zu seinem Vorteil, und statt sich der Umwelt anzupassen, passt er die Umwelt an seine Bedürfnisse an (vgl. *Der Mensch)*. Allerdings ist diese »zweite Natur«, wie Günther Anders aufweist, nicht unproblematisch für den Menschen. Es herrscht nämlich ein prometheisches Gefälle: die Technik hat den Menschen bereits überholt. Er ist nicht mehr im Stande seine eigenen Schöpfungen vollständig zu verstehen – und zu kontrollieren. Vielmehr beherrscht die Technik den Menschen durch die »Sachzwänge«, die sie ihm setzt (vgl. *Die Antiquiertheit des Menschen)*.

Verschärft wird dieses Problem durch immer stärker vernetzte und virtualisierte Medienwelten, in denen der Mensch gar nicht mehr in der Lage ist, zwischen Wirklichkeit und medialem Bild zu unterscheiden. Jean-Louis Baudry hat hierauf bereits in den 1970er Jahren, allerdings primär bezogen auf das Medium des Films, hingewiesen und als Gegenmittel eine verstärkte Aufmerksamkeit für die Apparate und ihre Funktionsweise vorgeschlagen. Denn erst wenn man sich dem Apparat (und seiner Materialität) zuwendet, wird erkennbar, dass dieser dazu dient, die Illusion einer (im Medium selbstverständlich eben nicht vorhandenen) objektiven Wirklichkeit aufzubauen (vgl. *Ideological Effects of the Basic Cinematographic Apparatus*).

Diese Hinwendung zu den Apparaten ist umso wichtiger, da nicht jedes Medium seine Fiktionen in gleicher Weise erzeugt. Und das bedeutet, dass die spezifische Materialität des Mediums entscheidend dafür ist, was mit ihm transportiert werden kann. Eine Übersetzung bzw. Übertragung von Botschaften vom einen zum anderen Medium bewirkt immer die Veränderung der Botschaften, wie Friedrich Kittler bemerkt: »Ein Medium ist ein Medium ist ein Medium. Es kann also nicht übersetzt werden. Botschaften von Medium zu Medium tragen heißt immer schon: sie anderen Standards und Materialitäten unterstellen.« *(Aufschreibesysteme:* S. 271)

Entsprechend tranformiert die andere Materialität der »neuen« Medien, wie Norbert Bolz aufweist, auch die medialen Erzählformen sowie die Rolle der Rezipienten. Dominierte im Zeitalter der Schrift noch der passive, stille Leser (vgl. *Am Ende der Gutenberg-Galaxis:* S. 194), so sind die Menschen heute endgültig »nicht mehr [bloße] Werkzeugbenutzer, sondern Schaltmomente im Medienverbund« (ebd. S. 115). Allgemein findet, bedingt durch die neuen Möglichkeiten die z.B. Bildschirme und Hypertext ermöglichen, ein Wechsel der Erzählformen von der Serialität zur Parallelität und von der Linearität zur Vernetzung statt.

Für Gerdhard Lischka wird die Schnittstelle gar zur zentralen Metapher seiner Medientheorie. Allerdings ist für ihn die Schnittstelle mehr als ein bloßes (Computer-)Interface: »Das Wort ›Schnittstelle‹ wird gerne als Synonym für ›Interface‹ verwendet. Doch bezeichnet das Interface deutlich die Fläche zwischen Computer und User [...] Weshalb wir uns aber der ›Schnittstelle‹ bedienen, ist die Tatsache, dass sie nicht nur die spezielle Situation des Informationsaustausches zwischen User und Computer bedeutet, sondern ganz allgemein den Prozess der Generierung der Gedanken und des Gedächtnisses.« *(Schnittstellen:* S. 10) Was aber ist dann unter einer Schnittstelle konkret zu verstehen? Eher dunkel bemerkt Lischka hierzu: »Eine Schnittstelle ist ein Punkt, eine Linie, eine Richtung, ein Bündel. Sie ist eine Energie, die sich ausrichtet oder ohne klare Zielrichtung verstrahlt. Aber sicherlich ist sie ein bewusster oder unbewusster Attraktor, aus dem heraus wir uns in einem gewissen Medium für eine Form entscheiden.« (Ebd.: S. 11) Und dabei spielt der »Schnitt« eben eine zentrale Rolle: »Folgen wir den Schnitten noch weiter, als konstruktiven Entwürfen zur Lebensgestaltung, so interpretieren wir den Film- oder Videoschnitt als wichtigen Teil der Gestaltung vorliegenden Bildmaterials, als Entscheidung für die definitive, verbindliche Form. Mediatisierung ist ohne Schnitt nicht denkbar, weil sie sonst nichts als der endlose Film des Lebens selbst wäre [...]« (Ebd.: S. 12f.)

Unsere eigene Schnittstelle ist unser Köper, der uns damit aber auch eine Grenze setzt: »Wie weit wir auch die Grenzen der Mediatisierung hinausschieben, die Schnittstellen ausreizen, wir bleiben doch in unserem Körper gefangen [...] In der virtuellen Realität meinten wir unsere Grenze ins Unermeßliche hinausgeschoben zu haben, [...] müssen aber dessen eingedenk bleiben, dass wir nicht über uns hinaus können, unsere Subjektivität, wie different sie auch sei, nicht verlassen können.« (Ebd.: S. 25f.) In der Konsequenz bedeutet das für Lischka: »Letztlich ist immer der einzelne die Schnittstelle, der Mensch das Medium.« (Ebd.: S. 54) Und: »Der Körper, der alles beinhaltet, ist in seiner Komplexität Symbol für die Schnittstelle und das Gefäß der Erlebnisfähigkeit.« (Ebd.: S. 55)

Gemäß Lischka ist also der Mensch das Medium und der Körper die Schnittstelle – eine Sichtweise die in ähnlicher Form auch von Jens Löhnhoff vertreten wird, der dabei allerdings die Funktion des Körpers als Generator praktischer Gewissheit betont (vgl. *Der Körper als Generator vorreflexiver Gewissheit und Medium der Sinnkonstruktion)* – was wiederum nichts anderes bedeutet, als dass unsere Körperlichkeit jeder reflexiven (Weiter-)Verarbeitung sowohl vorausgeht wie sie ihr Grenzen setzt. Und so sprechen die Massenmedien eben nicht in erster Linie zu unserem Geist, wie wir vielleicht meinen könnten, sondern zu unserem Körper und seiner Sinnlichkeit (vgl. auch Kerckhove: *The Skin of Culture:* S. 8ff.). Umgekehrt verleitet es uns, den Körper immer mehr zu einem ästhetischen Medium der Selbstdarstellung umzufunktionieren. Er wird zum medialen »Gestell«, wie Arabatzis (vgl. *Im Niemandsland der Großen Installation:* S. 108ff.) in Anlehnung an Heidegger formuliert: ein »chirurgisches und biogenetisches Designprodukt« (ebd.: S. 109), das wir mit allen zur Verfügung stehenden Mitteln (der Kosmetik, der ästhetischen Chirurgie, der Biotechnologie, der Body-Modification durch Tätowierungen, Piercings, etc.) anpassen wollen, um ein »mediales Selbst« – die Botschaft von dem, wie wir sein wollen – nach außen zu spiegeln (vgl. auch Pfahl: *Der Körper als Bühne des Selbst).*

Auch im digitalen Zeitalter sind also Medien körperlich, ja, selbst der eigene Körper wird mehr und mehr nicht alleine als Wahrnehungs-, sondern als Ausdrucksmedium begriffen. Entsprechend bemerkt Vilém Flusser: »Mit dem Wort ›immateriell‹ wird schon längst Unfug betrieben. Aber seit man von einer ›immateriellen Kultur‹ spricht, kann ein derartiger Unfug nicht mehr hingenommen werden.« (*Lob der Oberflächlichkeit:* S. 286) Allerdings hat es im Verhältnis von Stoff und Form eine Verschiebung gegeben: »Früher, seit Platon und noch vorher, ging es darum, vorhandenen Stoff zu formen, um ihn zum Erscheinen zu bringen, und jetzt geht es darum, den aus unserer theoretischen Schau und unseren Apparaten hervorquellenden und übersprudelnden Strom von Formen mit Stoff zu füllen, um die Formen zu ›materialisieren‹. Früher ging es darum, die scheinbare Welt des Stoffs nach Formen zu ordnen, und jetzt eher darum, die vorwiegend in Zahlen verschlüsselte Welt der sich unübersehbar vermehrenden Formen zum Scheinen zu bringen.« (Ebd.: S. 291f.)

Leider ist es dabei so, dass wir dem (sinnlichen) Anschein nicht mehr vertrauen: »Es läßt sich nicht leugnen: Das Mißtrauen den Händen, den Augen, den Fingern und den Ohren gegenüber ist berechtigt [...] Und doch, wenn uns auch unsere Organe die ›Wahrheit‹ – was immer das Wort bedeuten mag – nicht mitteilen können, die Augen zumindest sind Organe, welche uns mitteilen, was ›wahrscheinlich‹ ist, nämlich den Anschein [...] Seit dem Schritt aus der Fläche in die Linie, aus der Magie der Bilder in die Logik der Texte, neigen wir dazu, das ›nur‹ Scheinbare zu verachten [...]« (Ebd.: S. 20)
Boris Groys identifiziert aber noch eine gleichsam viel tiefer gehende Ebene des Mißtrauens und des Verdachts im Kontext der Medien. Denn der mediale Schein verweist auf ein verdecktes anderes: einen submedialen Raum, der (tragend) unter der Oberfläche der Medien verborgen liegt und der unseren Verdacht nährt, dass es einen – ebenso verborgenen – Manipulator gibt, der die Medienoberfläche kreiert (vgl. *Unter Verdacht:* S. 49). Medientheorie ist damit immer auch (metaphysische) Verdachtstheorie: »Der eigentlich Held der medialen Kultur ist der Privatdetektiv, der ständig nach neuen Indizien sucht, die seine Verdächtigungen bestätigen könnten.« (Ebd.: S. 226)
Auch Groys betont aber die Materialität der Medien (im Gegensatz zur Metaphysik der Medientheorie): Selbst als Zeichen verstanden ist das Medium materiell, denn »Zeichen sind doch materiell – sie sind in erster Linie Dinge, Gegenstände in der Welt«, bemerkt er (ebd.: S. 44). Überhaupt gibt es nur sehr wenige Stimmen, die grundsätzlich die Materialität der Medien negieren. Selbst im medientheoretischen Diskurs über den Cyberspace und virtuelle Realität wird zumeist auf die zentrale Rolle materialer »Interfaces« abgehoben, denn schließlich geht es in der virtuellen Realität genau darum, sensorische Erfahrungen medial zu simulieren. Auch und gerade die virtuelle Realität ist damit auf »Verkörperungen« angewiesen (vgl. z.B. Biocca: *The Cyborg's Dilemma* oder Hillis: *Digital Sensations).*
Wenn überhaupt, so finden wir die Vorstellung einer vollständigen Entmaterialisierung der Medien in zwei Hauptströmungen: der Medienökonomie der Digitalisierung und der (Luhmannschen) Systemtheorie. Letztere entledigt sich der Körperlichkeit, indem sie sowohl die Subjekte wie die Medien-Technologie in die Systemumwelt verschiebt. Die systemtheoretische Betrachtung des Systems der Massenmedien ist damit letztlich eine bloße Anpassung an die Sprachkonventionen der allgemeinen Systemtheorie: Das Mediensystem ist eines von vielen Subsystemen, die, für den Systemtheoretiker, alle im Prinzip gleich funktionieren, indem sie sich in operativer Geschlossenheit

(kommunikativ) selbst erzeugen. Spezifisch ist alleine der konstitutive binäre Code, durch den es sich von seiner Umwelt abgrenzt. Im Fall des Massenmediensystems handelt es sich laut Luhmann um den Code Information/-Nichtinformation (vgl. *Die Realität der Massenmedien:* S. 36). Überall wo die Unterscheidung Information/Nichtinformation angewendet wird, haben wir es also mit dem (Massen-)Mediensystem zu tun. Technologien bilden dafür zwar eine (notwendige) Grundlage, sind aber von den Medien selbst zu trennen: »Die Verbreitungstechnologie vertritt hier gleichsam das, was für die Ausdifferenzierung der Wirtschaft durch das Medium [!] Geld geleistet wird. Sie konstituiert selber nur ein Medium, das Formenbildungen ermöglicht, die dann, anders als das Medium selbst, die kommunikativen Operationen bilden, die die Ausdifferenzierung und die operative Schließung des Systems ermöglichen.« (Ebd.: S. 11)

Es ist nicht nur bezeichnend, dass Luhmann hier die Medientechnologien in Analogie zum Geld setzt, das er selbst als Medium bezeichnet, während er die Medientechnologien eben nicht als Teil des Mediensystems verstehen will. Die systemtheoretische Entmaterialisierung der Medien ist notwendiges Resultat ihrer »autopoietischen« Theorieproduktion, die in operativer Geschlossenheit immer die selben Aussagen hervorbringt – egal mit welcher Thematik sie sich beschäftigt. Die »materielle« Bedingtheit des Mediensystems wird dabei gar nicht negiert – sie ist vielmehr nicht von Interesse, da sie sich in der Sprache der Systemtheorie nicht formulieren lässt.

Der zweite Strang, der von einer Entmaterialisierung der Medien ausgeht, speist sich aus dem ökonomischen Diskurs: In der »gewichtlosen Ökonomie« des postindustriellen Zeitalters haben wir es, laut Quah, mit einer zunehmenden Dematerialisierung zu tun (vgl. *Increasingly Weightless Economies).* »Immaterielle« Güter wie Wissen, Software und kreativer »Content« etc. werden nicht nur immer zentraler, sie lassen sich durch Digitalisierung und Vernetzung nahezu kostenlos reproduzieren und verteilen (vgl. auch Coyle: *The Weightless World:* S. 3ff.). Diese Entwicklung spitzt sich durch neue Technologien wie das »Cloud-Computing« noch zu. Der Blogger Ibrahim Evsan bemerkt hierzu: »Auf jeden Fall erlebe ich eine Entmaterialisierung. So lösen sich die mp3-Dateien auf dem Computer, dem Handy und dem iPod einfach – im wahrsten Sinne des Wortes – in Luft auf, sie erscheinen nur noch kurzfristig zum Abhören in der realen Welt und schon sind sie wieder in der virtuellen Welt verschwunden, weil die Musikstücke von einem großen Supercomputer (Cloud-Computing) gestreamt werden.« (Evsan: *Alles entmaterialisiert sich)*

Innerhalb der Medienökonomie wird diese angebliche Entstofflichung der Wirtschaft aufgegriffen – und von einigen Stimmen im Diskurs gleichgesetzt mit einer Entstofflichung der Medien. Dabei lassen sich wiederum zwei Positionen unterscheiden: solche, die die Entmaterialisierung der Medien als ein gegebenes Phänomen hinnehmen und sich eher deskriptiv mit den Auswirkungen auf den Mediensektor und seiner wissenschaftlichen Analyse beschäftigen (vgl. z.B. Sommer/Rimscha: *Jenseits von traditionellen Mediengattungen)*, und solche, die diesen Prozess kritisch betrachten und unter »materialistischer« Perspektive die Warenförmigkeit der Entstofflichung thematisieren (vgl. z.B. Rau: *Die digitale Herausforderung*).
Doch genauso wie die allgemeine These einer entmaterialisierten Wirtschaft aus guten Gründen in Frage gestellt werden kann (vgl. Huws: *Material World)* gilt auch und gerade im Bereich der Medien: die Technologien und ihre in der Tat vorhandene Materialität sind auch im digitalen Zeitalter keineswegs irrelevant, sondern sie begrenzen uns darin, »wie wir spezifische Praktiken mit Medien ausführen, welche Art der Kommunikation überhaupt möglich ist oder welche Verbindungen sich herausbilden« (Trommershausen: *Medienorganisationen im Wandel:* S. 59). Die Rahmenbedingungen für die Kommodifizierung der Medien und ihrer Inhalte mögen sich gewandelt haben, aber die Medien sprechen noch immer zu unseren Sinnen. Dazu müssen sie sich verkörpern. Und wie man es auch drehen und wenden mag: Ein Weltzugang ohne (medial-körperliche) Vermittlung erscheint unmöglich (vgl. auch Pelzl: *Die vermittelte Welt)*.

UNTERSCHEIDUNGEN

Die oben »vernommenen« Stimmen des Mediendiskurses, die primär um den Topos der Körperlichkeit kreisten, scheinen allerdings überwiegend einen grundsätzlich anderen Begriff des Mediums zugrunde zu legen als ich ihn in Auseinandersetzung mit den Trance-Medien entworfen habe. Zum einen handelt es sich in den meisten Fällen um einen *technologisch geprägten Medienbegriff.* Zum anderen dominiert eine *instrumentelle Auffassung der Medien.* In diesem Rahmen lassen sich weitere Differenzierungen vornehmen, nämlich die *Unterscheidung zwischen Kommunikations-, Informations- und Unterhaltungsmedien.*
Kommunikationsmedien erzeugen – wenn wir uns in der Betrachtung dieser Medien wiederum dem eingangs entworfenen Medienkonzept zuwenden –,

Resonanzen für das Begehren nach Austausch, für die Öffnung zum Anderen. Dieses fundamentale Begehren des Menschen, seine Vereinzelung zu überwinden, kann u.a. durch technologische Medien angesprochen und »verstärkt« werden. Wir kennen solche technologischen Medien heute auch unter dem Begriff »soziale Medien« (also im weitesten Sinne Vernetzungsplattformen, die auf Internet-Techologien fußen). Ältere, aber noch immer relevante Formen von Kommunikationsmedien sind die Sprache, Musik, Tanz, Briefe, Kurznachrichten, das (Mobil-)Telefon etc. In der gängigen Vorstellung basieren sie alle auf einer hermeneutischen Fiktion: nämlich dass ein Verstehen (des anderen) möglich sei, dass wir also in der Kommunikation Nachrichten austauschen, deren Sinn wir verstehen. Viel wichtiger als das Verstehen erscheint mir hier allerdings unter medienpraktischer Perspektive die gegenseitige Verstärkung des »Vereinigungswillens« des Menschen (durch mediale Resonanz), die die »Nutzer« der Kommunikationsmedien aneinander bindet und zueinander drängt.

Informationsmedien wiederum sind (materielle) »Träger« von Wissen und bieten (über entsprechende Schnittstellen) Zugänge zu Information. Sie erzeugen also Resonanzen zu unserem »Willen zum Wissen« (Foucault). Der Wille zum Wissen resultiert aus dem Begehren (durch Wissen) die Dinge kontrollieren zu können. Um die entsprechende Resonanz zu diesem Begehren erzeugen zu können, sollten Informationsmedien bestimmte Qualitäten aufweisen: Zum einen müssen sie Wissen »konservierbar« machen können. Dazu werden Informationen, also in bestimmte Formen gegossene Wissensbestände, wiederum in bestimmte materielle Formen gebracht, die die »Flüchtigkeit« des Gedankens durch materielle Beständigkeit unterminieren. Lange Zeit war Schrift (auf Tontafeln und auf Papier) das wichtigste Speichermedium für Informationen. Später kamen Aufzeichnungsverfahren wie (analoge) Photographie, Film und Tonband etc. hinzu. Heute ermöglicht digitale Speicherung (auf materiellen Trägern wie Festplatten, Flash-Speicher oder optischen Medien) eine wesentlich vielfältigere und umfangreichere Informationsvorhaltung, die auch den Zugriff rasant beschleunigt hat.

Und die Ermöglichung des (möglichst einfachen) Zugriffs ist denn auch die andere Qualität, die Informationsmedien aufweisen müssen. Denn eine vorhandene Information, die nicht zugreifbar ist, ist (für den, der sie begehrt) nicht existent. Anstatt Resonanz wird Frustration erzeugt. Einfacher Zugriff ist also eine entscheidende Qualität von Informationsmedien, um unser Begehren nach Wissen (und damit nach Kontrolle) anzusprechen und zu verstärken.

Unterhaltungsmedien erscheinen diesem Begehren geradezu entgegengesetzt. Man könnte die Resonanz der Unterhaltungsmedien also sozusagen im »Willen zum Nichtwissen« verorten. Dieser Wille entspringt dem Begehren nach der Aufgabe von Kontrolle. Allerdings haben wir es in den meisten Fällen mit einer »repressiven Entsublimierung« (vgl. auch Marcuse: *Der eindimensionale Mensch:* S. 76ff.) zu tun: d.h. wir opfern unseren Widerstand gegen das, was unser Begehren unterdrückt, weil man uns erlaubt, ein Element unseres Begehrens (innerhalb eines eng abgesteckten, systemförderlichen Rahmens) zu verwirklichen. Zu diesem Zweck dient die ästhetische Ansprache, die die Unterhaltungsmedien uns bieten. Häufig handelt es sich dabei um eine Überreizung (mittels audiovisueller Spezialeffekte, 3D-Simulation etc.), die tatsächlich durch Überstimulation »Sensibilität« abtötet. Auf der narrativen Ebene versuchen die Unterhaltungsmedien Resonanz zu erzeugen, indem sie auf bestehende Werte und Normen aufbauen und indem sie das Begehren nach Eindeutigkeit befriedigen: Der Kampf gegen Gut und Böse, in dem am Ende das Gute siegt – von der »Bibel« bis zu »Terminator« immer dieselbe Geschichte. Die Unterhaltungsmedien generieren also, indem beide Momente (die ästhetische Stimulation und die narrative Vereinfachung) zusammenwirken, eine hoch willkommene »Ablenkung« von einer Welt, die uns in unserem Begehren einschränkt und in ihrer Komplexität überfordert. Damit aber wird neben der Resonanz zu unserem Begehren auch eine Resonanz zu den Begehrlichkeiten der sozialen Kontrolle aufgebaut – die unserem Begehren eigentlich zuwider läuft.

Kommunikationsmedien, Informationsmedien und Unterhaltungsmedien bauen, wenn man sie eher konventionell begreift, allerdings, wie schon eingangs angemerkt, letztlich auf einem instrumentell-technologisch geprägten Medienbegriff auf. Einfach ausgedrückt: sie dienen der gängigen Auffassung nach eben schlicht der Kommunikation, der Information bzw. der Unterhaltung. Als »Massenmedien« in einer post-industriellen Gesellschaft ist ihre Funktion wesentlich auf moderne Technologien gegründet. Von diesem instrumentell-technologischen Medienbegriff möchte ich einen *reflexiven Medienbegriff* unterscheiden, wie er oben in Auseinandersetzung mit der »Metapher« der Trance-Medien entwickelt wurde. Dieser Medienbegriff ist weniger technologisch als vielmehr *ästhetisch fundiert,* d.h. im Zentrum stehen die sinnlichen Qualitäten des Mediums und seine Kapazitäten über die sinnliche Ansprache *Resonanzen mit dem (individuellen wie kollektiven) Begehren* zu erzeugen. Funktionen wie Kommunikation, Information und Unterhaltung können in diesem Verständnis des Mediums immer nur sekundär bleiben. Was das

Medium primär erzeugt ist die *Offenbarung des Begehrens*. Es stellt sich lediglich die Frage, ob wir bereit sind, diese Erkenntnis zu akzeptieren. Die Möglichkeit der Selbsterkenntnis ist jedenfalls das reflexive Element dieses Medienverständnisses: *Die Medien sind immer auf uns gerichtet*. Denn wir senden die Botschaft unseres Begehrens zu ihnen, und sie spiegeln uns dieses Begehren (durch ästhetische Resonanz verstärkt) zurück. *Das Medium ist also immer ein Erkenntnismedium*.

Und jedes Ding in der Welt kann zu einem Erkenntnismedium werden. Dabei ist es im Prinzip gleichgültig, ob es sich um eine große oder kleine Erkenntnis handelt, die das Medium durch seine ästhetisch-körperliche Qualität vermittelt. Zudem kann man auch niemals genau wissen, welches Medium zum Geburtshelfer für große oder kleine Erkenntnisse werden wird. Eine mit dem Wissen der Welt gefüllte Datenbank kann im Hinblick auf die (selbst-)reflexive Erkenntnis absolut banal wirken, während ein Apfel zur Erkenntnis der gravitativen Schwere der Dinge führen kann – auch wenn letzterer im Falle Newtons nur eine Legende gewesen sein mag. Die eigentliche Botschaft wäre schließlich vielleicht auch die Erkenntnis des »Willens zum Wissen« gewesen.

Jedenfalls: die Wirkung der Erkenntnismedien ist schwer vorauszusagen. Wir können lediglich einige Eigenschaften des Mediums formulieren, die die Erzeugung von Resonanzen wahrscheinlicher erscheinen lassen: Hier wäre zuallererst die *ästhetische Dichte und Vielfalt* des Mediums zu nennen. Denn je intensiver und vielfältiger die sinnliche Ansprache des Mediums wirkt, desto wahrscheinlicher ist es, dass es eine Resonanz zu unserem Begehren erzeugen kann. Weiterhin wird die *Formbarkeit und »Beschreibbarkeit« bzw. die interaktive Sensibilität* des Mediums offenbar eine wichtige Rolle spielen, denn wenn es an die Struktur unseres Begehrens angepasst werden kann oder es sich selbst an diese anpasst, wird möglicherweise irgendwann ein Moment der intensiven Resonanz erzeugt, der zu tiefergreifenderen Erkennissen führen kann. Schließlich: Die Verfügbarkeit und Erreichbarkeit, die stark auch mit seiner Reichweite und Durchdringungskraft zusammenhängt, sollte ebenso eine entscheidende Qualität des Mediums darstellen. Denn wo das Medium nicht zu uns durchdringt und wo wir das Medium nicht erreichen können, kann auch keine Resonanz erzeugt werden.

Auch Trance-Medien können selbstverständlich als Erkenntnismedien wirken – nicht nur weil dieses Verständnis des Medium anhand ihres »Beispiels« entwickelt wurde. Die Trance-Medien bieten ihrer Kundschaft, auch durch den mystischen Rahmen der Séance, vielfältige und intensive ästhetische Anknüpfungspunkte. Die Sensibilität des Mediums (die seine persönliche Qualität darstellt) reagiert auf unser Begehren (etwa nach Versöhnung) und verstärkt es auf geschickte Weise. Und die Erfahrung der Séance ist, so dürfen wir vermuten, durchdringend. Der »Schauer« erreicht, auch mittels des körperlichen Kontakts, alle im Kreis der Anwesenden. Die Geister und ihre (ebenso fiktiven wie vordergründigen) Botschaften sind dabei eigentlich völlig irrelevant. Wenn wir die eigentliche Botschaft, die das Medium uns übermittelt, reflexiv deuten, erkennen wir unser Begehren, das durch das Medium verstärkt wird, so das wir es wahrnehmen und reflektieren können. Trance-Medien könnten, wenn wir sie derart begreifen und vor allem »empfinden«, also durchaus als potente (Selbst-)Erkenntnismedien wirken.

Am Ende dieses Unterscheidungsspiels möchte ich deshalb eine letzte »Gattung« von Medien abgrenzen (und so schnell als möglich auch wieder in Vergessenheit bringen): die »Geistermedien«. Ich nenne sie Geistermedien, denn sie sind immateriell – und damit rein fiktional. Sie gleichen den Geistern im Rahmen der Séance: Als körperlose Gedanken-Untote spuken sie nur in den Köpfen bestimmter Medientheoretiker herum.

2. Dinge: Diese obskuren Objekte der Begierde

2. DINGE: DIESE OBSKUREN OBJEKTE DER BEGIERDE

Unsere Welt ist angefüllt mit Dingen. Die Stimmen aus der immateriellen Geisterwelt mögen zu den (Geister-)Medien sprechen, aber um die Dinge kommen wir nicht herum. Sie stehen uns im Weg. Sie lasten mit ihrer Schwere auf uns. Und sie sind der Fetisch der »objektiven« Wissenschaft, die zu einer »Versachlichung« beitragen möchte: Das Ding als die reine Materie. Allerdings immer, wo das Ding in Beziehung zu einem Subjekt tritt, wird es zum Objekt. Das Objekt aber ist alles andere als »objektiv«. Es ist die »Verkörperung« unseres Begehrens.

DIE OBJEKTE HALTEN SICH BEDECKT ...

Die primäre Annäherung an den Charakter der Objekte kann meines Erachtens darum auch nur schwer über den Weg der »objektiven« Wissenschaft erfolgen, denn der wissenschaftliche Diskurs ist in der Regel darum bemüht, die subjektiven Momente des Begehrens soweit als möglich auszuschließen. Eher schon mag da eine ästhetische Praxis der Vergegenwärtigung des Objektcharakters gelingen – und so werde ich mich zunächst für meine »Untersuchung« einem Meisterwerk des Meisters des surrealistischen Films zuwenden: *»Dieses obskure Objekt der Begierde«* aus dem Jahr 1977 von Louis Buñuel. Es ist der letzte Film Buñuels, der nur fünf Jahre nach der Fertigstellung starb. Und es ist (unter anderem) sein Beitrag zu einer »ästhetischen Theorie« der Objekte der Begierde.
Die Handlung des Films, der auf der Interpretation einer Romanvorlage von Pierre Louÿs *(»La femme et le pantin«)* beruht, ist in groben Zügen schnell erzählt: Ein reifer und gut situierter französischer Herr (Mathieu) schüttet einer jungen Spanierin (Conchita), die ihn offenbar verfolgt, vor der Abfahrt seines Zugs zurück nach Paris einen Eimer Wasser über den Kopf. Dieses »unpassende« Verhalten wird von seinen Mitreisenden beobachtet. Mathieu (gespielt von Fernando Rey) erzählt ihnen daraufhin, immer wieder unterbrochen von Nachfragen, seine Geschichte mit Conchita, die im Film von zwei verschiedenen Schauspielerinnen (Carole Booquet und Ángela Molina) verkörpert wird. Den beiden Darstellerinnen entsprechen zwei Seiten Conchitas – die eine schroff und abweisend, die andere eher sanft und anschmiegsam. Dieses ambivalente Verhalten Conchitas, die aus ärmlichen Verhältnissen stammt, treibt Mathieu, der ihr hoffnungslos verfallen ist, fast in den Wahnsinn.

Er setzt all sein Geld und seine Macht ein, um das ehemalige Dienstmädchen zu gewinnen – und um sie für die wiederholten Zurückweisungen zu bestrafen, die er von ihr erfahren muss. Denn selbst als sie endlich im selben Bett nebeneinander liegen, bleibt Conchita »bedeckt«. Anderen Männern gegenüber gibt sie sich aber offenbar weit weniger tugendsam. Enttäuscht veranlasst Mathieu darum schließlich sogar, dass sie und ihre Mutter des Landes verwiesen werden.

Doch Mathieu hält es ohne Conchita nicht aus. Er sucht sie in ihrem Heimatland Spanien und findet sie in Sevilla. Dort kauft er ihr eine Wohnung in der Annahme, dass Conchita nun endlich zu seiner Geliebten wird. Sein Verlangen bleibt aber auch diesmal unerfüllt, und er muss mit ansehen, wie Conchita sich einem jungen Mann hingibt. Am nächsten Morgen schlägt er sie im Zorn und reist ab. Doch Conchita, die die Schläge als finalen Liebesbeweis ansieht, folgt ihm. Kurz bevor der Zug Madrid erreicht taucht sie überraschend wieder auf – und schüttet ebenfalls einen Eimer Wasser über Mathieu aus. Danach setzen sie gemeinsam die Reise fort. Der Film endet mit einer Szene, bei der Mathieu und Conchita in einer Einkaufspassage flanieren und, wie ein altes Ehepaar, zu streiten beginnen. In diesem Moment explodiert dort eine Bombe.

Soweit zur Handlung. Auf diese Handlung kommt es aber gar nicht so genau an. Entscheidend ist, was Buñuel daraus geschaffen hat: Eine filmische Bildsprache, die die Struktur des Begehrens und ihre Beziehung zum Objekt des Begehrens offenlegt. Man muss diesen Film eigentlich sehen, um ihn – für sich – zu begreifen. Und jede/r wird möglicherweise dabei etwas anderes begreifen. So stellt etwa Peter Evans das sado-masochistische Element des maskulinen Begehrens ins Zentrum seiner Betrachtung (vgl. *The Films of Louis Buñuel:* S. 124ff.). Paul Sandro wiederum fokussiert den narrativen Exzess des Films, die unstillbare Lust am Erzählen, die dazu führt, dass wir gleichsam in die Erzählung hineingesogen werden, so dass das Begehren des Protagonisten auch zu unserem Begehren wird – und uns so etwas über unser Begehren verrät (vgl. *Diversions of Pleasure:* S. 141ff.).

Dies ist auch der zentrale Ansatzpunkt meiner Betrachtungsweise des Films. Es wäre nämlich meines Erachtens viel zu kurz gegriffen, wenn man den Film auf eine Darstellung der tragischen Obsession eines älteren Herren für eine jugendliche »Unschuld« reduzierte. Wir können an diesem Beispiel durchaus etwas über die allgemeine Struktur des Begehrens und seine Beziehung zum Objekt erfahren. Die vielleicht wichtigste Erkenntnis dabei ist: Das Begehren geht vom Subjekt aus, es richtet sich aber nicht auf ein Subjekt, beziehungsweise nur insoweit dieses »objektiviert« wird. Conchita besitzt für Mathieu, trotz seiner rasenden »Liebe«, nämlich keinen Subjektcharakter, sie bleibt immer Objekt seines Begehrens. Er sieht in ihr nicht die Person, sondern sie fungiert als materielle Verkörperung seines Begehrens. Dies wird uns dadurch verdeutlicht, dass Conchita abwechselnd von zwei unterschiedlichen Darstellerinnen gespielt wird, und dies wiederum verweist auf die grundsätzliche Austauschbarkeit des Objekts. Das Objekt der Begierde muss nur bestimmte Eigenschaften aufweisen, so dass sich das (subjektive) Begehren an es haften kann. Das Objekt der Begierde ist trotzdem allerdings keinesfalls ein beliebiges Objekt, sondern eben ein (durch diese spezifischen Eigenschaften) bestimmtes Objekt.

Ein weiterer wesentlicher Punkt, der durch den Film Buñuels verdeutlicht wird, ist der obskure Charakter des Objekts der Begierde: Dadurch, dass Conchita »sich bedeckt hält« (und dies ist der ursprüngliche Wortsinn des Begriffs »obskur«) wird das Begehren von Mathieu noch gesteigert. Zusätzlich zu der Attraktion, die sie (für Mathieu) darstellt, kommt eine Attraktion, die sie nicht darstellt, sondern die – paradoxerweise – genau durch das Verbergen hervorgekehrt wird. Das obskure Objekt wird so zur Projektionsfläche des subjektiven Begehrens.

Eng mit dem obskuren Charakter hängt die Widerständigkeit/Sperrigkeit des Objekts zusammen. Ebenso wie durch die Bedeckung steigert sich das Begehren nämlich durch Widerstand und Entzug. Conchita will sich erst hingeben als das Begehren Mathieus praktisch erloschen ist. Umgekehrt steigerte sich das Begehren Mathieus solange Conchita sich seinem Begehren entzog. Zusammenfassend wird also erkennbar: Das Objekt des Begehrens weist eine Attraktivität für das begehrende Subjekt auf, wobei es allerdings prinzipiell austauschbar bleibt. Gesteigert wird das Begehren durch die Bedeckung und die Widerständigkeit des Objekts.

Die Liebe zu den Dingen

Wenn Buñuels Film *»Dieses obskure Objekt der Begierde«* uns untergründig mitteilt, dass das Objekt der Begierde notwendig ein Objekt und eben kein Subjekt ist, so ist die vordergründige Botschaft der »Objektophilie« oder Objektsexualität (abgekürzt: OS) genau gegenläufig: dem begehrten Objekt – einem »leblosen« Ding – werden Subjekteigenschaften zugeschrieben. Auf der Homepage der »Objektsexualität Internationale«, die Erika Eiffel betreibt, wird Objektophilie nämlich folgendermaßen erklärt: »Ebenso wie man sich in der Mainstreamsexualität von einem bestimmten Typus Mensch mit bestimmten körperlichen, p[h]ysischen und intellektuellen Eigenschaften angezogen fühlt, empfindet man objektophil betrachtet, eine starke Anziehung gegenüber Gegenständen, die eine bestimmte Geometrie, Aussehen, Eigenschaften und Funktionen besitzen.« (Eiffel: *Was ist OS?)* Dabei handelt es sich, wie betont wird, in den meisten Fällen nicht nur um eine sexuelle, sondern um eine tiefe, emotionale Liebesbeziehung, wobei die Objektophilen davon ausgehen, dass dieses Gefühl auch auf Gegenseitigkeit beruht: »Im Allgemeinen glauben wir daran, dass [unsere] Liebe auf ihrgendeiner [!] Ebene erwidert wird.« (Ebd.)

Das Phänomen der Objektophilie hat in den letzten Jahren zunehmend die Medien interessiert. In der »taz« (vom 14.12.2006) etwa wird u.a. von folgenden drei Fällen berichtet: Die 24jährige Sandy liebt ihre Modelle der »Zwillingstüme« des (bekanntermaßen 2001 zum Einsturz gebrachten) World Trade Centers. Mindestens einer der Modelltürme, denen sie die Namen John und Dave gegeben hat, ist immer dabei, wenn sie abends in Bett geht. Schon seit ihrer Jugend fühlt sie sich nämlich zu Dingen auch körperlich hingezogen. Auch Joachim (41) ist objektophil und liebt eine »reale« Dampflok. »Ich lebe eine emotionale, körperliche, partnerschaftliche Liebe zu Gegenständen«, äußert er in dem Beitrag (zitiert nach Müller: *Banale Objekte einer obskuren Begierde).* »Das ist kein Ersatz für einen Menschen, das ist völlig eigenständig. Man liebt das Objekt für das, was es ist.« (Ebd.) Während Joachim allerdings glücklich mit seiner sexuellen Orientierung ist, wird die problematische Seite der Objektophilie anhand des Falls von Maria verdeutlicht, die ihre Objektliebe auf sexuellen Missbrauch in der Kindheit zurückführt und die ihre Obsession für Kraftfahrzeuge in die soziale Isolation trieb. Deshalb ließ sie ihr so über alle Maßen geliebtes Auto verschrotten, worunter sie sehr litt, doch nun, so gesteht Maria, fühle sie sich »endlich frei« (vgl. ebd.).

Was in diesem letzten Fall anklingt, ist allerdings eine allgemeine Tendenz in einigen Medienberichten, nicht nur den »bizarren« Charakter der Objektliebe hervorzukehren, sondern Objektophile als »krankhaft« darzustellen. Insbesondere wird die 2008 ausgestrahlte Dokumentation »Strangelove« des britischen Senders »Channel 5«, die sich der Objektophilie widmet, scharf kritisiert. In dem Beitrag kommen zwar u.a. Eija-Riitta Berliner Mauer und Erika Eiffel ausgiebig zu Wort, die beide durch ihre (symbolische) Eheschließung mit berühmten Bauwerken – eben der Berliner Mauer und dem Eiffel-Turm – bekannt geworden sind. Allerdings distanzieren sich die Aktivistinnen ausdrücklich von der Darstellung in dem Filmbericht; und auf der »Objektsexualität Internationale«-Homepage – der wichtigsten Online-Plattform der Objektophilie – wird »der voyeuristisch zurschaustellerische Charakter des Beitrages gegenüber OS« (Eiffel: *Objektsexualität Internationale)* explizit verurteilt.

Die britische Dokumentation ist auch (negativer) Referenzpunkt einer der wenigen wissenschaftlichen Beiträge zum Thema Objektophilie. Jennifer Terry plädiert in ihrem Text *»Loving Objects«* ausdrücklich für eine Sicht auf die Objektsexuellen, die nicht ausgrenzend oder pathologisierend ist. Allzu leicht wird man nämlich dazu verführt, diese sexuelle Orientierung primär auf traumatische biographische Ereignisse zurückzuführen – etwa Vernachlässigung durch die Eltern oder sexuellen Missbrauch (so wie im durch den Film ausführlich dargestellten Fall von Erika Eiffel selbst). Wo Menschen als Bedrohung erfahren wurden, erscheint die Hinwendung zum Ding als einzige Möglichkeit (gefahrlos) Liebe zu erfahren – so suggeriert es jedenfalls der Subtext der Channel 5-Dokumentation. Und auf solche Erklärungsmuster greifen auch einige Objektophile selbst gerne zurück.

Im Fall von Amy, die ebenfalls ausführlich in »Strangelove« portraitiert wird, ist es die Diagnose eines Asperger-Syndroms (einer Form des Autismus), die ihr ein rationales Erklärungsgerüst bereitstellt und es ihr erlaubt zu sagen, dass sie mit dieser Veranlagung geboren wurde (vgl. ebd.: S 42ff.). Trotzdem wird ihre durch sie selbst als befriedigend wahrgenommene Objektsexualität von ihrer Mutter als defizitär dargestellt, die im Film bedauert, dass Amy nie die »Wärme« menschlicher Nähe erfahren wird. Allerdings ist dieser defizitäre Charakter der Objektliebe eben primär eine Projektion von außen, und so plädiert Terry dafür, lieber die Mechanismen (der »Normalität«) zu problematisieren, die bestimmte Formen der Liebe und der Sexualität ausschließen oder stigmatisieren (vgl. ebd.: S. 46).

Die spärlichen empirischen Daten zur Objektsexualität, die wir einer Online-Befragung (mit 50 z.T. offenen Fragen) von Amy March (vgl. *Love Among Objectum Sexuals)* verdanken, sprechen übrigens zum Teil gegen die These einer Fundierung in individuellen Traumata oder Erfahrungen sexueller Gewalt. Zumindest machten nur 4 von 21 Befragten (die alle dem Netzwerk der »Objektsexualität Internationale« zugehörten) entsprechende Angaben. Auch zeigte sich mit fast 24% zwar eine relativ hohe Quote von Personen, bei denen das Asperger-Syndrom diagnostiziert wurde. Für die Mehrheit gilt aber, dass keinerlei »pathologischer« Hintergrund aus den Daten erkennbar ist. Als Gründe für ihre Zuneigung zu Objekten wurden überwiegend sinnliche Eigenschaften der Objekte selbst – wie Aussehen, haptische Qualitäten, Geruch etc. – genannt. Und über die Hälfte der befragten Objektophilen (die übrigens zu fast drei Vierteln biologische Frauen waren) fühlte sich schon als Kind zu Dingen hingezogen (vgl. ebd.).

Diese Zahlen sind natürlich nur bedingt aussagekräftig: Zum einen, weil die Anzahl der Befragten sehr klein war und weil wir vermuten dürfen, dass die Objektophilen insgesamt nur eine extrem kleine Gruppe darstellen. Zum anderen gilt (und dies ist viel gewichtiger): Die numerischen »Fakten« sagen uns kaum etwas über die Botschaft, die uns die Objektophilen über die »Natur« der »Objektivität« übermitteln können. Denn das Phänomen der Objektophilie sagt uns in der Tat möglicherweise etwas über die Dinge, die im Zentrum ihres Begehrens stehen. Diese Dinge sind tatsächliche Objekte – und sie spiegeln die Ambivalenz des Objekts. Was das Ding nämlich zum Objekt macht, ist das Begehren des Subjekts. Im Fall der Objektophilen tritt dieses Begehren offen zutage, und es weist eine sonst kaum erfahrene Intensität auf. Dieses übersteigerte (und darum deutlicher wahrnehmbare) Begehren darf aber nicht darüber hinwegtäuschen, dass meines Erachtens ganz allgemein gilt, dass das Vorhandensein irgend einer Form des (subjektiven) Begehrens – und sei es nur die Aufmerksamkeit als Begehren der Wahrnehmung – das Ding erst zum Objekt (für uns) macht. Im Phänomen der Objektophilie tritt also der Charakter des Objekts (als Begehrtes) deutlicher hervor.

Was die Objektophilen betrifft, so mag es sein, dass sie Dinge und nicht Personen zu ihren Objekten des lustvollen Begehrens machen, weil die Dinge weniger möglicherweise für sie »störende« Eigenschaften (wie »Eigenwilligkeit« oder »Eigenständigkeit«) aufweisen. Dies ist allerdings für die allgemeine Frage nach dem Charakter der Objekte nicht relevant. Die Objektophilie – wenn wir sie nicht nur als sexuelle Orientierung, sondern als aufschlussreiche Hinwendung zu den Objekten lesen – könnte uns nämlich auch noch eine andere Einsicht in die »Natur« der Objekthaftigkeit vermitteln. Und gerade das exzessive Begehren ist in dieser Hinsicht durchaus aufschlussreich. Denn die Objektophilen begehren bestimmte Objekte so sehr, dass diese sich (dem Empfinden nach) an jene annähern, die sie zu Objekten machen – nämlich die Subjekte. In den objektophil begehrten Objekten verwischt also gewissermaßen die Grenze zwischen Subjekt und Objekt. Nicht weil die Objekte tatsächlich, wie Subjekte, ihre »Liebhaber« ihrerseits begehren – dies mag ein Wunsch sein, aber es könnte nie »objektiv« (also von jemand anderem als dem/der Objektophilen) erfahren werden. Allerdings hat das Objekt projektiven Charakter: Das Subjekt sucht sich und spiegelt sich im Objekt. Deshalb ist das Objekt immer ambivalent: einerseits ist es ein »reines«

Instrument, und andererseits ist es immer auch zugleich man selbst (als projiziertes Ich-Ideal). Oder weniger psychologisch, sondern phänomenologisch ausgedrückt: Das Objekt ist immer intentionales Objekt. Objekt und Subjekt sind so (in der Intentionalität des Bewusstsein) untrennbar miteinander vermischt. Die Ding-Objekte haben auch subjektiven Charakter – nicht, weil sie einen eigenen Willen und Motivation besitzen, sondern weil wir diese Objekte sind (indem wir sie durch unsere Projektionen und Unterscheidungen erzeugen). In diesem (und nur in diesem) Sinn ist jedes Objekt zugleich Subjekt(iv). Und wir dürfen den Objektophilen deshalb auch ruhig glauben, warum sie *bestimmte* Objekte begehren: Es sind Eigenschaften, die im Ding liegen (welches dem Objekt zugrunde liegt). Denn auch dies bedeutet nicht, dass das Objekt etwas anderes ist, als ein Ergebnis der Differenz, die wir setzen. Es bedeutet nur, dass unser Begehren sich eben an solche Objekte haftet, deren (ästhetisch-materielle) Dinglichkeit sie zu geeigneten Attraktoren und »Spiegeln« macht.

DAS DING ALS FETISCH

Genau aus diesem Grund – nämlich der Attraktion durch Eigenschaften, die im Objekt selbst liegen – grenzen übrigens die Objektophilen ihre Neigung vom Fetischismus ab: »Objektsexualität ist kein Fetisch«, heißt es auf der Homepage der *»Objektsexualität Internationale«* (Eiffel: *Was ist OS?)*. »Es ist das Objekt selbst, welches uns auf vielerlei Ebenen ausser [!] der sexuellen Anziehung fasziniert. Fetischisten sehen kein belebtes Objekt in der Weise, wie wir es empfinden und entwickeln folglich auch kein liebevoll partnerschaftliches Verhältnis zu ihm.« (Ebd.) Andererseits scheint es mir aus zwei Gründen trotzdem geboten, sich mit dem Ding als Fetisch auseinanderzusetzen: Zum einen, weil die Objektophilen hier möglicherweise irren und uns dieser Irrtum auch etwas über das Verhältnis des Objekts zum Subjekt allgemein verraten kann, zum anderen, weil der »Fetisch« insgesamt ein zentraler Begriff im Kontext der (materiellen) Objekte ist.

Der Begriff »Fetisch« bzw. »Fetischismus« ist vom portugiesischen »feitiço« abgeleitet, was so viel wie »Zauber« bedeutet. Dies verweist auf den ursprünglichen (kolonial-völkerkundlichen) Verwendungskontext – nämlich als (abwertende) Bezeichnung für objektbezogene Kulte »fremder«, nicht-europäischer Kulturen. Mit dem Begriff des Fetischismus wurde also, in Abgrenzung zum Christentum, ein magisches Denken belegt, bei dem Gegenständen eine (übernatürliche) Macht zugeschrieben wird. Dabei übersah man allerdings allzu gerne die fetischistischen Elemente der eigenen Religion, denn auch etwa im ausufernden Reliquienkult des (historischen) Katholizismus spielt der Glaube an die (Heil-)Kräfte heiliger Gegenstände eine zentrale Rolle (vgl. auch Kohl: *Die Macht der Dinge).*

Heute hat der Begriff aber eine weit umfassendere Bedeutung. Sigmund Freud z.B. hat ihn in die Psychologie eingeführt: Für Freud ist der Fetisch dabei immer Penisersatz und zwar paradoxerweise eines Penis, der nicht real, sondern nur in der Vorstellung des Kinds existiert. Denn gemäß Freud geht das männliche Kind davon aus, dass auch die Mutter mit einem Penis ausgestattet sein muss. Wenn es dann erkennt, dass die Mutter eben keinen Penis besitzt, nimmt es an, dass eine Kastration stattgefunden hat. Dies aber ist ein unangenehmer Gedanke, denn somit könnte auch der eigene Penis von Kastration bedroht sein. Der Fetisch symbolisiert den hypothetischen mütterlichen Penis, und seine Gegenwart in Form des Fetischs ermöglicht es, die Kastrationsangst zu verdrängen. Denn der Fetisch ist die Vergewisserung, dass die Kastration der Mutter nicht stattgefunden hat (und somit auch die eigene Kastration nicht droht). Die Fixierung auf den Fetisch verhindert jedoch zugleich eine Sexualpraxis, in welche die weiblichen Genitalien einbezogen sind. (Vgl. Freud: *Fetischismus)*

Wie kritisch auch immer man diesen Ausführungen Freuds entgegenstehen mag – Freud hat die Türe geöffnet für die »Fetischisierung« der Psychologie. Das Augenmerk ist immer mehr auch auf das Ding und seine Beziehung zum Subjekt gerichtet (vgl. so z.B. auch in den Objektbeziehungstheorien von Klein oder Winnicott). Die Psychologie greift damit aber nur eine allgemeine Tendenz auf, die sich ebenso in der »Popkulturalisierung« des Fetischs zeigt. Zahlreiche Romane und Filme widmen sich der Fetisch-Sexualität, und die Fetischszene zelebriert ihre sexuellen Obsessionen relativ offen auf Veranstaltungen wie Messen und Partys. Internet-Foren sind angefüllt mit Diskussionen um alle Aspekte der begehrten Objekte. Und entsprechend gibt es auch einen schwunghaften Handel mit Fetisch-Objekten wie Latexkleidung oder getragenen Schuhen und Unterwäsche.

Der Fetisch ist damit aber auch zur Ware geworden. So ist ein Zirkel geschlossen: Der Fetischcharakter der Ware, wie er von Marx beschrieben wurde, trifft sich im Warencharakter des Fetischs. Überhaupt war es ja Marx, der ursprünglich den Fetischbegriff aus dem religiösen Kontext herausgelöst hat. Denn so wie eben in bestimmten religiösen Vorstellungen Dingen ein Eigenleben und eine übernatürliche Macht zugeschrieben wird, die in Wirklichkeit nur der Vorstellung entspringt, erhält die Ware im Rahmen des Kapitalismus einen vergleichbaren Fetischcharakter, indem wir dazu neigen, den Warenwert nicht als Ergebnis der gesellschaftlichen Verhältnisse zu sehen, sondern als »natürliche« Eigenschaften der Dinge (vgl. *Das Kapital:* S. 85ff.). Deshalb kommt Hartmut Böhme (vgl. *Fetischismus und Kultur)* auch zum Ergebnis, dass der Fetischismus (als Materialismus und Konsumismus etc.) nicht nur latent in der Kultur der Moderne steckt, sondern dass diese ihn gleichsam universalisiert hat.

Auch auf einer anderen Ebene kann der Fetischismus als allgemeines (Kultur-)Phänomen angesehen werden. Denn im Kern bedeutet der Fetischismus nichts anderes, als eine Substitution und zwar durch einen »künstlich« hergestellten Gegenstand – worauf auch die lateinische Wurzel *»facticius«* verweist, die tiefer zurück reicht als das portugiesische *»feitiço«* (vgl. Iacono: *Fetischismus und Substitution*). Der Fetischismus nimmt diesbezüglich also keine Sonderrolle ein, sondern es handelt sich um eine grundsätzliche Struktur, die für alle »Kulturgüter« zutrifft – denn die Kultur ist immer in einem gewissen Sinn »Ersatz«, und sei es für die Mängel der Natur. Dazu Iacono: »Jedes künstliche *(artificiale)*, also mit Kunst geschaffene Ding läuft immer Gefahr, den Charakter des Gekünstleten *(artificioso)* anzunehmen, den Zug des Betrugs, der Falschheit. Aber kein einziges menschliches Ding kann ohne Beziehung zur Künstlichkeit gesehen werden.« (Ebd.: S. 93) Problematischer sieht allerdings Chistine Blätter die Beziehung des Fetischs zur Kultur, indem sie ihn als dingliches Äquivalent zum Simulakrum begreift: »Denn im Fetisch sind exemplarisch Ding und Bedeutung, Körper und Sinn, Signifikant und Signifikat untrennbar miteinander verbunden.« (Blätter: *Fetisch, Phantasmagorie und Simulakrum:* S. 285)

Gemäß dieser Sichtweise handelt es sich beim Fetisch also weniger um eine bloße Substitution als vielmehr um eine Vermischung von »Dinglichkeit« und Semantik, bei der die Unterscheidbarkeit zwischen beiden verloren geht. Und diese eigentümliche Verwischung des Unterschieds zwischen dem Ding und seiner Bedeutung kennzeichnet meines Erachtens auch die objektophile Beziehung zum Objekt: die Objektophilen begehren bestimmte Objekte und in diesem Begehren verselbständigt sich das Objekt, es werden ihm subjektive Eigenschaften zugeschrieben (die es in Wirklichkeit nicht besitzt), und dies geht so weit, dass die Grenze zwischen beiden, dem Begehren und dem Objekt des Begehrens, zwischen Subjekt und Objekt, (durch entgrenzende Übertragungen) verschwimmt. Man kann die daraus resultierende Verselbständigung der Objekte durchaus als psychologischen Ausdruck der »verdinglichten« Verhältnisse in der Moderne sehen, in der alle Beziehungen vom Fetischismus der Ware durchdrungen sind. Man kann es aber auch genau umgekehrt lesen: nämlich als den (hilflosen) Versuch, des Subjekt sich zu retten, indem es in die Welt der Dinge flieht und sich darin auflöst. Mit der (imaginativen) »Belebung« der Objektwelt, soll der »Tod des Subjekts« (Foucault) – der in der entgrenzten, auf die immaterielle Sphäre ausgedehnten Wa(h)renwelt der (Post-)Moderne seinen realen Vollzug findet – kompensiert werden.

Mit seiner »Entäußerung« liefert sich das Subjekt jedoch zugleich an die Objektwelt aus. Es ist, um mit Freud zu sprechen, auch in Beziehung zu den Gegenständen (seines Begehrens) nicht mehr »Herr im eigenen Haus«: die Objekte bestimmen das Subjekt, indem dieses sein Begehren an sie haftet und dadurch von ihnen gleichsam »verhaftet« wird. Und es ist eine interessante Frage, ob das nicht eine allgemeine Struktur im Subjekt-Objekt-Verhältnis darstellt, also ob diese Relation nicht von Beginn an stärker reziprok und interdependent ausgelegt ist, als die moderne Subjekt-Philosophie, die diese Unterscheidung hervorgebracht hat, es dachte.

DIE SETZUNG DER SUBJEKT-OBJEKT-DIFFERENZ

René Descartes (1596–1650) kann als Begründer der (neuzeitlichen) Subjekt-Philosophie gelten. Zwar ist die Annahme, dass der einzig sichere Ausgangspunkt für die Erkenntnis nur das Bewusstsein des denkenden Selbst sein kann, bereits in der antiken indischen Philosophie des Vijnanavada (der Bewusstseinslehre von Maitreya, Asanga und Vasubandu) gegeben (vgl. auch Glasenapp: *Philosophie der Inder:* S. 346ff.). In Europa waren die Lehren des Vijnanavada (einer Schule des Mahayana-Buddhismus, die im 4. Jahrhundert gegründet wurde) in der Zeit Descartes aber völlig unbekannt, und deshalb durfte dieser sich zurecht als (rationalistischer) Revolutionär der Metaphysik fühlen, als er sich mit seinem Schlüsselsatz »cogito ergo sum« anschickte, die tradierten Lehren der Scholastik über den Haufen zu werfen, um einen »archimedischen Punkt« der Erkenntnistheorie zu finden (vgl. Descartes: *Abhandlung über die Methode:* Abschnitt IV sowie *Meditationes:* Untersuchung 2).

Wie gelangte Descartes zur Annahme, dass der einzig sichere Grund für die Erkenntnis ausgerechnet in der scheinbar doch so schwankenden Subjektivität zu finden sein sollte? Descartes' Methode beruht auf dem radikalen Zweifel: Man kann zunächst weder den eigenen Sinnen vertrauen, denn die Wahrnehmung ist immer verzerrt, noch dem eigenem Verstand, denn er könnte durch einen bösen »Dämon« getäuscht worden sein (vgl. ebd.: Untersuchung 1). Das einzige, was unerschütterlich feststeht, ist der Akt des (eigenen) Denkens. Denn auch wenn alles andere in Frage gestellt werden kann: Diese (Selbst-)Gewissheit scheint unanzweifelbar. So verkehrt sich der radikale Zweifel in die radikale Gewissheit: »Ich denke, also bin ich« (Descartes: *Abhandlung über die Methode:* S. 38).

Descartes' Streben nach einem absolut sicheren Fundament des Denkens ist sehr wahrscheinlich das Ergebnis einer tiefen inneren wie äußeren Erschütterung. Er schreibt in einem historischen Kontext der großen Umwälzungen, in dem alle bisherigen Gewissheiten zu erodieren drohten und Krieg und Zerstörung Europa heimsuchten (vgl. auch Toulmin: *Cosmopolis).* Descartes weiß, dass die ausgetretenen Pfade der Scholastik das »absolute Wissen« (das ja das eigentliche »Geschäft« der Philosophie, speziell der Metaphysik, darstellt) nicht retten können. Deshalb will Descartes nach Art der Geometrie (more geometrico) vorgehen und eine Erkenntnis zwingend aus der anderen ableiten (vgl. Descartes: *Meditationes:* Anhang), anstatt auf Spekulation und göttliche Eingebung zu vertrauen.

In diesem radikalen Projekt bleibt er auf sich selbst verwiesen, und das (abstrakte) Selbst – das (konkret erkennende) Subjekt – ist denn auch die Grundlage, auf die er baut. Das Subjekt Descartes' steht dabei allerdings gar nicht in einem so großen Gegensatz zum antiken Subjekt, das als »hypokeimenon« schon begrifflich ebenfalls das Substrat, die tragende Grundlage nicht nur einer grammatikalischen Struktur, sondern des Seienden ausmacht (vgl. auch Aristoteles: *Kategorien:* Kap. 5). Das Subjekt ist unwandelbar und eigenschaftslos. Es ist die materielle Grundlage, die Substanz, auf die alle Formen und Beziehungen gründen (vgl. ebd.: Kap. 7).

Das Materielle ist im antiken (aristotelischen) Denken also noch – begrifflich – an das Subjekt gebunden. Erst durch die Naturwissenschaften wird die Materie vom Subjekt gelöst und in die äußeren Dinge, die Objekte, verlagert. Der wirklich radikale Schritt Descartes' war es denn auch nicht, auf das Subjekt als Grundlage zu bauen, sondern auf die Bewegung des Denkens abzuheben. Das Subjekt ist nicht essentielles, unwandelbares Substrat, sondern nur real im Selbstvollzug des Denkens. Die zweite radikale Neuerung der cartesianischen Subjektphilosophie (vor allem in Bezug auf die Scholastik) war ein philosophisches Projekt, dass sich die Strenge der Mathematik und der Naturwissenschaften zur Vorlage nimmt. Das Subjekt steht dabei – wie im Denken der Antike – der Welt gegenüber. Es gibt – nicht nur grammatikalisch –

immer nur ein Subjekt (vgl. ebd.): Das neuzeitliche Subjekt der rationalistischen Philosophie ist Herr seiner selbst, ist zentraler Bezugspunkt. Aber es ist in seiner Selbstherrlichkeit auch vereinzelt, steht alleine auf weiter Flur.
Noch weitreichender als Descartes hat George Berkeley (1685–1753) diesen epistemologischen Solipsismus ausformuliert. Im Rahmen seiner Erkenntnistheorie fallen subjektives Erkennen und Objekte zusammen: Es gibt keine vom Subjekt und seiner Wahrnehmung unabhängigen Objekte. »Esse est percipi« – Sein ist Wahrgenommenwerden. Die Dinge sind nur »real« insoweit wir sie wahrnehmen. »Es ist nicht möglich, dass sie irgend eine Existenz ausserhalb der Geister oder denkenden Wesen haben, von welchen sie percipirt werden.« *(Abhandlung über die Prinzipien der menschlichen Erkenntnis:* § 3)
Wie erklärt sich dieser »radikale Konstruktivismus« Berkeleys? Der spätere Bischof von Cloyne sah im Materialismus des aufkommenden Empirismus eine Gefahr für den Glauben, und so versuchte er die Notwendigkeit Gottes mit folgender Argumentation zu retten: »Wenn ich bei vollem Tageslicht meine Augen öffne, so steht es nicht in meiner Macht, ob ich sehen werde oder nicht, noch auch, welche einzelnen Objecte sich meinem Blicke darstellen werden, und so sind gleicherweise auch beim Gehör und den anderen Sinnen die ihnen eingeprägten Ideen nicht Geschöpfe meines Willens. Es giebt also einen anderen Willen oder Geist, der sie hervorbringt.« (Ebd.: § 29) Berkeley erkannte offenbar scharfsichtig, dass in einer Welt, in der die Materie eine unabhängige Existenz hat, die Vorstellung eines Gottes eigentlich überflüssig wird. Und so flüchtete er sich lieber in einen Konstruktivismus, bei dem Gott die Aufgabe des Konstrukteurs zukam, als seinen Glauben durch »empirische Erkenntnisse« zu gefährden.
Man kann Berkeleys »*Abhandlung über die Prinzipien der menschlichen Erkenntnis*« (1710) dabei sogar als direkte Antwort auf John Lockes »*Versuch über den menschlichen Verstand*« (1690) lesen. Locke (1632–1704) unterscheidet in dieser einflussreichen Schrift nicht nur zwischen äußeren Objekten der Wahrnehmung und inneren Objekten der Reflexion, sondern geht vielmehr davon aus, dass unsere Wahrnehmung und die inneren Reflexionsprozesse von den äußeren Objekten geprägt werden, so dass eine Entsprechung zwischen beiden besteht (vgl. ebd.). Locke gründet auf diese Annahme die Forderung nach einer erfahrungsgeleiteten Wissenschaft. Andererseits befindet er sich mit seiner Annahme der Entsprechung von Welt und Wahrnehmung eigentlich völlig im Einklang mit dem Mainstream der antiken und scholastischen Erkenntnistheorien.

Genau diese Korrespondenzthese, die von einer Fundierung des Denkens durch die Erfahrung ausgeht, ist es allerdings, die Kant (1724–1804) veranlasste, eine »koperikanische Wende« in der Metaphysik zu fordern. In der Vorrede zur zweiten Auflage seiner »*Kritik der reinen Vernunft*« (1781 bzw. 1787), die als eine der wichtigsten Schriften der Philosophie überhaupt gelten kann, führt er aus: »Bisher nahm man an, alle unsere Erkenntnis müsse sich nach den Gegenständen richten; aber alle Versuche, über sie a priori etwas durch Begriffe auszumachen, wodurch unsere Erkenntnis erweitert würde, gingen unter dieser Voraussetzung zu nichte. Man versuche es daher einmal, ob wir nicht in den Aufgaben der Metaphysik damit besser fortkommen, daß wir annehmen, die Gegenstände müssen sich nach unserem [!] Erkenntnis richten […]« (S. 25). Im Kern kann man die Aussagen Kants also so zusammenfassen, dass es für das erkennende Subjekt niemals einen direkten Zugang zu den Objekten seiner Wahrnehmung geben kann, da die Wahrnehmung immer schon abhängig ist von a priori gegebenen Bedingungen der Erkenntnis. Die Welt hat für uns immer nur phänomenalen Charakter. Die Dinge an sich (noumena), die wir zwar denken (d.h. annehmen), aber eben nie erfahren können, entziehen sich der Erkenntnis. Das Subjekt seinerseits ist gemäß Kant für das Erkennen eine notwendige (transzendentale) Voraussetzung (vgl. ebd.: S. 341ff.). Um sich auf sich selbst zu beziehen, muss es sich allerdings selbst zum Objekt seines Denkens machen. Subjekt und Objekt fallen in eins und sind doch unüberwindlich getrennt. Karl Jaspers hat dies treffend mit dem Begriff der Subjekt-Objekt-Spaltung auf den Punkt gebracht (vgl. *Einführung in die Philosophie:* S. 24f.).

Hinter Kants Bestimmungen gibt es kaum mehr ein Zurück. Egal welche Wirklichkeit wir annehmen mögen und wie wir uns zu ihr positionieren – begrifflich-analytisch macht es nun keinen Sinn mehr, von einem Objekt ohne Subjekt oder von einem Subjekt ohne Objekt zu sprechen. Zudem: Auch und gerade in der (sinnlichen) Welt der Erfahrung bleibt die Rede vom Objekt ohne das Subjekt (und sein Begehren) leer.

WISSENSCHAFTLICHE OBJEKTOPHILIE: AKTOR-NETZWERK-THEORIE UND OBJEKTORIENTIERTE ONTOLOGIE

Allerdings ist die wahrgenommene Übermächtigkeit des Subjekts in der Subjekt-Objekt-Relation in bestimmten Ansätzen der Wissenschafts- und Techniksoziologie wie der neueren Philosophie Ausgangspunkt einer kritischen

Absetzung. Speziell die Aktor-Netzwerktheorie und die Objektorientierte Ontologie gehen dabei sogar so weit, das Subjekt nahezu ganz zu eliminieren bzw. die Unterscheidung zwischen Subjekt und Objekt grundsätzlich in Frage zu stellen.

Wichtigster Vertreter der Aktor-Netzwerkwerktheorie ist – neben Michel Callon und John Law – Bruno Latour, und er hat darüber hinaus die pointierteste Formulierung dieses Ansatzes begetragen, weshalb ich mich hier im wesentlichen auf die Darstellung seiner Kernthesen konzentrieren möchte. Zu Beginn seines Schaffens steht Latour noch dem enthnomethodologisch ausgerichteten Sozialkonstruktivismus nahe, der die Konstruktion wissenschaftlicher Fakten in ihrem Entstehungskontext – dem Labor – untersuchen will (vgl. Latour/Woolgar: *Laboratory Life)*. Auch später bleibt er der Devise »follow the actors« treu, allerdings verschiebt sich sein Blickwinkel immer mehr hin zu den Objekten, die er als »Aktanten« begreift, d.h. diese sind nicht nur bloße »Gegenstände« der Interaktion mit Subjekten, sondern besitzen selbst »Autorenschaft« (vgl. diesbezüglich auch Callon: *Techno-Economic Networks and Irreversibility)*. Deshalb sind die Aktor-Netzwerke, die im Zentrum der Betrachtung Latours stehen, keine bloßen technischen oder sozialen Netzwerke, sondern in einem Aktor-Netzwerk sind humane und nicht-humane »Akteure« bzw. Aktanten gleichberechtigt miteinander verwoben (vgl. Latour: *On Actor Network Theory)*. Und so ist z.B. der Hotelschlüssel im Kontext des Handlungssystems eines Hotels letztlich gemäß Latour genauso (ge)wichtig wie das Management, die Angestellten oder die Gäste, denn erstens sind Dinge die (dauerhaften) »Verkörperungen« sozialer Verhältnisse und zweitens erzeugen sie eigene Dynamiken. So ist das Gewicht des Schlüssels einerseits eine »dingliche Übersetzung« des Wunsches des Hotelleitung, dass die Gäste den Schlüssel an der Rezeption abgeben sollen. Andererseits werden so neue Handlungsketten in Gang gesetzt, die nicht linear gedacht werden können und wo Personen durch Dinge so ersetzt werden, dass diesen faktisch Akteursstatus zukommt: Der Schlüssel interagiert mit dem Gast (vgl. ders: *Technology Is Society Made Durable)*.

Auf der Basis dieser Vorstellungen entwickelt Latour auch eine Theorie der Moderne – das heißt, für Latour gilt eigentlich: *»Wir sind nie modern gewesen«* (1995). Er gründet diese provokante These darauf, dass die Bewegung der Moderne bisher hauptsächlich problematische Trennungen – wie die Trennung zwischen Natur und Gesellschaft oder zwischen Subjekt und Objekt – hervorgebracht hat, welche sie nun in eine Krise führen. Denn durch die zunehmende, technisch vorangetriebene Ausbreitung von hybriden »Quasi-

Objekten« bzw. »Quasi-Subjekten« (wie etwa dem Ozonloch oder gentechnisch modifizierten Lebewesen), die sich nicht eindeutig in den dichotomen Rastern verorten lassen, werden die Trennungen der Ordnung der Moderne ad absurdum geführt. Deshalb muss insbesondere die gegebene Asymmetrie, die einseitig die Subjekte gegenüber den Objekten begünstigt, aufgehoben werden.

Latour will folglich den Dingen endlich ihr lange vorenthaltenes gleiches Recht zubilligen, was allerdings auch eine neue (politische) Verfassung der Moderne notwendig macht. Deshalb formuliert er (in rhetorischer Anlehnung an das berühmte Manifest des Abbé Sieyès): »Jeden Begriff, jede Institution und jede Praxis, die die kontinuierliche Entfaltung der Kollektive und ihr Experimentieren mit Hybriden stören, werden wir als gefährlich, schädlich, und [...] unmoralisch ansehen. Die Vermittlungsarbeit wird damit zum Zentrum der doppelten natürlichen und sozialen Macht. Die Netze treten aus der Verborgenheit heraus. Das Reich der Mitte wird repräsentiert. Der dritte Stand, der nichts war, wird alles.« (Ebd.: S. 186) Und so geht Latour sogar so weit, eine politische Repräsentation der Objekte in einem »Parlament der Dinge« zu fordern (vgl. auch ders.: *Das Parlament der Dinge*).

Spätestens mit *»Wie sind nie modern gewesen«* überschreitet Latour klar die Grenzen der Disziplinen und betritt nicht nur das Terrain der Politik, sondern auch der Philosophie. Deshalb muss es uns nicht verwundern, wenn etwa Graham Harman Latour als *»Prince of Networks«* (2009) herausstellt und ihn dezidiert als einen Metaphysiker liest. Harman seinerseits ist der »Begründer« der sogenannten »Objektotientierten Ontologie« – einer neueren philosophischen Strömung, der neben ihm auch z.B. Levi Bryant oder Timothy Morton zuzurechnen sind. Die Rezeption der Objektorientierten Ontologie innerhalb der akademischen Philosophie fällt allerdings relativ dürftig aus. Dafür ist die Wahrnehmung des Ansatzes im Bereich des Kunstdiskurses aktuell umso ausgeprägter (vgl. z.B. Jackson: *The Anxiousness of Objects and Artworks*).

Der theoretische Ausgangspunkt von Harman ist – erstaunlicherweise – allerdings weniger Latour als vielmehr Heidegger. Und man kann mit einem gewissen Recht behaupten, dass es sich dabei zu einem guten Teil um ein fundamentales »Missverständnis« des Heideggerschen Werks handelt: »Indeed, I am convinced that he [Heidegger] would revile much of what I have to say«, gesteht denn auch Harman freimütig in seinem ersten Entwurf zur Objektorientierten Ontologie (*Tool Being*: S. 15). Er stützt sich nämlich bei seiner Heidegger-Interpretation hauptsächlich auf ausgewählte Passagen im Dritten Kapitel von *»Sein und Zeit«*, wo Heidegger im Hinblick auf das

»Zeug« zwischen »Vorhandenheit« (dem bloßen Sein der Dinge an sich) und »Zuhandenheit« (dem in Sinnzusammenhänge eingebetteten »Um-zu«) unterscheidet (vgl. ebd. § 15).
Gemäß Harman handelt es sich hier um den Kern von *»Sein und Zeit«* – und so ignoriert er konsequent die tatsächliche Zielrichtung Heideggers: Denn dieser will mit seinem Werk nichts Geringeres als die angebliche »Seinsvergessenheit« der abendländischen Philosophie beenden, welche die grundlegende Frage nach dem Sinn von Sein ausblendet. Es geht Heidegger deshalb nicht eigentlich um Dinge, sondern nur insoweit dieses »Zeug« notwendig und bestimmend für die (menschliche) Existenz ist. (Auch) in Gestalt der Dinge sind wir nämlich immer mit Sinnstrukturen konfrontiert, die unserer Existenz vorausgehen. Diese »Geworfenheit« in eine Welt, die immer schon mit Sinn angefüllt ist, bildet gemäß Heidegger die Grundstruktur des Daseins. Und dieses Dasein ist wesentlich durch Zeitlichkeit bestimmt: Das Sein des Menschen ist immer ein Sein zum Tode (vgl. ebd.: § 47ff.).
Die Finalität des Daseins interessiert Harman jedoch nicht, und so ignoriert er souverän Heideggers Ausrichtung auf den Menschen und seine Existenz in *»Sein und Zeit«*. Auch geht er nicht auf die kritische Technikphilosophie in Heideggers Spätwerk ein (vgl. z.B. *Die Technik und die Kehre)*. Aber: Im Grunde braucht Harman Heidegger gar nicht für sein Projekt einer Objektorientierten Ontologie, denn mit seiner Ausrichtung auf das (menschliche) Dasein weist Heidegger schließlich genau in die Gegenrichtung. Für Harmans spekulativen Realismus existieren die Objekte zudem völlig unabhängig vom Subjekt, und die Beziehung zwischen Subjekt und Objekt ist keine privilegierte, sondern jede Beziehung (zwischen verschiedenen Objekten) ist gleichwertig. So sind denn nach Harman auch Dinge füreinander »zuhanden«.
Harmans Mitstreiter Levi Bryant kommt entsprechend ohne ausufernden Rekurs auf Heidegger aus und kann frei von solchem Sprachballast auch klarer formulieren, was gemeint ist: »The claim that all objects equally exist is the claim that no object can be treated as constructed by another object.« *(The Democracy of Objects:* S. 19) Das bedeutet nicht, dass der Mensch aus der Betrachtung ausgeschlossen wird, sondern lediglich, dass es im Rahmen der Objektorientierten Ontologie nur eine Form der Existenz gibt: die des Objekts (vgl. ebd. S. 20). Ein Subjekt (als erkennende Instanz) ist nicht notwendig, die Objekte existieren unabhängig »für sich«.
Doch um auf Harman zurückzukommen: In diesem Zusammenhang ist interessant, wie er Substanz denkt, denn diese ist für ihn nicht rein auf das Materielle zurückzuführen, sondern liegt auch in den Beziehungen zwischen

den Objekten, d.h. auch Beziehungen haben substantiellen Charakter. In einer späteren Schrift entwickelt er diesen Gedanken weiter und versucht zu zeigen, wie Interaktionen zwischen Objekten auf dieser Grundlage vorstellbar sind. Dafür entwirft er das Modell der »stellvertretenden Kausalität« (vicarious causation), denn die Trennung zwischen den Objekten kann niemals vollständig überwunden werden, so dass es für Interaktionen immer einer Vermittlung durch ein Drittes bedarf (vgl. *Guerilla Metaphysics)*.

Gerade in diesem Versuch der Überwindung der Schwierigkeit, wie ohne Subjekte Handlung möglich sein könnte, offenbart sich ein fundamentales Problem, das gleichermaßen für die Objektorientierte Ontologie wie für die Aktor-Netzwerk-Theorie gilt. Denn innerhalb beider Ansätze wird vorausgesetzt, dass Objekte existieren – und das bedeutet zugleich: dass sie von ihrer Umwelt abgrenzbar sind. Nur ein begrenztes Objekt ist kein beliebiges, sondern ein bestimmtes Objekt. Wer oder was könnte aber, ohne das Subjekt und seine Wahrnehmung, die Grundlage dieser Grenzziehung darstellen? Die Antwort bleiben beide Ansätze schuldig. Ohne Subjekt kein Objekt. Die eigentlich interessante Frage ist allerdings: Warum eliminieren die Objektorientierte Ontologie und die Aktor-Netzwerk-Theorie das Subjekt (beziehungsweise seine »privilegierte« Stellung)? Und warum ist diese Verabschiedung des Subjekts aktuell so populär?

In der Tat trifft man sich nämlich in diesem Punkt mit den vor allem in den Kulturwissenschaften höchst einflussreichen Strömungen des Poststrukturalismus. Nachdem Nietzsche im 19. Jahrhundert in seiner Schrift *»Also sprach Zarathustra«* endlich den Tod Gottes verkünden durfte, wird nunmehr das Subjekt für tot erklärt (vgl. z.B. Derrida: *Marges de la philosophie*). Als »Falte des Außen« (vgl. auch Deleuze: *Foucault:* S. 131ff.) ist das Subjekt des Poststrukturalismus fern jeder Selbstherrlichkeit, die es in vergangenen Jahrhunderten hervorkehrt haben mag: Es wird als bloße Hervorbringung des Diskurses und als Effekt der (Disziplinar-)Macht angesehen (vgl. Foucault: *Recht der Souveränität/Mechanismus der Disziplin:* S. 83). Ein gewichtiger Unterschied ist allerdings die »materialistische« Orientierung sowohl der Aktor-Netzwerk-Theorie wie der Objektorientierten Ontologie – und man kann vermuten, dass ein Grund für ihre Verabschiedung des Subjekts genau in der Materialität der Objekte zu finden ist: Deren greifbare »Objektivität« bietet eine scheinbare Sicherheit, die sich im Konstruktivismus des »linguistic turn« immer weiter aufgelöst hatte. Zugleich gestattet die Fixierung auf die Objekte die Vermeidung der Auseinandersetzung mit der Unberechenbarkeit und Eigenwilligkeit des Subjekts. Freilich begibt man sich so in die Falle eines

Objekt-Fetischismus, d.h. man schreibt Objekten Eigenschaften (wie unabhängige Existenz, Handlungsfähigkeit, Autorenschaft etc.) zu, die sie eben – genau aufgrund ihres Objektcharakters – nicht besitzen können. Und man verwechselt diesen Fetischismus mit einer »Zuneigung« zu den Objekten. Tatsächlich handelt es sich hier jedoch meines Erachtens um nicht viel mehr (aber auch nicht weniger) als eine wissenschaftliche Ausprägung der Objektophilie. Der Ruf zurück »auf die ›Sachen selbst‹« (Husserl: *Logische Untersuchungen:* Band 2, S. 10) führt so in die Sackgasse der verdinglichenden Objektfixierung.

DIE ÄSTHETISCHE SPRACHE DER DINGE

Wenn die Dinge aber eben keine »Autorenschaft« (für sich) beanspruchen können, wenn es das Subjekt ist, welches das Objekt hervorbringt, was haben uns dann die Dinge zu sagen? Denn sind sie dann nicht die bloße Doppelungen des Subjekts, seine Spiegelungen nach außen? Überhaupt: Was ist der genaue Unterschied zwischen einem Ding und einem Objekt? – Für Lacan, den großen Theoretiker des Begehrens, ist das Ding das Andere des Subjekts, es ist Ausdruck des Verlusts, des Mangels (vgl. Lacan: *Die Ethik der Psychoanalyse:* S. 56ff.). Die Objekte (des Begehrens) wiederum sollen den grundlegenden (eigentlich unstillbaren) Mangel, den das Subjekt empfindet, auffüllen – soweit Lacan (vgl. ebd.: S. 125ff. sowie ders: *Die Objektbeziehung).*
Ich möchte dieses Verhältnis zwischen Ding/Objekt und Begehren aber weniger metonymisch-symbolisch (wie Lacan), sondern vielmehr ästhetisch-materialistisch betrachten: Das Ding ist eine materielle Entität, denn nur als solche kann es sinnlich werden. Dinge existieren – im Prinzip auch ohne uns. Andererseits tritt das Ding aus dem Nebel des Seienden erst hervor, indem *wir* eine Grenze ziehen, eine Differenz setzen. Somit ist das Ding als ein bestimmtes Ding zugleich das Produkt unserer Wahrnehmung. In gewisser Weise kann man sagen: Das Ding ist identisch mit dieser Grenzziehung und dem Raum, den sie umreißt. Zu einem Objekt wird es allerdings erst in dem Moment, in dem dieser Ding-Raum mit unserem Begehren »angefüllt« wird. Dinge existieren – Objekte finden Beachtung, erregen Aufmerksamkeit, werden begehrt. Die Objekte sind damit nicht gleich dem Nicht-Subjekt, dem Nicht-Ich, dem Außen, sondern stellen eine kleine, aber (für uns) umso relevantere Teilmenge in Raum des Daseins dar: Das Subjekt haftet den Objekten in Form seines Begehren an, und sein Begehren haftet den Dingen an. Wie aber ziehen die Din-

ge/Objekte dieses Begehren auf sich? – Die Antwort lautet: Durch ihre sinnliche Attraktion, den ästhetischen Reiz, den sie auf uns ausüben!
Dieser ästhetische Reiz ist zugleich materiell gespeist und doch ein höchst subjektives Empfinden. In der Ästhetik vereinen sich sozusagen Subjekt und Objekt. Die spezielle Stellung der Ästhetik wird auch von Kant in seiner *»Kritik der Urteilskraft«* (1790) herausgestellt. Ästhetische Urteile sind zum einen immer subjektiv: »Das Geschmacksurteil ist also kein Erkenntnisurteil, mithin nicht logisch, sondern ästhetisch, worunter man dasjenige versteht, dessen Bestimmungsgrund nicht anders als subjektiv sein kann.« (S. 115) Es handelt sich allerdings um eine *subjektive Allgemeinheit* (vgl. auch ebd.: S. 125), denn jeder fällt ästhetische Urteile, und so muss es ein »übersinnliches« Substrat geben, welches den Sinneseindrücken zugrunde liegt (vgl. ebd.: S. 280ff.).
Eingeführt in den philosophischen Diskurs wurde der Begriff der Ästhetik allerdings durch Alexander Gottlieb Baumgarten. In seiner Schrift *»Aesthetica«* (1750) begründet er die Ästhetik als »Wissenschaft der sinnlichen Erkenntnis« (ebd.: S. §1). Zwar weist er sie dem Bereich der »unteren Vernunftgründe« zu, doch trotzdem handelt es sich um eine klare Aufwertung dieses bis zu Baumgarten nahezu völlig ignorierten Felds, das dieser in vielerlei Hinsicht als potentiell »ertragreich« betrachtet: philologisch, hermeneutisch, exegetisch, rhetorisch etc. (vgl. ebd.: § 4). Zweck der Ästhetik ist dabei gemäß Baumgarten die Vollkommenheit der sinnlichen Erkenntnis, die er mit der Schönheit gleichsetzt (vgl. ebd: § 14). Dieser Gedanke wird dann von Hegel derart weiterentwickelt, dass er in der Kunst die erste Stufe zur Erkenntnis des Absoluten erkennt. Das Schöne wird Hegel zum »sinnliche[n] Scheinen der Idee« (*Vorlesungen über die Ästhetik*: S. 151).
Solche »Idealisierungen« – die in Deutschland das Selbstverständnis der »Klassik« prägen (vgl. z.B. Schiller: *Über die ästhetische Erziehung des Menschen*) – sind andererseits Anlass zu einem berechtigten »Unbehagen in der Ästhethik«, wie es etwa Jacques Racière formuliert: Der ästhetische Diskurs (mit seinen Überhöhungen und Bedeutungsaufladungen) verhindert das (ursprüngliche) sinnliche Wahrnehmen und bleibt in einem Paradox gefangen. Zum einen etabliert er die Kunst als autonome Sphäre, und zum anderen hebt er die Grenze zwischen Kunst und Welt auf, indem alles »ästhetisiert« wird. Die Kunst bleibt so in ihrem eigenen Käfig gefangen und wird doch (kommerziell, politisch etc.) vereinnahmt (vgl. Rancière: *Das Unbehagen in der Ästhetik:* S. 73).
Hier soll die ästhetische gespeiste Kraft der Dinge, die sie für uns zu Objekten (des Begehrens) macht, darum völlig losgelöst von jeder »künstlerischen«

(und künstlichen) Überhöhung betrachtet werden, wie sie selbst die kritische Ästhetik Adornos prägte (vgl. *Ästhetische Theorie)*. Nur in diesem »Verzicht« kann nämlich das sinnliche Potential des Objekts tatsächlich »ausgekostet« werden. Fragen wir also lieber, im Sinn eines Versuch der Überschreitung »verdinglichter« Verhältnisse, nach der Verbindung zwischen dem Körperlich-Sinnlichen und dem Denken: Welche Möglichkeiten (der Differenz) eröffnet die Materialität der Objekts? Wie können die Dinge und ihre Ansprache an unsere Sinne dazu beitragen, uns aus dem »Gehäuse der Hörigkeit« (Weber) zu befreien?

Zunächst einmal gilt es anzuerkennen, dass unser Körper die materielle Schnittstelle zu unserem Geist darstellt. Und dies ist er in zweifacher Weise: als rein physiologische Struktur, aber eben auch als ein belebter »Leib«, der uns mit Eindrücken versorgt, zwischen Innen und Außen vermittelt (vgl. auch Varela/-Thompson/Rosch: *The Embodied Mind:* S. XVff.). Für John Haugeland ist darum in diesem Verhältnis eine besondere »Innigkeit« gegeben, d.h. Körper, Geist und Welt werden als untrennbare Einheit von ihm gedacht (vgl. *Der verkörperte und eingebettet Geist: S. 107)*. Dies ist allerdings wiederum eine idealisierte Sichtweise, die ausblendet, dass es massive Störungen in dieser Beziehung geben kann, wovon nicht nur »pathologische« Phänomene wie Magersucht, autoaggressives Verhalten oder Dissoziationen künden. Gerade in der Wahrnehmung der Differenz (zwischen Körper und Geist, Ich und Nicht-Ich) liegt eine Chance für Erkenntnis- und Veränderungsprozesse.

Es gilt also die sinnlich-körperliche Erfahrung in das Denken einzubeziehen, ohne das eine im anderen aufgehen – und das heißt: verschwinden – zu lassen. Das »Hören« auf die Sinne bedeutet eine Selbstwahrnehmung, die das Selbst weder eliminieren kann noch soll. Bernhard Waldenfels folgend eignet sich dafür als Ansatzpunkt in besonderem Maß der Tastsinn, der für ihn eine herausgehobene Stellung einnimmt. Denn der Tastsinn besitzt Unmittelbarkeit. Anders als etwa beim Sehen ist tastend kein vermittelndes »Medium« erforderlich (vgl. *Das leibliche Selbst:* S. 35ff.). Lernen bedeutet auf diesem Verständnis aufbauend die »Einverleibung« perzeptiver Strukturen, und »das Wort Einverleibung […] bedeutet, dass der Leib nicht einfach als Werkzeug eingesetzt wird, sondern dass die Dinge der Welt selber im Leib zur Erscheinung und zur Darstellung kommen« (ebd.: S. 173).

Unterstützung erhält die Leib-zentrierte und auf den Tastsinn fokussierte Perspektive Waldenfels' auch durch naturwissenschaftliche Erkenntnisse. Martin Grunwald etwa legt dar, dass neuere Forschungen die direkte Beteiligung des Tastsinns bei der Entwicklung von Bewusstseinsprozessen belegen (vgl. *Haptik:* S. 96). Insbesondere bei Neugeborenen gibt es eine große Bedeutung der Haptik für die Umweltwahrnehmung und Hirnentwicklung (vgl. ebd.: S. 110ff.). Hoch interessant ist dabei das (oft in der Betrachtung vernachlässigte) Moment der Selbstberührung, denn durch Selbstberührung kann der eigene Organismus stark beeinflusst werden, bis hin zur Steigerung der Leistungsfähigkeit des Gedächtnis (vgl. ebd.: S. 117f.).

Nicht nur aufgrund derartiger Erkenntnisse der Neurologie, sondern auch durch pädagogisch-praktische Erfahrungen gelangt Christian Rittelmeyer gar zu der Aussage, dass sämtliche Erkenntnisprozesse auf sinnlich-körperlichen Resonanzen beruhen (vgl. *Aisthesis)*. Und die Dinge spielen eine wichtige Rolle als »materielle Quelle«, als ästhetische »Erreger« dieser Resonanzen. Gernot Böhme spricht in diesem Zusammenhang von »Ekstasen«: »Eigenschaften gehören zur Realität, sie bestimmen ein Ding, sie können wahrnehmbar sein oder auch nicht, Ekstasen dagegen sind die Weisen durch die das Ding sich bemerkbar macht und als wahrgenommenes [!] Wirklichkeit erhält.« *(Aisthetik:* S. 161 und vgl. auch ebd.: S. 131ff.) Eine solche Ekstase kann aber auch zum »Ernstfall« werden, wenn wir uns z.B. an einem Tisch stoßen. Derart wird die Materialität der Dinge erfahren, zugleich werden wir uns aber auch (schmerzhaft) der eigenen Körperlichkeit bewusst. Und was für den Körper zutrifft, gilt umso mehr für uns als Subjekte: »Wie die Wahrnehmung des Dinges als Körper uns selbst zu Körpern macht, so macht die Wahrnehmung des Dinges als Objekt und erst eigentlich zu Subjekten.« (Ebd.: S. 171) Es findet also eine »ästhetische Kommunikation« zwischen uns und den Dingen statt, in der wir uns gegenseitig – als Subjekte und Objekte – hervorbringen und in der die Dinge uns sinnlich »ansprechen«.

Mit der »Sprache der Dinge« hat sich bereits Walter Benjamin befasst (vgl. *Über die Sprache überhaupt)*. Dass die Dinge zu uns sprechen sei laut Benjamin schon deshalb kein Anthropomorphismus, weil das Dasein der Sprache sich eben nicht nur auf die Gebiete der menschlichen Geistesäußerung erstrecke, sondern alles in einer gewissen Weise an der Sprache teilhabe (vgl. ebd.: S. 140f.). Allerdings sei die Sprache der Dinge »unvollkommen«. Erst der Mensch übersetze sie ins Lauthafte, und was darin zum Vorschein komme, sei das »Wort Gottes« (vgl. ebd.: S. 151). Derart theologisch verbrämt beschneidet Benjamin die Reichweite seiner These allerdings selbst in unnötiger Weise. Hito Steyerl will *»Die Sprache der Dinge«* darum eher im Licht von Benjamins späteren Werken verstanden wissen und bietet uns eine »materialistische« Uminterpretation an: »In dieser Perspektive«, so Steyerl, »ist ein Ding niemals nur irgendetwas, sondern ein Fossil, in dem ein Kräfteverhältnis versteinert ist.« (Ebd.) Hier klingt einerseits ein »magisches« Verständnis an, das den Dingen »übersinnliche« Kräfte zuschreibt, die sich in ihnen materialisieren. Andererseits handelt es sich, in Analogie zu Marx, um die dingliche Verkörperung sozialer Verhältnisse (vgl. ebd.). »Auf diese Weise lassen sich Gegenstände jeglicher Art als Kondensationen verschiedener Begehren, Intensitäten, Wünsche und Machtverhältnisse interpretieren.« (Ebd.)

Man kann dies eine »archäologische« Auffassung von der Sprache der Dinge nennen, und die Eigenschaft der Dinge als (mitteilsame) »Behältnisse« ist sicher wichtig für jede materialistisch geprägte »Archäologie des Wissens«. Aber ich möchte doch über dieses Verständnis hinausgehen und den Dingen nicht nur eine »abgeleitete« Sprache zugestehen, die von ihrer (konkreten) Sinnlichkeit absieht und rein hermeneutisch nach ihrer (sozialen, historischen, psychologischen) Bedeutung fragt. Denn wie die Dinge zu uns sprechen liegt *in* ihnen und ihrer Materialität, die sie für uns sinnlich-ästhetisch erfahrbar macht (vgl. auch Thiemeyer: *Die Sprache der Dinge*). Was wir verstehen hingegen liegt in uns: Die Dinge sagen uns etwas, weil wir begehren, etwas zu verstehen, und das heißt auch: mit unseren Sinnen etwas zu »empfangen«.

In der Dialektik dieses Begehrens ist das obskure Moment der Bedeckung und des Entzugs, auf das ich zu Beginn anhand des Film-Beispiels von Buñuel zu sprechen kam, keineswegs vernachlässigbar. Eine wesentliche Botschaft der Dinge, die für uns zu Objekten (des Begehrens) werden, ist ihre Widerständigkeit (vgl. auch Därmann: *Kraft der Dinge:* S. 8). Dass sie sich nicht fügen! Und auch diese »Botschaft« liegt – zum Teil – schon in der Körperlichkeit der Objekte begründet. Jedes Ding besitzt eine materielle Grenze der Verformbarkeit, die unserem Begehren Grenzen setzt, aber es zugleich auch steigert. Und dies wiederum verweist auf die Grenzen des Subjekts (die das Subjekt definieren): Es sind (materielle) Grenzen des Begehrens, aber auch Grenzen der Versagung (des Begehrens), die das Unbehagen und die Widerständigkeit des Subjekts entfachen (vgl. auch Jain: *Ankerpunkte des Widerstands*). Im Kern ist es diese materielle Widerständigkeit, die Adorno meint, wenn er vom »Vorrang des Objekts« spricht: Im Subjekt ist immer auch »Objektivität«, in der das Nicht-Identische – in der Vermittlung zwischen beiden – aufscheint (vgl. *Negative Dialektik:* S. 183ff.).

Der Vorrang des Objekts bedeutet damit zugleich aber auch den Vorrang des Subjekts. Und die »Natur« des Subjekts ist sein Begehren (das heißt: seine Bedürftigkeit). Das Begehren bringt das Subjekt hervor. Das Subjekt bringt das Begehren hervor. Beide sind nicht voneinander zu trennen. Und das Ding affiziert durch seine Materialität das Begehren. Die Dinge sagen dem Subjekt auf diesem Weg (der ästhetischen Ansprache an das Begehren) etwas über sich selbst. Oder anders gesagt: Vermittelt über die Dinge spricht das Begehren zum Subjekt. Insofern sind die Dinge – als Objekte des Begehrens – immer auch Medien. Aber nicht, dass die Dinge sich mitteilen wollten. Die Sprache der Dinge ist einseitig. Sie kann nur verstanden, aber nicht gesprochen werden. Denn im »Sprechen« der Dinge hören und verstehen wir uns selbst.

3. Symbole: Lasst uns ein Zeichen setzen!

3. SYMBOLE: LASST UNS EIN ZEICHEN SETZEN!

Das Symbol vereint. Darauf verweist schon seine ursprüngliche Wortbedeutung: das »sýmbolon« (griechisch: das Zusammengeworfene) war Erkennungszeichen für eine bestimmte Gruppenzugehörigkeit. Es ist, in unserem heutigen Verständnis, die Klammer zwischen Begriff und Objekt. Es verbindet das Abstrakte mit dem Konkreten. Und es vermengt damit Unvereinbares miteinander, »wirft« zusammen, was eigentlich nicht zusammen gehört. Darin liegt die Kraft des Symbolischen.
Wie geschieht dies? – Das Symbol be-deutet. Es verweist auf ein Objekt, einen Sinn, eine Bedeutung die jenseits seiner selbst liegt. Aber ist es darum *an sich* bedeutungslos? Und gibt es nicht umgekehrt auch das Sinn-lose Symbol? Ein Zeichen, das nur für sich steht? Oder ist ein Symbol immer begreifbar – und das bedeutet zugleich: abhängig vom Verstehen (des Subjekts)?
Die Intersubjektivität des Begrifflichen – dem das Symbol Ausdruck gibt, dem es »Gegenständlichkeit« verleiht – scheint dagegen zu stehen. Allerdings kann sie die Subjektivität des Verstehens nicht vollständig »transzendieren«, da »ich« und »wir« nie deckungsgleich sind. Und auch die »Materialität« des Symbols widersteht möglicherweise der Verein-Namung durch den Sinn. Allerdings: die Rede von der (ästhetischen) »Sprache der Dinge« verweist umgekehrt auf die symbolischen Aspekte der »Objektivität«. Und das ist ein guter Grund mehr, sich mit dem Zeichen und seiner (sozialen) Bedeutung näher auseinanderzusetzen.

ZEICHEN DER BEDEUTUNG

Das Symbol ist – unbestreitbar – ein Zeichen. Was sagt die Wissenschaft von den Zeichen, die Semiotik, zu den Symbolen? – Vorläufer der modernen Semiotik sind bereits in der antiken Philosophie gegeben: So finden sich – zerstreut über verschiedene Dialoge – bei Platon diverse Aussagen etwa zum Verhältnis von Begriff und Bedeutung (so z.B. im Dialog *»Kratylos«*, wo der semantische Naturalismus des Kratylos auf den Konventionalismus des Hermogenes trifft). Und auch Aristoteles hat sich in seinen »Hermeneutica« Gedanken über die Beziehung zwischen Wort, Bedeutung und Schriftzeichen gemacht: »Die gesprochenen Worte sind die Zeichen von Vorstellungen in der Seele und die geschriebenen Worte sind die Zeichen von gesprochenen

Worten. So wie nun die Schriftzeichen nicht bei allen Menschen die nämlichen sind, so sind auch die Worte nicht bei allen Menschen die nämlichen; aber die Vorstellungen in der Rede, deren unmittelbare Zeichen die Worte sind, sind bei allen Menschen dieselben und eben so sind die Gegenstände überall dieselben, von welchen diese Vorstellungen die Abbilder sind.« (S. 55) Zusammengefasst heißt das: für Aristoteles sind die konkreten Zeichen und Worte konventioneller Natur, nicht aber die Bedeutungen und die Dinge, auf die sie verweisen. (In gewisser Weise stellt seine Position also einen Kompromiss zwischen der idealistisch-naturalistischen und der rein konventionalistischen Position dar, wie sie im Kratylos-Dialog aufeinander prallten.) Und im Prinzip ist damit schon bei Aristoteles das *semiotische Dreieck* (vgl. Ogden/Richards: *The Meaning of Meaning:* S. 11) von Begriff, Symbol und Gegenstand vorhanden, das heute eines der grundlegenden Konzepte der Semiotik darstellt.

Allerdings haben wir es beim Begründer der modernen Semiotik, Ferdinand de Saussure (1857–1913), eigentlich noch mit einer bloßen Doppelbeziehung zu tun, indem Saussure lediglich zwischen Bezeichnung (Signifikant) und Bezeichnetem (Signifikat) unterscheidet (vgl. *Grundfragen der allgemeinen Sprachwissenschaft:* S. 78f.). Die Bedeutung entsteht in der Sprache, das Zeichen selbst ist »beliebig« (vgl. ebd.: S. 79ff.). Das Symbol ist für Saussure andererseits eine ganz besondere Art des Zeichens: »Beim Symbol ist es nämlich wesentlich, daß es niemals ganz beliebig ist; es ist nicht inhaltlos, sondern bei ihm besteht bis zu einem gewissen Grade eine natürliche Beziehung zwischen Bezeichnung und Bezeichnetem. Das Symbol der Gerechtigkeit, die Waage, könnte nicht etwa durch irgend etwas anderes, z.B. einen Wagen, ersetzt werden.« (Ebd.: S. 80) Im Symbol sind also für Saussure Form und Inhalt derart vermengt, dass er es von anderen, rein konventionellen Zeichen abgrenzt.

Auch Charles Sanders Peirce (1839–1914), der anders als Saussure zwischen Objekt, Zeichen und Interpret differenziert, kennt verschiedene Klassen von Zeichen, wobei die Art der Beziehung zwischen Objekt und Zeichen ausschlaggebend für die Unterscheidung zwischen den einzelnen Zeichentypen ist: »Zunächst führt die Analyse des Wesens des Zeichens [...] zu dem Beweis, daß jedes Zeichen durch sein Objekt bestimmt ist, entweder indem es erstens an den Eigenschaften des Objekts teilhat, dann nenne ich das Zeichen ein *Ikon;* zweitens indem es wirklich und in seiner individuellen Existenz mit dem individuellen Objekt verbunden ist, dann nenne ich das Zeichen einen *Index;* drittens indem es mit größerer oder geringerer annähender Gewissheit so interpretiert wird, daß es das Objekt in Folge einer Gewohnheit [...]

denotiert, dann nenne ich das Zeichen ein *Symbol.*« *(Semiotische Schriften:* S. 135f.)
Damit entspricht das Ikon von Peirce in etwa dem Symbol Saussures, während letzteres für Pierce rein konventionellen Charakter hat. Eine Bedeutung allerdings, die über das Bedeutete hinaus weist, gesteht keiner der »klassischen« Semiotiker einem Zeichen zu – wie immer es auch benannt wäre: Das Zeichen ist mit der Bedeutung verknüpft (sei es durch Konvention oder sei es »ikonisch«), aber die Bedeutung des Zeichens liegt alleine in seinem Zeichencharakter (d.h. der Verweisung auf einen externen Sinn).

ZEICHEN DER ENTWICKLUNG

Für Ernst Cassirer (siehe auch unten: »Zeichen des Absoluten«, S. 73) ist der Mensch das *»animal symbolicum«* – denn der Mensch bringt nicht nur Symbole hervor, er denkt auch »symbolisch«, und das unterscheidet ihn von anderen Lebewesen (vgl. *An Essay on Man:* S. 25ff.). Die Fähigkeit zum symbolischen Denken wäre demnach das Ergebnis einer evolutionären Entwicklung, und sie stellt zudem eine neue Stufe in der Evolution des Denkens dar. Zwar können auch (andere) Tiere Signale verarbeiten, aber es besteht gemäß Cassirer ein zentraler Unterschied zwischen einem Signal und einem Symbol: Signale sind Auslöser für ein bestimmtes Verhalten und vor allem beinhalten sie immer ein materiell-physisches Element. Das Symbol ist im Gegensatz dazu untrennbar mit (menschlichem) Sinn und (kultureller) Bedeutung verbunden und kommt auch ohne jedes physische Element aus: »Signals are ›operators‹; symbols are ›designators‹«, fasst Cassirer zusammen (ebd.: S. 32).
Wenn wir dem Entwicklungspsychologen Jean Piaget folgen, so kommen die Menschen allerdings nicht mit der Fähigkeit zum symbolischen Denken auf die Welt, sondern sie müssen erst bestimmte Stadien der Entwicklung durchlaufen, bevor die »Symbolfunktion« voll ausgebildet ist: In der *sensomotorischen Phase,* die bis zum Alter von ca. zwei Jahren reicht, spielt noch das Begreifen im wörtlichen Sinn die Hauptrolle – Lernen erfolgt durch sinnliche Eindrücke und körperliche Erfahrung. Dabei weitet sich der Fokus von der fast vollständigen Zentrierung auf die inneren Prozesse (in den ersten Lebenswochen) hin zur Wahrnehmung äußerer Objekte, die ab einem Alter von acht bis zwölf Monaten auch als unabhängig von der eigenen Wahrnehmung vorgestellt werden können (Objektpermanenz). Etwa ab dem 18. Monat beginnt dann die Entwicklung einer Vorstellung über die eigenen

Bewegungsabläufe und ihre Folgen, was zunehmend zielgerichtete Anpassungen des eigenen Handelns ermöglicht. (Vgl. Ginsburg/Opper: *Piagets Theorie der geistigen Entwicklung:* S. 44ff. sowie Piaget: *Das Erwachen der Intelligenz beim Kinde)*
Dieser Lebensabschnitt (zwischen dem 18. und dem 24. Monat) stellt sozusagen den Übergang zur *präoperationalen Phase* dar, die von ca. zwei Jahren bis zum Alter von etwa sechs reicht. Vor der Ausbildung der Symbolfunktion (in der Unterphase zwischen zwei und vier Jahren) reagiert das Kind zwar auf »Anzeichen«, d.h. ein sichtbarer Ausschnitt gilt ihm etwa als Anzeichen für die Existenz des gesamten Gegenstands oder es sieht die Brustwarze der Mutter als Anzeichen für die Möglichkeit des Saugens (vgl. ebd.: S. 197ff.). Ab ca. zwei Jahren erlangt das Kind dann aber die Fähigkeit, Dinge und Handlungen symbolisch zu repräsentieren, wobei die Nachahmung eine wichtige Rolle spielt – zuerst noch primär auf körperlich-motorischer Ebene und dann immer mehr auch bildlich und sprachlich. Die Symbolfunktion wird im folgenden immer weiter ausgebaut, denn sie bildet die Grundlage für die konkret-operationale Intelligenz (welche die Entwicklungsphase von sieben bis zwölf Jahren prägt und durch »anschauliches« Denken gekennzeichnet ist) bis hin zur Ausbildung des abstrakten Denkens (ab zwölf Jahren). (Vgl. Ginsburg/Opper: *Piagets Theorie der geistigen Entwicklung)*
Man mag nun Cassirers These bezweifeln, dass das symbolische Denken den Menschen ausmacht und vor allem dass nur dieser dazu fähig ist. Und man mag Piagets Stadien für willkürlich gesetzt und wissenschaftlich überholt halten. Aber es scheint so (und das ist durchaus interessant), als ob das symbolische Denken für beide gleichermaßen eine besondere Stufe der Entwicklung darstellt: Das Symbolische wird (in rekursiver Selbstanwendung) hier selbst zum Symbol – des Besonderen (der Gattung) und der Entwicklung (des Individuums). Es ist in diesem Sinn gleichermaßen (repräsentatives) Zeichen wie (selbstbezügliche) Auszeichnung.

ZEICHEN DES UNBEWUSSTEN

Das Symbol spielt ebenfalls in der Theorie der Psychoanalyse eine bedeutende Rolle. Dabei möchte ich mich hier (zunächst) auf die Ansätze von Freud und Lacan konzentrieren, da sie nicht nur zwei unterschiedliche – wenn auch aufeinander aufbauende – Positionierungen im Feld des psychoanalytischen Symbolverständnisses darstellen, sondern jeweils große (tatsächliche sogar weit größere) Wirkungen außerhalb der Disziplin der Psychologie entfaltet haben: Lacans Theorie, die man insgesamt als symbolisches Konzept der Psyche charakterisieren kann, hatte insbesondere erheblichen Einfluss auf den Poststrukturalismus und die Kulturwissenschaften. Und Freud hat die Psychologie popularisiert – genauso wie er sich auch mit Alltagsphänomenen (wie dem Vergessen oder dem Witz) auseinandersetzte fand seine Theorie Eingang in die Allgemeinbildung.

Mit der Bedeutung der Symbolik beschäftigte sich Sigmund Freud (1856–1939) zuerst im Rahmen seiner »*Studien über die Hysterie*« (1895), die er zusammen mit Joseph Breuer anfertigte. Freud und Breuer erkannten in vielen Fällen eine symbolisch verschlüsselte Beziehung »zwischen der Veranlassung und dem pathologischen Phänomen, wie der Gesunde sie wohl auch im Traume bildet« (ebd.: S. 3). Den Grund für die symbolische Verschlüsselung der Symptome sahen Freud und Breuer in (verdrängten) individuellen Traumata (vgl. ebd.: S. 3f.). »Das hysterische Symptom ist das Erinnerungssymbol gewisser wirksamer (traumatischer) Eindrücke und Erlebnisse«, erläutert Freund an anderer Stelle *(Hysterische Phantasien und ihre Beziehung zur Bisexualität:* S. 196). Im ersten Zitat klingt jedoch bereits das Hauptfeld der Beschäftigung Freuds mit der Symbolik an (das zugleich den bekanntesten Teil seines Werks ausmachen dürfte): die Traumdeutung.

Gemäß der medizinisch-wissenschaftlichen Auffassung in der Zeit Freuds waren Träume ohne jeden Sinn und Bedeutung und rein organisch-körperlichen Ursprungs (vgl. Freud: *Über den Traum:* S. 12). Ganz im Gegensatz dazu stand die Volksmeinung: Nach ihr konnten Träume Aufschluss über die Zukunft geben, wenn man die Symbole des Traums richtig deutete. Zu Freuds eigener Überraschung zeigten seine empirischen Fallanalysen, dass die Wahrheit näher an der laienhaften Meinung lag (vgl. ebd.).

Gemäß Freuds Ergebnissen haben Träume nämlich grundsätzlich einen sinnhaften Hintergrund. Deshalb schlägt Freud auch vor, zwischen manifestem und latentem Trauminhalt zu unterscheiden. Sinnhafte (latente) Gedanken werden im Traum in den (manifesten) Trauminhalt übersetzt. Diese Übersetzung nennt Freud »Traumarbeit«. Die »Analysearbeit« geht den umgekehrten Weg und versucht, den latenten Trauminhalt wieder hervorzuholen (vgl. ebd.: S. 17ff.). Dem latenten Gehalt der Träume auf die Spur zu kommen wird jedoch durch verschiedene Elemente erschwert: Zum einen kommt es im Traum zu einer *Verdichtung*, d.h. jedes Element des Traums kann – über assoziative Verkettung, situative Zusammenführungen, Bildung von Mischpersonen etc. – zahlreiche Bedeutungsebenen aufweisen (vgl. ebd.:

S. 23ff.). Zweitens erfolgt eine *Dramatisierung* – Gedanken werden in Situationen und Handlungen übersetzt (vgl. ebd.: S. 27). Und schließlich kommt es zur *Verschiebung*, der Verlagerung von Inhalten von den eigentlichen Feldern in solche, denen ursprünglich keine besondere Bedeutung zukommt (vgl. ebd.).

Doch warum geschehen alle diese »Entstellungen« und »Verstellungen« der eigentlichen Traumgedanken? – Freuds Antwort lautet: weil im Traum verdrängte Wünsche artikuliert werden (vgl. ebd.: S. 42). Denn weil diese Wünsche und Gedanken zumeist sexueller Natur sind, gestattet der innere Zensor – in späterer Terminologie: das Über-Ich – keine unverhüllte Äußerung (vgl. ebd.: S. 48). Zentrales Darstellungsmittel im Traum sind darum Symbole. Sie erlauben eine effektive Verdichtung und Verschiebung. »Es gibt Symbole von universeller Verbreitung, die man bei allen Träumern eines Sprach- und Bildungskreises antrifft, und andere von höchst eingeschränktem, individuellem Vorkommen«, erläutert Freud (ebd.: S. 50). Aufgabe des Psychoanalytikers ist es folglich, die Traumsymbolik zu entschlüsseln. »Bei der Deutung ergibt sich dann [meist] etwas, was allgemein Anstoß erregt. Die Symbolbedeutungen sind im Gegensatz zur Mannigfaltigkeit der Traumdarstellungen sehr monoton« (Freud: *Vorlesungen:* S. 123) – und das bedeutet: sexueller Natur.

Für Freud ist das Symbol also zugleich Mittel der Verschlüsselung wie Ansatzpunkt zur Entschlüsselung latenter, verdrängter Gedanken. Was die konkrete Bedeutung der Traumsymbolik anbelangt, so ist Freud häufig eine zu starke Sexualisierung vorgeworfen worden. Allerdings kann man Freud insoweit in Schutz nehmen, als er in einer Zeit arbeitete, in der fast alles Sexuelle mit strengen Tabus belegt war, so dass es nahe liegt, dass insbesondere sexuelle Wünsche symbolisch verschlüsselt werden mussten. Viel interessanter (und weiterführender) als eine Diskussion um Einzelheiten ist aber die grundsätzliche Erkenntnis Freuds: nämlich der symbolische Charakter bestimmter psychischer Phänomene. Jacques Lacan (1901–1981) hat Freud in dieser Hinsicht radikalisiert und überschritten. Man kann nämlich sagen, dass das Imaginäre und das Symbolische gemäß Lacan keinesfalls nur in der Welt der Träume Relevanz besitzt, sondern vielmehr konstitutiv ist für die Formierung des Subjekts und die Ausformung seines Begehrens. Das Feld der symbolischen Strukturen – die Sprache – und ihre Deutung bildet für ihn darum sogar die »eigentliche« Sphäre der Psychoanalyse (vgl. z.B. *Funktion und Feld des Sprechens und der Sprache in der Psychoanalyse)*.

Schon bevor das Subjekt sich sprachlich artikulieren kann, wird es gewissermaßen durch ein symbolisches Verhältnis bestimmt. Lacan bezeichnet dieses

Verhältnis als »imaginär«, weil wir es hier noch mit einer primär bildlichen Vorstellung zu tun haben: Das Kleinkind erkennt sich in seinem Spiegelbild, nimmt sich zum ersten Mal als Einheit wahr. Dazu Lacan: »Man kann das Spiegelstadium *als eine Identifikation* verstehen im vollen Sinn, den die Psychoanalyse diesem Terminus gibt: als eine beim Subjekt durch die Aufnahme eines Bildes ausgelöste Verwandlung.« *(Das Spiegelstadium als Bildner der Ich-Funktion;* S. 64) Diese Ich-Werdung ist jedoch keinesfalls unproblematisch für das Subjekt, denn die Einheit, die das eigene Spiegelbild suggeriert, ist fiktiv. Dem in der Spiegelung erzeugten kohärenten Selbst-Bild kann das Subjekt im folgenden niemals gerecht werden, und es wird sich darum immer als defizitär empfinden (vgl. auch ebd.: S. 66f.). Im späteren Verlauf wird dann zunehmend die Sprache zum zentralen Medium der Subjektformation, indem das Subjekt sprachlich-symbolische Zuschreibungen verinnerlicht (vgl. auch ders.: *Die Metapher des Subjekts).*

Umgekehrt stellen die (als »pathologisch« aufgefassten) Symptome der Deformationen des Subjekts ihrerseits eine symbolische Sprache dar, in der sich die verdeckten Momente des Begehrens äußern. Und auf diese Sprache zu hören beinhaltet folglich eine Möglichkeit der Befreiung: »Um das Sprechen des Subjekts zu befreien, führen wir es in die Sprache seines Begehrens ein, das heißt in die *erste Sprache* (langage premier), in der es schon jenseits dessen, was es uns von sich sagt, vor allem mit der Symbolik seiner Symptome ohne sein Wissen zu uns spricht.« (Ders: *Funktion und Feld des Sprechens und der Sprache in der Psychoanalyse:* S. 136f.) Auch bei Lacan finden wir folglich eine ähnliche dialektische Auffassung der Symbolik wie bei Freud – wobei er allerdings weit über diesen hinausgeht. War nämlich für Freud die Symbolik noch lediglich Mittel der Verschlüsselung von latenten Inhalten und Ansatzpunkt der Analyse zur Entschlüsselung des Unbewussten, so ist bei Lacan das Symbolische allgemeiner Mechanismus der Zurichtung wie Schlüssel zur Befreiung des Subjekts.

ZEICHEN DES ABSOLUTEN

Auch in der Theorie des Psychoanalytikers Carl Gustav Jung (1875–1961) spielen Symbole eine zentrale Rolle – allerdings vollzieht er gewissermaßen eine »tranzendentale« Wende in seinem Symbolverständnis. Denn bestimmte Symbole, die »Archetypen«, sind für ihn Ausdruck des Absoluten, der Idee, und haben damit überpersönlichen Charakter, sind also nicht individuell, sondern allgemein zu deuten. Dem entspricht Jungs These eines »kollektiven Unbewussten«. Dieses »kollektive Unbewusste« liegt als tiefere Schicht unter dem persönlichen Unbewussten, das entsprechend als »oberflächlich« charakterisiert wird (vgl. Jung: *Die Archetypen und das kollektive Unbewußte*: S. 13ff.). Das kollektive Unbewusste ist darüber hinaus bei allen Menschen identisch, es bildet eine »allgemeine seelische Grundlage überpersönlicher Natur« (ebd.: S. 14). Seine Inhalte sind Archetypen, allgemeingültige Symbole, was nichts anderes ist als »eine erklärende Umschreibung des Platonischen εἶδος« (ebd.), dem Reich der überzeitlichen Ideen, die ihren Ausdruck auch im Mythos und im Märchen finden (vgl. ebd.: S. 15). Allerdings ist die Zeit der Mythen und Märchen vorüber: »Deshalb«, so Jung, »haben wir heutzutage eine Psychologie, und deshalb reden wir vom Unbewußten. All das wäre und ist auch in der Tat ganz überflüssig in einer Zeit und einer Kulturform, welche Symbole hat. Denn diese sind Geist von oben, und dann ist auch der Geist oben.« (Ebd.: S. 33)

Mit diesem Konzept ist Jung letztlich nicht sehr weit von den erkenntnistheoretischen und kulturphilosophischen Überlegungen seines Zeitgenossen Ernst Cassirer (1874–1945) entfernt. Anders als Jung spricht dieser jedoch nicht von »Archetypen« sondern »symbolischen Formen«. Über sein Erleben und Tun ist der Mensch untrennbar mit dem Sein verwoben (vgl. Cassirer: *Philosophie der symbolischen Formen:* Band II, S. 187). Sein Handeln ist aber immer auch formendes Gestalten, und er muss vor allem sein Erleben, seine Wahrnehmungseindrücke formen, um Sinn herzustellen (vgl. z.B. auch ebd.: Band III, S. 235). Diese Formung ist nicht beliebig, sondern baut auf der generellen Fähigkeit zur Symbolisierung auf, d.h. dem aktuellen Gegenstand der Wahrnehmung wird eine allgemeine Bedeutung zugewiesen, die über das konkrete Erlebnis hinausweist (vgl. auch ebd.: Band I, S. 41f.). Auf diesem Weg hat sich auch die menschliche Sprache entwickelt, die folglich für Cassirer eine der wesentlichen symbolischen (Ausdrucks- und Erkenntnis-)Formen des Menschen darstellt. Aber auch andere Bereiche der Kultur wie die Kunst, die Wissenschaft und die Religion stellen symbolische Formen bereit, mittels derer der Mensch sein Erleben sinnhaft strukturieren kann. Die bedeutendste und grundlegendste symbolische Form ist jedoch (analog zu Jung) der Mythos, der letztlich nicht nur der Sprache, sondern auch dem wissenschaftlichen Denken zugrunde liegt. Denn: »Es sind dieselben allgemeinsten ›Formen‹ der Anschauung und des Denkens, die die Einheit des Bewußtseins als solche, und die somit ebensowohl die Einheit des mythischen wie die des reinen Erkenntnisbewußtseins konstituieren.« (Ebd.: Band II, S. 78)

Der Religionsphilosoph Paul Tillich (1886–1965) wiederum legte in der Schrift »*Symbol und Wirklichkeit*« seine Auffassung über das Verhältnis des Symbolischen zur (symbolischen Form der) Religion dar, und vertrat die Auffassung, dass »das Religiöse sich nur in Symbolen [...] oder in Komplexen von Symbolen« ausdrücken kann (S. 3). Entsprechend sind für ihn (profane) Zeichen, Traumsymbole oder Metaphern keine Symbole im eigentlichen Sinn. Deshalb schlägt er vor, solche rein »diskursiven« von »repräsentativen« Symbolen abzugrenzen, die es neben der Religion auch in der Kunst oder im Gemeinschaftsleben gibt (vgl. ebd.). Wichtigstes Merkmal des repräsentativen Symbols ist, dass es über sich selbst hinaus weist – indem es die empirische Realität transzendiert (vgl. ebd.: S. 4). Dabei hat es unmittelbar Teil an der (höheren) Wirklichkeit, die es repräsentiert, und erschließt so verdeckte Elemente des Wirklichen (vgl. ebd.: S. 4f.). Repräsentative Symbole sind entsprechend – analog zu Jung und Cassirer – eben nicht willkürlich, sondern eng verwoben mit einer überindividuellen Sinnsphäre: »Bildlich gesprochen kann man daher sagen, daß Symbole geboren werden und sterben. Selbst wenn ein Symbol seine Entstehung der Erfindung eines Einzelnen (eines Künstlers oder eines Propheten) verdankte, so wird es zum Symbol doch erst dadurch, daß es unbewußt-bewußt von einer Gemeinschaft akzeptiert wird.« (Ebd.: S. 4) Verliert es die geteilte Bedeutung, dann sinkt es herab zu einer bloßen Metapher oder einem poetischen Bild. Ist es allerdings noch »lebendig«, so besitzt das Symbol sowohl eine aufbauend-ordnende wie eine potentiell auch zerstörerische Kraft (vgl. ebd.: S. 5ff.).
Die Gemeinsamkeit der Ansätze von Jung, Cassirer und Tillich (die ich hier stellvertretend ausgewählt habe) ist allerdings nicht die Vorstellung einer hierin anklingenden besonderen Macht des Symbolischen, sondern das oben bereits herausgestellte Moment der »Transzendenz«: Das Symbol verweist auf einen Sinn, der jenseits der bloßen Übereinkunft liegt. Die eigentliche Bedeutung des Symbols ist demzufolge nicht an konkrete historische und soziale Verhältnisse gebunden, sondern es ist Ausdruck einer überzeitlichen und transkulturellen Wahrheit (und Notwendigkeit).

ZEICHEN DER DIFFERENZ

Aus der Perspektive des Poststrukturalismus stellt sich die Beziehung zwischen Symbol/Zeichen und seinen sozialen wie historischen Kontexten geradezu entgegengesetzt dar. So zeigt etwa Michel Foucault in seinem Werk »*Die*

Ordnung der Dinge« (*»Les mots et les choses«*) auf, wie es im 17. Jahrhundert zu einem historischen Bruch in den »Epistemen«, den grundlegenden Erkenntnisweisen der Wissenschaften kam, welcher auch und gerade das Verhältnis zwischen Zeichen und Bedeutung berührt. Im Zeitalter der Renaissance dominierte noch das Epistem der Ähnlichkeit, d.h. man suchte nach Analogien (etwa zwischen dem Mikrokosmos und dem Makrokosmos) und Übereinstimmungen, und diese Suche nach der Ähnlichkeit hat auch »das Spiel der Symbole organisiert« (Foucault: *Die Ordnung der Dinge*: S. 46).
Doch »Am Anfang des 17. Jahrhunderts, in jener Periode, die man zu Recht oder zu Unrecht das Barock genannt hat, hört das Denken auf, sich in dem Element der Ähnlichkeit zu bewegen. Die Ähnlichkeit ist nicht mehr die Form des Wissens, sondern eher die Gelegenheit des Irrtums, die Gefahr, der man sich aussetzt, wenn man den schlecht beleuchteten Ort der Konfusionen nicht prüft.« (Ebd.: S. 83) Von nun an ist das Ziel die rigorose Einteilung und Klassifizierung aller Gegenstände des Wissens und ein mathematisch genaues operieren mit Begriffen. Dies impliziert eine »dualistische Theorie des Zeichens«: »Das Zeichen schließt zwei Vorstellungen (idées) ein, die eine von dem Ding, das repräsentiert, die andere von dem repräsentierten Ding; seine Natur besteht darin, die zweite durch die erste hervorzurufen.« (Ebd.: S. 98) Die Gegenstände stehen im Verhältnis der Identität oder Differenz zueinander und die Zeichen wiederum repräsentieren die Gegenstände möglichst vollständig und eindeutig. Diese Vorstellung der (idealen) Repräsentation – mit ihren impliziten Ausschlüssen – prägt gemäß Foucault von nun an alle wissenschaftlichen Disziplinen bis hin zu den Humanwissenschaften.
Doch zurück zu den Zeichen selbst: Es ist klar, dass die so aufgefassten Zeichen nicht Ausdruck einer überzeitlichen Wahrheit sein können, sondern dass sie vielmehr umgekehrt das Ergebnis des Erkenntnisprozesses sind: »Das Zeichen wartet nicht schweigsam das Kommen desjenigen ab, der es erkennen kann: es bildet sich stets nur durch den Akt der Erkenntnis.« (Ebd.: S. 93) Und es ist ebenso klar, dass dies selbst eine historisch kontingente Aussage ist, d.h. wie wir uns in Beziehung zu den Zeichen setzen, unterliegt einem historischen Wandel.
Jacques Derrida teilt diese Auffassungen Foucaults im wesentlichen und stellt insbesondere in Hinblick auf das Zeichensystem der Schrift klar: Die Schrift »bringt den Sinn hervor, indem sie ihn vernichtet, indem sie ihn einer Gravierung, einer Furche, dem Relief einer Fläche anvertraut« (*Die Schrift und die Differenz*: S. 25). Und ebenso wie Foucault verweist Derrida dabei auf

die Historizität der Schrift, stellt die enge Verbindung zwischen der Entstehung der modernen Wissenschaften und der Entwicklung der (Laut-)Schrift heraus. Denn sie ist »nicht bloß ein Hilfsmittel im Dienst der Wissenschaft [...], sondern [...] die Möglichkeitsbedingung für ideale Wissenschaft und damit für wissenschaftliche Objektivität« (*Grammatologie:* S. 49f.). Dies geschieht dadurch, dass die phonetische Schrift die Fiktion der Gegenwart eines »transzendentalen« Signifikats hervorruft, indem sie für den Logos – der immer schon, auch etymologisch, in der Nähe zum Sprechen stand – eine Unmittelbarkeit des Zugangs zum Sinn suggeriert (vgl. ebd.: S. 35ff.).
Derrida dekonstruiert diesen – in der klassischen Metaphysik verwurzelten – »Logozentrismus«, indem er aufzeigt, dass der Sinn nicht dem Zeichen vorausgeht, wie es auch die klassische Semiotik unterstellt (siehe auch oben: Zeichen der Bedeutung: S. 66ff.). Jedes Signifikat ist selbst wiederum Signifikant in der unendlichen Zirkulation der Zeichen: »Es gibt kein Signifikat, das dem Spiel aufeinander verweisender Signifikanten entkäme, welches die Sprache konstituiert« (ebd.: S. 17). Die Schrift wiederum ist die Spur, die auf die Abwesenheit des gegebenen Sinns im infiniten Regress der Signifikanten verweisen kann (vgl. auch ebd.: S. 114ff.). Der Sinn stellt sich immer wieder neu her und so gibt es »weder Symbole noch Zeichen, sondern nur ein Zeichen-Werden des Symbols.« (ebd.: S. 83). Es handelt sich also bei der Generierung von Sinn im Medium der Sprache und der Schrift um einen Prozess, der nie abgeschlossen ist und bei dem die Nicht-Identität von Signifikant und Signifikat (dekonstruktiv) vorauszusetzen ist – wofür Derrida auch den Begriff der »différance« geprägt hat (vgl. ebd.: S. 44).
Jean Baudrillard geht noch einen Schritt weiter, indem er die These von der Zirkulation der Zeichen »globalisiert«: Gemäß Baudrillard leben wir heute im Zeitalter der Simulation, in welchem die Zeichen nicht mehr auf Inhalte verweisen, sondern nur noch auf sich selbst (vgl. *Der symbolische Tausch und der Tod:* S. 7ff. Und S. 17ff.). Mit dieser These schließt er (implizit) an den Begriff des leeren bzw. gleitenden Signifikanten *(»signifiant flottant«)* von Claude Lévi-Strauss an, der damit Begriffe bezeichnete, die – wie etwa das Wort *»mana«* in der polynesischen Kultur – je nach (rituellem) Kontext scheinbar beliebige Bedeutungen annehmen können (vgl. *Introduction à l'oeuvre de Marcel Mauss:* S. XLIX).
Das Resultat der in der Simulation zum allgemeinen Prinzip gewordenen Inhaltsleere ist gemäß Baudrillard eine totale Austauschbarkeit. Auch in der Ökonomie regiert die Metaphysik des »Codes« (vgl. *Der symbolische Tausch und der Tod:* S. 90ff). Das Reale geht über in eine medial erzeugte Hyper-

realität (vgl. ebd.: S. 112ff. und siehe auch S. 26). In dieser geglätteten Welt des Konsums hat der Tod – Zeichen des vollständigen Entzugs – keinen Raum mehr, er wird aus dem Leben ausgeschlossen (vgl. ebd.: S. 193ff.). Damit aber wird er zugleich zum letzten Mittel des Widerstand gegen die Absorption in der Simulation: »Es gibt keine andere Alternative: man wird die Macht nicht abschaffen, indem man das Leben bewahrt [...] Nur die Rückgabe dieses Lebens [...] stellt eine radikale Erwiderung dar und die einzige Möglichkeit, die Macht abzuschaffen.« (Ebd.: S. 71)

ZEICHEN EINES PROBLEMS

Was hat die »Befragung« der Stimmen des Diskurses zur Bedeutung der Zeichen erbracht? – Für die klassischen Semiotiker besteht die Funktion der Zeichen bzw. Symbole lediglich im Verweis auf eine (externe) Bedeutung, wobei die Beziehung zwischen Zeichen und Bedeutung rein konventioneller Natur sein kann oder auf einer ikonischen »Verwandtschaft« (des Bezeichneten mit dem Bildgehalt des entsprechenden Symbols) beruht. Die Fähigkeit zur (abstrakten) Symbolisierung stellt sowohl aus anthropologisch-evolutionstheoretischer wie aus entwicklungspsychologischer Perspektive eine besondere Stufe der Entwicklung dar. Für die Psychoanalyse wiederum bildet das Symbol (und seine Deutung) einen wichtigen Zugang zur Sphäre des Unbewussten. Aus diesem Unbewussten kann – vermittelt über die Symbole – sowohl die Sprache des individuellen Begehrens wie des transzendenten Sinns zu uns sprechen. Und entsprechend ist das Symbol auch im Kontext der Theologie ein bedeutender Träger und Vermittler überindividueller und überzeitlicher »Wahrheiten«. Letzeres ist freilich eine Sicht auf das Symbolische, die speziell in poststrukturalistischen Ansätzen explizit abgelehnt wird. Hier wird die Historizität des Wissens und die Problematik seiner Repräsentation durch die (Schrift-)Zeichen herausgestellt.

Allen vorgestellten Ansätzen gemeinsam ist jedoch die angenommene Quasi-Immaterialität des Zeichens (als Zeichen): Die Zeichen und Symbole werden nicht unter ihrem materiell-sinnlichen Aspekt betrachtet, sondern nur in ihrer Verweisfunktion. Selbst wo dies kritisch gewendet wird – wie etwa bei Baudrillard, der eine vollständige Entleerung des Sinns durch die postindustrielle »Ökonomie der Zeichen« konstatiert –, bleibt die materielle Ebene der Symbole »unberührt«. Diese nahezu allgegenwärtige »Ignoranz« gegenüber den materiellen Aspekten der Zeichen entspricht voll und ganz der von der

klassischen Semiotik vorgezeichneten Linie. So bemerkte etwa Saussure: »Das Material, mit dem die Zeichen hervorgebracht werden, die Produktionsmittel des Zeichens, sind gänzlich gleichgültig, denn sie berühren das System nicht [...]; ob ich die Buchstaben weiß oder schwarz schreibe, vertieft oder erhöht, mit einer Feder oder einem Meißel, das ist für ihre Bedeutung gleichgültig.« *(Grundfragen der allgemeinen Sprachwissenschaft:* S. 143)
Aleida Assmann erklärt diese anti-materialistische Haltung – unter Bezugnahme auf Eco (vgl. *Semiotik:* S. 28) – aus dem semiotischen »Gesetz der inversen Relation von Abwesenheit und Anwesenheit«. Dieses »Gesetz« bedeutet gemäß Assmann, dass die Zeichen materiell verschwinden müssen, um semantisch in Erscheinung treten zu können (vgl. Assmann: *Die Sprache der Dinge:* S. 238). Sie erläutert zu dieser von ihr kritisch herausgestellten Annahme der klassischen Semiotik: »Der Blick muß die (gegenwärtige) Materialität des Zeichens durchstoßen, um zur (abwesenden) Bedeutungsschicht gelangen zu können. Wer sich in die Materialität der Zeichen verstrickt, kann sie nicht verstehen [...]« (Ebd.: S. 238). Entsprechend stellt auch die (an Cassirer anschließende) Philosophin Susanne Lander klar: »Ein Symbol, das uns zugleich auch als Objekt interessiert, ist ablenkend.« (Zitiert nach ebd.: S. 239)
Diese verbreitete Vergessenheit für die materiellen Aspekte der Zeichen verstärkt erstens die gegebene Tendenz, die Bedeutung in eine »transzendent(al)e« Ebene zu verschieben. Zudem wird so das materielle Potential der Zeichen aus dem Blickfeld genommen: nämlich ihre ästhetisch-sinnliche Kraft, das Begehren anzusprechen. In vielen konventionellen Betrachtungsweisen des Symbolischen kommt aber noch ein weiteres Problem hinzu, das von den oben dargestellten poststrukturalistischen Ansätzen klar herausgearbeitet wurde: Die (historischen und kulturellen) Rahmenbedingungen, unter denen die Repräsentation des Sinns entsteht, sowie die Beziehung zwischen Erkenntnis- und Zeichensystemen werden mit der einseitigen Fixierung auf die Bedeutung ausgeblendet. Deshalb soll das (fragwürdige) Verhältnis von Zeichen und Bedeutung im Folgenden anhand verschiedener Beispiele nochmals genauer in den Blick genommen werden.

DIE ZEICHENSPRACHE DES TERRORS UND DIE GEWALT DER BEDEUTUNG

Das erste von mir gewählte Beispiel ist die »Zeichensprache« des Terrors. Die symbolische Dimension des Terror(ismu)s vermag nämlich durch die in ihr zutage tretende Gewalt meines Erachtens einige sonst eher verdeckte (und darum leicht in Vergessenheit geratende) Momente des Symbolischen hervorzukehren. Dabei rekurriere ich auf meine früheren »Anmerkungen« zu diesem Thema (vgl. Jain: *Terror oder die Normalität des Schreckens):*

Ich möchte vorschlagen, den Terror ganz allgemein als ein Zeichen zu lesen, in dem die andere, die unterdrückte Seite der Bewegung der Moderne sich artikuliert. Der Terror und die Gewalt sind allerdings eine Sprache, die viel schwerer zu entschlüsseln ist als ihre brachialen Akte es zunächst erscheinen lassen. Bei der interpretativen Annäherung an das Phänomen des Terrors ist es deshalb hilfreich (und überaus aufschlussreich), zunächst dem Ursprung des Begriffs nachzugehen, der die Sache bezeichnet. Dabei erscheint es heute kaum vorstellbar, dass es einmal eine Sprache ohne dieses Wort, diesen »Signifikanten des Unsagbaren« gegeben hat. Historisch taucht der Terror allerdings in der Sprache relativ unvermittelt, wie ein Gespenst, erst mit der »Großen Revolution« in Frankreich auf, die für viele den eigentlichen Beginn der Epoche der Moderne markiert. Er besitzt jedoch trotzdem eine »vertraute« Wurzel: Etymologisch leiten sich »Terror« und »Terrorismus« vom lateinischen Verb »terrere« her, und dieses bedeutet: zum Zittern bringen, erschrecken. Der Logik dieser sprachlichen Wurzel folgend muss der Terror also einerseits als das verstanden werden, was uns erzittern lässt und in Schrecken versetzt. Terror ist die Ursache des (Er-)Schreckens. Andererseits ist der Terror, wenn man die allgemeine Verwendung und zugeschriebene Bedeutung des Begriffs zugrunde legt, ebenso dieser Schrecken selbst: Schrecken und Terror sind synonyme Begriffe. Ursache und Wirkung fallen folglich im Begriff des Terrors zusammen, zwischen beiden kann nicht klar unterschieden werden. Diese Indifferenz, diese Doppeldeutigkeit des Begriffs ist bezeichnend. Beim Phänomen des Terrors/Terrorismus ist eines vom anderen nur schwer zu trennen. Zudem werden wir, von dieser sprachlichen Wurzel aus, auf zumindest zwei Dimensionen des Schreckens verwiesen, die beide bedeutungsvoll für die Analyse der Phänomene des Terrors sind: Das Zittern, als biologischer Ausdruck und Manifestation des Schreckens, verweist auf die materiell-körperliche Dimension – als (physische) Gewalt. Zum anderen ist der Schrecken immer an bestimmte Vorstellungen: Schreckensbilder gekoppelt; er weist also immanent eine symbolische Dimension auf.

Der Terror ist jedenfalls ein zutiefst ambivalentes Phänomen. In ihm scheint die Bedrohung durch die entfesselte »Natur« (des Menschen) auf, er ist ein Angriff auf die Normen der Zivilisation. Obwohl er aber scheinbar die von der Zivilisation etablierte Ordnung untergräbt, ist er ein ständiger Begleiter der Bewegung der Moderne, und auch die französische Revolution – die den politischen »Durchbruch« der modernen Ordnung markiert – (ent)stand letztlich auf dem Fundament des Terrors (vgl. z.B. Sagan: *Citizens and Cannibals).* Die Angst und der Schrecken sollten deshalb auch keinesfalls als Randerscheinungen begriffen werden, sondern sie müssen vielmehr als zentral für das Verständnis der Ordnung der Moderne und ihrer (aufklärerischen) Bewegung verstanden werden (vgl. auch Begemann: *Furcht und Angst im Prozeß der Aufklärung).* Denn der Antrieb der Bewegung der Moderne ist genau die Angst, und diese Angst lässt kein Ausruhen, keinen Stillstand zu. Dieses regressive Element in der *»Dialektik der Aufklärung«* haben insbesondere Horkheimer und Adorno herausgearbeitet: »Der Fluch des Fortschritts ist die unaufhaltsame Regression«, bemerken sie (S. 42). Aufklärung, die ehedem angetreten war, zur Befreiung des Menschen »die Mythen auf[zu]lösen und Einbildung durch Wissen [zu] stürzen« (ebd.: S. 9), entwickelte sich zu einem gewaltvollen und »totalitären« System, in welchem Herrschaft und Kontrolle über die äußere wie die innere Natur erreicht werden soll.

Alles Uneindeutige, alles was sich der mühevoll hergestellten Ordnung widersetzt, muss vernichtet werden, denn sonst stürzt das moderne Individuum, das sich (geradezu »kopflos«) in die Objektivität der Vernunft flüchtete, zurück in die Bodenlosigkeit der Angst. Allerdings sind immer neue Ambivalenzen laut Zygmunt Bauman (vgl. *Moderne und Ambivalenz)* paradoxerweise geradezu ein Produkt der Klassifizierungsbemühungen des modernen Rationalismus: Scheint nämlich Ambivalenz auf, so wird der ordnende Versuch gemacht, neue, differenziertere Klassen zu bilden, was aber zwangsläufig immer auch neue Möglichkeiten für Ambivalenzen hervorbringt, die wiederum aufs Neue – auch gewaltvoll – bekämpft werden.

Die Gewalt der Moderne ist allerdings häufig eine »verfeinerte« Gewalt, sie tritt als »Zivilisierung« auf, wobei sich »Fremdzwang« in »Selbstzwang« umwandelt (vgl. Elias: *Über den Prozeß der Zivilisation).* Diese nach innen gewendete Gewalt ist nur schwer zu identifizieren, sie wirkt im Verborgenen, bleibt (zumeist) unsichtbar. Und um die Unsichtbarkeit der Gewalt zu gewährleisten, wird auch alles Abweichende aus dem öffentlichen Raum verbannt. In geschlossenen »Anstalten« kommt es dann zu einer normierenden Anpassung und Umerziehung im Namen der Humanität. »In dieser Humanität«, so Foucault, »ist das Donnerrollen der Schlacht nicht zu überhören.« *(Überwachen und Strafen:* S. 397).

Der modernen Ordnung ist die Gewalt also eingeschrieben. Die Gewalt und der Schrecken werden durch den Mantel der Zivilisation und ihre »Techniken«

Abbildung 1: Das rauchende World Trade Center am 11. September 2001

der Disziplinierung und Verschleierung nur »unlesbar« gemacht, sie bleiben (untergründig) bestehen und bewirken ein latentes *»Unbehagen in der Kultur«* (Freud), das tatsächlich wohl zuallererst ein *»Unbehagen in der Modernität«* (Berger et al.) ist. Wenn die latente Gewalt allerdings ein bestimmtes Maß überschritten hat, so bricht der unterdrückte Schrecken zuweilen auch explosiv hervor – in der Zerstörungswut des Krieges, in der Unmenschlichkeit des Vernichtungslagers, im Blutrausch der entfesselten Masse.

Eine dieser (Begleit-)Erscheinungen, dieser explosiven Manifestationen des latenten Schreckens der Moderne, ist auch der Terrorismus, für den die Anschläge vom 11. September 2001 in New York ein weithin bekanntes Beispiel abgeben (siehe auch Abbildung 1). Dieser ist demgemäß also keineswegs ein »Rückfall in Barbarei«, sondern, wie der Fundamentalismus (der eine wesentliche Wurzel des aktuellen Terrorismus darstellt), eine zutiefst moderne Erscheinung (vgl. auch Eisenstadt: *Die Antinomien der Moderne)*. Dass der Terrorismus sich in seinen Akten häufig bewusst als eine (radikale) Alternative zur modernen Ordnung inszeniert, spricht keineswegs gegen diese Interpretation. Es gehört vielmehr notwendig zur immanenten Logik der Sprache Terrorismus, dass er als gewaltvolles Symbol für eine andere Ordnung der Dinge steht – und ihr doch angehört: Der Terror ist die Regel, das Gesetz der Moderne, er ist ihre Bestimmung und ihr Prinzip. Wer gegen die (etablierte) Ordnung verstößt, der wird (ihr) zwangsläufig zum Terroristen. Und der Terrorismus ist damit gleichzeitig das Produkt und der Beweis des Scheiterns der modernen Ordnungsbestrebungen. Der untergründige (aber »durchdringende«) Schrecken der modernen Ordnung wird in den Akten des Terror(ismus) lediglich manifest. Alberto Melucci (vgl. *Nomads of the Present:* S. 55) begreift nun die neuen sozialen Bewegungen als »Botschaften«, als Symptome und Indikatoren der strukturellen Probleme des Systems. Genauso sollte deshalb auch der Terror(ismus) als eine Botschaft gelesen werden: die Botschaft über in der Ordnung der Moderne verdeckte (strukturelle) Gewalt und die in ihrer Verdrängung bewirkte Krisis ebendieser Ordnung. Die unlesbar gemachte Gewalt (nach innen: durch Disziplin, nach außen: durch Ausschluss) wird in den Zeichen des Terrors erkennbar. Der Terrorismus ist das eigene andere der Moderne.

Das Zeichen des Terrorismus beinhaltet aber eine noch weiter reichende Botschaft: die (tragische) Botschaft über eine missglückte Kommunikation. Der Terrorismus ist das Zeichen einer zugespitzten Krise des Verstehens. Die Ausschlüsse, die die Ordnung der Moderne in ihrer Angst produziert, fallen auf sie zurück: als Attacke. Terrorismus ist darum viel weniger bloße physische Gewalt, denn ein »kommunikativer« Akt: als der Versuch der Überwindung einer (durch Prozesse des »Silencing« hervorgerufenen) Sprachlosigkeit. Das heißt: (Er will) »ein Zeichen setzen«. In seiner eigentlich unmissverständlichen Drastik wird er trotzdem kaum je als Zeichen, als (kommunikative) Botschaft verstanden, ja, er bewirkt nicht nur Unverständnis, sondern Ablehnung. Und dies, obwohl der Terrorismus nicht nur in seinen Gewaltakten von großer »Mitteilsamkeit« zeugt, sondern die Terroristen ihre Akte (in der Form von Manifesten und Bekennerschreiben etc.) häufig selbst kommentieren. Zuweilen ist die Übermittlung und Veröffentlichung dieser begleitenden Verlautbarungen der eigentliche Zweck des Terrors. Gewalt schenkt Gehör und Aufmerksamkeit – auch wenn die Botschaften letztlich ins Leere laufen.

Die Akte des Terrors werden nämlich (in der Realität) weder als Ausdruck der immanenten Gewalt der Moderne verstanden noch als Ausdruck ihrer monopolisierten, exklusiven, ausschließenden Gewalt. Denn die Position des Ausschluss' der (subalternen) Terroristen verdammt sie zur Sprachlosigkeit. Um gehört – und das heißt eigentlich: verstanden – zu werden, müssten sie sich der Logik, der (unterdrückerischen) Sprache des herrschenden Systems

anpassen (vgl. auch Chakravorti Spivak: *Can the Subaltern Speak?)*. So bleibt ihnen als hilfloser Ausweg, als einzige Artikulationsmöglichkeit nur die Zerstörung, der Angriff auf das System. Diesen Angriff aber kann das herausgeforderte System nicht verzeihen. Es antwortet in der selben Sprache, auf der einzigen Ebene des gegenseitigen Verständnisses: Gewalt. Und so entwickelt sich ein eskalierender Dialog der Gewalt. Gewalt wird mit Gegengewalt beantwortet, denn beide Seiten unterstellen – scheinbar zurecht –, dass dies die einzige Sprache ist, die vom jeweils anderen (wenn auch zwar nicht verstanden, so aber doch) gehört, wahrgenommen wird.
Im Kern geht es also dem Terrorismus, egal welche konkreten Ziele die »Terroristen« verfolgen und ob ihnen dies bewusst ist, um die Möglichkeit der Artikulation und um Wahrnehmung. Der Terrorismus ist ein Zeichen und dieses Zeichen verweist auf die verdeckte Gewalt der Ordnung der Moderne und ihre Ausschlüsse. Der Terrorismus tritt dabei in einen (symbolischen) Gewalt-Dialog mit dem System, das diese Ordnung repräsentiert. Dieser Dialog von Gewalt und Gegengewalt dient der (gegenseitigen) Selbstvergewisserung. Der Terrorismus hält der Kultur der Moderne dabei den Spiegel vor. Die aufgeklärte Weltgesellschaft aber weigert sich, in diesen Spiegel zu blicken, denn der Anblick des dort erblickten Spiegelbildes zerstört alle Illusionen, es flößt Schrecken ein: den Schrecken ihrer latenten Gewalt. Deshalb muss das Spiegelbild zerstört, der Spiegel des Terrorismus muss zerschlagen werden. Was bleibt ist Missverstehen.

Neben dieser speziellen Deutung der »Zeichensprache« des Terrorismus gibt es jedoch auch allgemeine Aspekte im Verhältnis von Zeichen und Bedeutung, die uns dieses Beispiel verdeutlichen kann: Hier ist natürlich im Anschluss an das obige Argument zuallererst das *Moment der latenten Botschaften* zu nennen, denn ganz generell – und nicht nur für die Akte des Terrorismus – gilt: Oft äußerst sich, unintendiert, neben der »manifesten« Mitteilung eine verdeckte Aussage. Diese »untergründigen« Botschaften können wir uns erschließen, wenn wir uns auf *alternative Deutungen* einlassen und dabei nicht nur auf die offensichtlichen Gehalte der Zeichen achten, sondern sie in einem größeren Kontext lesen.
Zudem: Die Gewalttaten des Terrorismus sind in der Regel »stumme« Akte des Bedeutens, d.h. (insbesondere) die (latenten) Aussagen, die sie implizieren, werden nicht verbalsprachlich kommuniziert, sondern sind in non-verbalen Handlungen ausgedrückt. Dies verweist uns ganz grundsätzlich auf den *Handlungsaspekt* jeder »Zeichensetzung«: Schon in den *»Philosophischen Untersu-*

chungen« Ludwig Wittgensteins findet sich mit dem Begriff des »Sprachspiels« (§ 7) ein erster Verweis auf die Handlungsdimension sprachlicher Äußerungen. Dabei soll der Begriff des Sprachspiels für Wittgenstein explizit »hervorheben, dass das Sprechen der Sprache ein Teil ist einer Tätigkeit, oder einer Lebensform« (ebd.: § 23). Mit der Sprechakttheorie wird dieses Argument ausgebaut und konkretisiert. So besteht für John Austin (vgl. *How to Do Things with Words)* der Sprechakt aus drei Teilhandlungen, nämlich dem lokutiven Akt (der Hervorbringung der sprachlichen Äußerung), dem illokutiven Akt (der mit der Sprechhandlung verbundenen Absichtsbekundung: einer Bitte, einem Versprechen, einer Aufforderung etc.) und dem perlokutiven Akt (der daran anknüpfenden Handlungskette, also z.B. dass man der Aufforderung nachkommt). John Searl (vgl. *Speech Acts)* hat das Modell Austins später erweitert und differenziert, ohne allerdings wesentlich über ihn hinauszugehen, während Umberto Eco (vgl. *Semiotik:* S. 203ff.) ergänzend den Aspekt der »semiotischen Arbeit« – also den zu leistenden Aufwand für die Hervorbringung der Zeichen – hervorhebt.

Aus einer anderen, nicht primär sprachwissenschaftlichen, sondern gesellschaftswissenschaftlichen Richtung kommend entwickelte der *symbolische Interaktionismus* parallel ein wesentlich weiter reichendes Verständnis der Handlungsdimension des Symbolischen. Aufbauend auf George Herbert Meads Überlegungen zur gesellschaftlichen Kommunikation (vgl. *Geist, Identität und Gesellschaft:* S. 115ff.) formulierte Herbert Blumer ein Modell sozialer Interaktion, das herausstellt, dass symbolische Bedeutung (z.B. in der Form von Gesten wie einem Handschlag) einerseits die Grundlage des sozialen Handelns darstellt, es aber andererseits immer wieder zu interaktiven Anpassungen der symbolischen Bedeutung kommt (vgl. *Symbolic Interactionism).* Bezogen auf unsere Fragestellung heißt das: *Bedeutung wird interaktiv hergestellt und verändert* und ist nicht gegeben. Zweitens besitzt nicht nur jedes Zeichen einen Handlungsaspekt, sondern auch *jede Handlung umfasst einen Zeichenaspekt.*

Mit Blick auf das untersuchte Phänomen des Terrors ergibt sich allerdings das Problem, dass die symbolische Interaktion hier weitgehend ins Leere zu laufen scheint. Die latente Botschaft (über die ausschließende Gewalt der Ordnung der Moderne) wird nicht verstanden. Das verweist uns darauf, dass die »sinnlose« Gewalt des Terrors erst eine Bedeutung erhält, sobald wir sie erkennen. Das Zeichen *an sich* hat keine Bedeutung, es wird erst mit Sinn gefüllt, wenn es *für uns* etwas bedeutet. Doch beim Phänomen des Terrors fehlt offenbar das für die geglückte Be-deutung zentrale Element:

das Begehren zu verstehen. Ohne das Begehren zu verstehen kann Be-deutung nämlich kaum gelingen, denn ebenso wie der Sinn nicht gegeben ist, kann Verstehen nicht vorausgesetzt werden, es ist herzustellen – und dazu bedarf es eines Antriebs: eben den Wunsch, das Begehren zu verstehen. Von diesem Begehren aber schweigt die klassische Zeichentheorie weitgehend. Sie fokussiert sich im wesentlichen auf den Be-deutungsakt der Symbolisierung (die sogenannte »Semiose«). Nur ist für das Verstehen offensichtlich der *Deutungs- bzw. Verstehensakt* von weit größerer Relevanz. Man müsste deshalb – in der Terminologie der Semiotik gesprochen – den Schwerpunkt hin zur »pragmatischen« Seite (der kontextabhängigen Interpretation der Zeichen) verschieben (vgl. auch Morris: *Grundlagen der Zeichentheorie:* S. 52ff.).
Mit dem Problem des Verstehens und der Interpretation von Zeichen beschäftigt sich freilich »traditionell« die Hermeneutik. Und auch hier ist es so, dass es für das antike und mittelalterliche Denken selbstverständlich war, dass der Sinn der zu deutenden Zeichen vorauszusetzen ist. In der theologischen Allegorese »heiliger« Schriften etwa versuchte man entsprechend, den in ihnen verborgenen »göttlichen« Sinn zu entschlüsseln. Diese Auffassung eines gegebenen Sinns wurde allerdings im Vollzug der Bewegung der Moderne immer brüchiger. So ist (spätestens) für Wilhelm Dilthey die Hermeneutik nicht nur die bestimmende Methode für alle Geisteswissenschaften (vgl. *Der Aufbau der geschichtlichen Welt in den Geisteswissenschaften:* S. 101ff.). Zudem kann der hermeneutisch zu deutende Sinn niemals absolut sein, sondern er ist immer relativ zu den jeweiligen gesellschaftlichen wie historischen Gegebenheiten (vgl. ebd.: S. 136ff.) – und repräsentiert damit ein »lebendiges«, niemals abschließend zu bestimmendes Wissen (vgl. ebd.: S. 141).
Diese »Lebendigkeit« des Sinns betont auch Georg Gadamer, der in seiner im 20. Jahrhundert maßgebenden Grundlegung der Hermeneutik (neben Dilthey) vor allem an Heidegger anschließt. Er bemerkt: »Die Ausschöpfung des wahren Sinns aber, der in einem Text oder in einer künstlerischen Schöpfung gelegen ist, kommt nicht irgendwo zum Abschluß, sondern ist in Wahrheit ein unendlicher Prozeß.« *(Wahrheit und Methode:* S. 303) Allerdings schimmert auch bei Gadamer noch ein Transzendentalismus auf, indem er herausstellt, dass das (verstehende) Subjekt nicht etwa den Sinn erschafft, sondern es ist vielmehr seine Aufgabe, sich einzulassen, sich zu öffnen – um dadurch den in der Welt vorgefundenen Sinn zu verstehen: »Das Subjekt des Spiels«, so Gadamer, »sind nicht die Spieler, sondern das Spiel kommt durch die Spieler lediglich zur Darstellung.« (Ebd.: S. 98)

Den entscheidenden Schritt vollzieht erst Paul Ricœur. Er stellt heraus, dass es sich beim Verstehen nicht um die Annäherung an die Intentionen eines »Autors«, sondern um einen kreativen *Akt* handelt, der dem Wunsch nach dem Verstehen entspringt: »Verstehen hat nur wenig zu tun mit dem Autor und seiner Situation. Es möchte die durch den Text eröffneten Weltdeutungen begreifen. Einen Text verstehen heißt, seiner Bewegung vom Sinn zum Bezug, von dem, was er sagt, zu dem, wovon er handelt, folgen.« *(Der Text als Modell:* S. 279) Und entsprechend kann jede Handlung wie ein Text gelesen und interpretiert werden (vgl. ebd.: S. 252).

Bei dieser »konstruktivistischen« Sicht auf die hermeneutische Interpretation kann Ricœur freilich auf die poststrukturalistische Dekonstruktion der Autorenschaft aufbauen, wie sie namentlich von Roland Barthes und Michel Foucault äußerst gründlich betrieben wurde. So ist der Autor für Barthes nicht etwa Urheber des Textes. Unter Bezugnahme auf den Dichter Mallarmé stellt er heraus, dass nicht der Autor, sondern die Sprache spricht. In letzter Konsequenz bedeutet das den Tod des (tradierten Bildes des) Autors, der eigentlich erst mit dem Text entsteht (vgl. *Der Tod des Autors:* S. 189). Die klassische Text-Hermeneutik wird folgerichtig obsolet, da es einen ursprünglichen Sinn nicht gibt, sondern nur die durch den Text inspirierten Sinnkonstruktionen der Rezipienten (vgl. ebd.: S. 192). Für Michel Foucault greifen diese Thesen Barthes gleichzeitig zu kurz und gehen zu weit. Denn Barthes sieht nicht die »eigentliche« Bedeutung des Autors: als eine (machtvolle) Funktion des Diskurses, die etwa die Einheit des Textes erst schafft (vgl. *Was ist der Autor?:* S. 211ff.).

Entsprechend dieser Sichtweise ist der »Autor« eine spezifische Ausprägung diskursiver Macht, die Foucault in ihren verschiedenen Dimensionen in seiner Schrift *»Die Ordnung des Diskures«* herausgearbeitet hat. Und damit schließt sich in gewisser Weise der Zirkel (der diskursiven Gewalt). Denn mit der Gewalt der Zeichensprache des Terrors symbolisiert sich dementsprechend letztlich nur ein allgemeines Phänomen: nämlich die Gewaltsamkeit der Be-deutung, die mit ihren Regeln und Festschreibungen differenten Sinn ausschließt und versucht, dem Empfänger der Botschaft eine bestimmte Interpretation, einen bestimmten Sinn nahe zu bringen. Jede Zeichensetzung, jede Symbolisierung ist damit auch ein »symbolischer« Gewaltakt. Die manifeste Gewalt des Terrors ist nur ein Sonderfall, in dem dieser gewaltvolle Aspekt der Be-deutung besonders deutlich zutage tritt – genauso wie das zwangsläufige Scheitern des Bemühens um die Festschreibung des Sinns. Denn – und das ist die Lehre der (modernen) Hermeneutik – das Verstehen (und vor allem was verstanden wird) entzieht sich der Kontrolle.

DIE »FARBE« DER ZEICHEN

Das Beispiel der Zeichensprache des Terrors wurde oben so ausführlich dargestellt, weil hieran vier wesentliche Momente der Symbolisierung deutlich werden konnten: die Ebene der Latenz, der Handlungsaspekt der Zeichensetzung, das (»mißverständliche«) Problem der Interpretation und die Gewalt, die jede Symbolisierung impliziert. Mit dem folgenden – knapper gehaltenen – Beispiel (des Symbolismus in) der Kunst soll das zwar bereits thematisierte, aber doch relativ »farblos« gebliebene Moment der (sinnlichen) *Ästhetik* sowie die *Kontextabhängigkeit* des Symbols (die auch den *»Willen« zum Verstehen* beeinflusst) klarer heraus gearbeitet werden.
Der Symbolismus ist eine Strömung in der Literatur und der bildenden Kunst, die Ende des 19. Jahrhunderts zuerst in Frankreich aufkam, sich dann auch übrigen Europa verbreitete und bis in die 1920er Jahre hinein populär blieb (vgl. z.B. Hofstätter: *Symbolismus und die Kunst der Jahrhunderwende)*. Zum einen setzte man sich im Symbolismus vom Naturalismus ab, der als schale Nachahmung der Realität empfunden wurde. Die Romantik, als andere dominante Strömung der Zeit, war den Symbolisten hingegen zu sentimental und zweitens hatte sie sich – in ständiger Selbstwiederholung – verbraucht. So bemerkt Jean Moréas in seinem symbolistischen literatischen Manifest, das in der Zeitschrift *»Le Figaro«* (Ausgabe vom 18. September 1886) erstmals veröffentlicht wurde: »Die Romantik, nachdem sie alle wilden Sturmglocken des Aufstands geläutet, nachdem sie ihre Tage des Ruhms und des Kampfes gehabt hatte, verlor so ihre Kraft und ihren Reiz, entsagte ihren heroischen Kühnheiten, gab sich brav, skeptisch und voll von gesundem Menschenverstand [...]« *(Der Symbolismus)* Und so verkündete Moréas emphatisch den Anbruch der neuen Ära des Symbolismus, der auch eine neue Ästhetik entfalten sollte: »Als Feindin der Belehrung, der Verkündung, der falschen Empfindsamkeit und der objektiven Beschreibung sucht die symbolische Dichtung die Idee in eine sinnliche Form zu kleiden, die gleichwohl nicht ein Selbstzweck wäre, sondern die, indem sie ganz dem Ausdruck der Idee dient, ihr untergeordnet bliebe. Die Idee ihrerseits darf sich nicht des prächtigen Gewandes äußerer Analogien berauben lassen; denn die wesentliche Eigenschaft der symbolischen Kunst besteht darin, niemals bis zum Begriff der Idee an sich zu gehen. So können sich in dieser Kunst die Bilder der Natur, die Handlungen der Menschen, alle konkreten Phänomene nicht selber zeigen; es sind in diesem Zusammenhang sinnliche Erscheinungen, dazu bestimmt, ihre esoterischen Affinitäten mit den ursprünglichen Ideen darzustellen.« (Ebd.) Wir haben

Abbildung 2: Franz Stuck – Die Sünde

es also beim Symbolismus mit einer Ästhetik der kunstvollen Verkleidung (des Sinns) zu tun. Während beim Naturalismus das ästhetische Prinzip der Abbildung galt, versuchte man in der Romantik die Wirklichkeit ästhetisch zu idealisieren. Für die Symbolisten lag das Wirkliche jedoch in der Verformung – wobei man sich bevorzugt mythisch-existentiellen Themen wie Liebe, Tod und Leidenschaft widmete.

Diese thematische Fokussierung gilt auch in der Malerei – wie das Beispiel des Gemäldes »Die Sünde« von Franz Stuck aus dem Jahr 1893 zeigt (siehe Abbildung 2), das in der »Neuen Pinakothek« in München zu sehen ist (von dem es aber – aufgrund der großen Nachfrage nach dem Motiv – eine ganze Reihe von Variationen gibt). Es stellt eine Frau (die »biblische« Eva) dar, um die eine Schlange gewunden ist. Sehr düster in der Farbgebung leuchtet nur ihr teilweise entblößter Oberkörper aus dem Dunkel der Fläche hervor. In Interpretationen des überaus bekannten Gemäldes – einem Hauptwerk Stucks und zugleich eines der wichtigsten Werke des Symbolismus – können wir die unterschiedlichsten Deutungsansätze vorfinden. Eine geradezu »existentialistische« Interpretation wird uns in dem autobiographischen Roman *»Das Jahr der schönen Täuschungen«* von Hans Carossa geboten, die auch von der Internetseite und in Katalogen der »Neuen Pinakothek« immer wieder zitiert wird: »Es gibt Kunstwerke, die den Sinn für Gemeinschaft in uns kräftigen, und andere, die uns in die Vereinzelung locken; zu diesen gehörte das Gemälde von Stuck. Diese Figur wies jeden auf einen einsamen Weg, wo er früher oder später einer ihrer [der Sünde] lebenden Schwestern begegnen müßte.« (S. 285f.)

Andere, gängige Interpretationen betonen die »Zweideutigkeit« der dargestellten Frauenfigur, so etwa Solveig A. im Rahmen eines Schul-Referats (was uns zugleich nochmals auf die Popularität dieses Gemäldes verweist): »Sowohl die Mimik der Frau, als auch die Schlange, strahlen eine Art Bedrohung oder Gefahr aus, dennoch bleibt die Frau für den Betrachter reizvoll. Die Symbolik der Schlange verstärkt die generelle Zweideutigkeit und Komplexität: Sie ist nicht nur nach keltischem Glauben ein schöpferisches Symbol und steht wegen ihrer Fähigkeit sich zu häuten auch für menschliche Wiedergeburt. Zugleich tötet sie ihre Beute und ist räuberisch und heimtückisch [...]«

Allerdings wendet der sich »professionell« gebende Kommentar auf den Seiten des Kultur-Magazins »Mahagoni« sich explizit dagegen, dass wir das Bild Stucks als moralisierende Warnung vor der Sünde oder als Verdammung weiblicher Lust lesen: »Tatsächlich dürfte es in Franz von Stucks ›Sünde‹ nicht darum gehen, die Frau als Verführerin des Mannes zu denunzieren oder ihre ›unersättliche Sexualität‹, so allen Ernstes eine Interpretation, an den Pranger zu stellen. Derlei Argumentationsmuster zählten zur Entstehungszeit des Bildes für Künstler vom intellektuellen Rang eines Franz von Stuck schon lange zum rhetorischen Unterdrückungsapparat einer Epoche, in der sich Staat und Kirche die Macht über Vermögen und Seelen der Untertanen teilten. Eher dürfte die Schemenhaftigkeit des Bildes Programm sein: Entlarvt sie doch die Sünde als das, was sie tatsächlich ist – eine Kulisse, aufgerichtet wie ein Schild am Wegesrand, das den Reisenden in eine bestimmte Richtung bewegen soll.«

Stuck wird uns hier folglich als emanzipatorische Künstlerpersönlichkeit dargestellt – eine Sicht die jedoch durch Stucks eigene Bemerkungen zu seinem Motiv kaum gestützt wird, denn er notierte am Rand einer Vorstudie: »Die Sünde / saugend mit glühenden Augen / weißen Brüsten wollüstig strotzend / lockt das nackte Weib zur Verführung / aber zugleich neben dem lockenden / Antlitz, züngelt die giftige Schlange« (zitiert nach Kreissl: *Franz von Stuck:* S. 6).

Man sieht, die Deutung der Symbole ist (nicht nur) im Kontext der Kunst in hohem Maß abhängig vom Vorurteil und vom Vorwissen der Interpreten. Das Besondere am Beispiel der Kunst – das uns zugleich auch auf ein Allgemeines verweist – ist aber, dass hier eine (tiefere) Sinnhaftigkeit gleichsam vorausgesetzt wird. Und je bekannter der oder die Künstler/in und das Werk ist, desto ausgeprägter ist dieses Vorurteil. Dies gilt speziell für die institutionelle Seite (der akademischen Kunstgeschichte, der Sammler und Museen etc.), aber in der Regel auch für das »gewöhnliche« Publikum, das durch museale Inszenierungen, die den Werken einen »weihevollen« Rahmen geben, zusätzlich beeindruckt wird. Ganz im Gegensatz zum Beispiel des Terrors haben wir es also mit einem ausgeprägten »Willen zum Verstehen« zu tun.

Abbildung 3: Marcel Duchamps – Fountain (Replik)

Der Kontext (der Kunst) scheint also einen bedeutenden Einfluss auf den »Willen zum Verstehen« zu haben. Man kann dies noch deutlicher an Beispielen wie dem Surrealismus oder gar der abstrakten Kunst sehen, wo die Deutung des Sinns schwer(er) fällt, aber trotzdem (oder vielmehr gerade deshalb) ausgeprägte Anstrengungen der »Sinnsuche« unternommen werden. So verschlüsselt oder gar (bewusst) absent ein be-deuteter Sinn sein mag, es wird manchmal geradezu verzweifelt versucht, trotzdem eine »bestimmbare« Bedeutung zu erkennen – und sie wird damit in der Tat hergestellt.

Mit diesem Phänomen der Kontextabhängigkeit des Sinns (und des Begehrens zu verstehen) spielt auch die Kunst selbst. Marcel Duchamp etwa – Pionier der Objekt- und Konzeptkunst – platzierte mit seinen »Ready-Mades« zu Beginn des 20. Jahrhunderts normale Alltagsgegenstände in Kunsträumen. So hatte er zum Beispiel 1913 das Rad eines Fahrrads auf einen Küchenhocker montiert und in seinem Atelier aufgestellt. Und 1917 reichte er unter dem Pseudonym R. Mutt ein Urinal als Ausstellungsobjekt bei der Jahresschau der »Society of Independent Artists« in New York ein – zu deren offiziellen Gründungsmitgliedern er zählte (vgl. Camfield: *Marcel Duchamp's Fountain:* S. 65ff.).

Ist die künstlerische Provokation allerdings erst einmal etabliert, so findet auch in solch »obskuren« Fällen schnell eine institutionelle Einhegung und »Verschulung« (siehe auch oben) der Bedeutung statt. So wurde zwar Duchamps Urinal noch während der Ausstellung entfernt und in der Folge – so darf man hoffen: »fachgerecht« – entsorgt. Heute finden sich aber nicht nur gleich mehrere (vom Künstler »autorisierte«) Repliken in diversen Museen (siehe z.B. Abbildung 3). Wir werden zudem großzügig mit Deutungsangeboten versorgt, die uns etwa erklären, dass es Duchamps Absicht gewesen sei, die Grenzen des Geschmacks auszuweiten und der Kunst neue Materialien und

Zugänge zum wirklichen Leben zu erschließen (so z.B. Danto: *Marcel Duchamp and the End of Taste)*. Es existiert sogar eine eigene Webseite, die zum Ziel hat, der Öffentlichkeit den Sinn und die Bedeutung der Werke Duchamps näher zu bringen (siehe http://understandingduchamp.com). Allerdings bemerkt wiederum Duchamp selbst (ohne die »Autorität« des Autors zu ernst zu nehmen) zu seinen Ready-Mades: »Ich wollte ja eigentlich kein Kunstwerk daraus machen. Der Ausdruck ›Ready-made‹ tauchte erst im Jahre 1915 auf, als ich nach Amerika ging. Er interessierte mich als Wort, aber als ich ein Fahrrad-Rad mit der Gabel nach unten auf einen Schemel montierte, dachte ich dabei weder an ein Ready-made noch an irgendwas anderes, ich wollte mir so nur die Zeit vertreiben.« (Zitiert nach Böttger: *Marcel Duchamps Fountain)*

Selbst wo also im Rahmen der Kunst versucht wird, sich bestimmten Aufladungen mit Bedeutung zu entziehen, erfolgen mit »autoritativem« Wissen gestützte Festschreibungen und Tradierungen bestimmter Deutungsangebote – spätestens wenn sie Eingang in den Unterricht (in Schulen und Universitäten) finden. In anderen Kontexten werden Symbole bzw. bestimmte mögliche Bedeutungsgehalte dagegen – trotz ihrer Symbol-Gewalt – nicht erkannt. Man trifft auf Abwehrhaltungen, die, wie im Fall des Terrors, auch sozial und politisch begründet sind, und bestimmte Bedeutungen aus dem Horizont der Erkenntnis von vorne herein auszuschließen versuchen. *Der Wille, das Begehren zu verstehen, ist also hochgradig kontextabhängig*.

Allerdings kann man – schon aus grundsätzlichen erkenntnistheoretischen Erwägungen heraus – natürlich nie tatsächlich wissen, was jemand bedeuten will, und vor allem nicht, wie diese(r) es selbst verstanden hat. Schon alleine deshalb ist der (soziale) Kontext der Symbolisierung – als Deutungsrahmen – von zentraler Wichtigkeit: Die Konstruktion der Bedeutung findet nicht auf einem leeren Blatt statt, sondern auf der Basis gegebenen Wissens. Aber wir dürfen eben trotzdem – als zweiten »be-deutenden« Faktor – auch nicht jenes Element vergessen, auf das Moréas in seinem symbolistischen Manifest so deutlich hinwies: die *Kraft der Ästhetik*. Diese »materielle« Kraft kann man – in der Kunst und anderen (ästhetischen) Medien – *erleben*. Ob man sie »beschreiben« kann? Allerdings *muss* man – angesichts der Realität differenter Deutungen – eingestehen: Es existiert offenbar ein (auch und gerade durch den »Autor«) *nicht kontrollierbarer Rest*, der sich der Gewalt der Be-deutung entgegen stemmt und in der Sinnlichkeit der Zeichen ihren materiellen Grund hat. Diese subversive Materialität, wie ich sie nennen möchte, steht für einen produktiven Kontrollverlust, der eintritt, sobald der Akt der Symbolisierung erfolgt ist. Dieser Kontrollverlust bedeutet: Der Raum der Interpretation – der immer auch einen möglichen Ort des Gegen-Sinns darstellt – ist eröffnet. Man erkennt ihn – wenn auch nur schemenhaft, durch die tradierten Festschreibungen überformt – ganz greifbar auch an den differenten Deutungen der Kunstwerke. Man kann und sollte ihn in keinem Fall auf diesen abgegrenzten Raum beschränken. Die sinnliche Ästhetik kann – ihrem (»materiellen«) Potential nach – der einhegenden Gewalt der Be-deutung in allen Feldern erfolgreich entgegen stehen.

AUSRUFEZEICHEN!

Die materielle Sinnlichkeit der Zeichen, die einen ästhetischen Deutungsraum eröffnet, mag zwar nämlich in den Objekten der Kunst am deutlichsten hervortreten. Aber sie ist keinesfalls auf diese beschränkt. Die Sinnlichkeit der Zeichen existiert selbst dort, wo das Zeichen zunächst rein abstrakt und »unsinnlich« erscheint. Ich möchte mich deshalb kurz einem weiteren Beispiel zuwenden, das klar machen soll, dass alle Zeichen einen materiell-sinnlichen Aspekt umfassen, der ihre Wahrnehmung und Deutung beeinflusst. Dieses Beispiel ist deshalb bewusst ein eher abstraktes Zeichen, das noch nicht einmal eine fest stehende Bedeutung für sich beansprucht: das Aufrufezeichen. Es gehört zu den Satzzeichen und fungierte dabei zunächst eher als Binnenzeichen denn als Satzschlusszeichen, wie es dem heute dominanten Gebrauch entspricht (vgl. Masalon: *Die Deutsche Zeichensetzung:* S. 133f., S. 159 u. S. 176). Selbst ohne konkreten angebbaren Sinn ausgestattet, soll es lediglich die Bedeutung einer vorangegangenen Aussage hervorheben und unterstreichen – und übt damit genau genommen eine kommentierende Funktion aus (vgl. Bredel: *Interpunktion:* S. 63).

Das Ausrufezeichen ist also, wie letztlich alle Satzzeichen, gewissermaßen ein »Prototyp« eines »leeren Signifikanten«: seine Bedeutung ist nicht festgelegt, sondern veränderlich und abhängig vom Kontext. Dabei ist seine Formgebung (vermutlich) nicht von existierenden »Gegenständen« abgeleitet. Das Ausrufezeichen ist also – gemäß der Konvention von Peirce – nicht-ikonisch. Allerdings kann man mit gutem Recht behaupten, dass das Ausrufezeichen selbst zur Ikone geworden ist. Es hat sich als (Sinn-)Bild verselbständigt, so dass es heute selbst in Verkehrszeichen als eindeutiges Signal verwendet wird: In einem rot gerahmten Dreieck warnt es vor Gefahrenstellen (siehe Abbildung 4). Wir haben es also im Fall des Ausrufezeichens mit einer Ikonisierung eines ursprünglich »abstrakten« Zeichens zu tun.

Abbildung 4: Verkehrszeichen 101 (Gefahrenstelle)

Hoch interessant ist dabei, dass es möglicherweise im Verlauf der Geschichte dieses Zeichens zu einer Verschiebung, ja, Umkehrung der Bedeutung gekommen ist. Denn nicht nur als Verkehrszeichen verstehen wir das Ausrufezeichen heute gerne primär als Warnung. Der niederländische Schriftsteller und Gelehrte Willem Bilderdijk (1756–1831) vertrat aber die weithin rezipierte These, dass das Ausrufezeichen sich aus der lateinischen Freudebekundung »io« entwickelt hat, die in mittelalterlichen Texten auch als Schlusszeichen verwendet wurde, wobei der I-Strich im Lauf der Zeit nach oben wanderte (vgl. Partridge: *You Have a Point There:* S. 82). Allerdings gibt es für diese These keine wirklich stichhaltigen Belege. Und wahrscheinlich verhält es sich zudem so, dass das verwendete »io« selbst eine Abkürzung für »interiectio« (Einwurf) war (vgl. auch Humez/Humez: *On the Dot*: S. 141).

Auch herrscht offenbar weitgehende Uneinigkeit über das erste Auftauchen des Ausrufezeichens. So heißt es etwa in der deutschen Ausgabe der Wikipedia: »Hartmut Günther, Professor für deutsche Sprache und Didaktik an der Universität zu Köln, fand bei einem diachronen Vergleich von Editionen der lutherschen Bibelübersetzung das erste Ausrufezeichen in einer Ausgabe aus dem Jahr 1797.« In der englischen Wikipedia-Ausgabe erfahren wir jedoch (allerdings in Bezug auf Großbritannien): »The exclamation mark was first introduced into English printing in the 15th century [...]« Und wiederum eine andere Datierung findet sich im Duden-Band zu den Satzzeichen: »In älteren Schriften der romanischen Sprache fehlt das Ausrufezeichen als solches überhaupt, und in Deutschland ist der Erstdruck von Johann Fischarts ›Flohhatz‹ (1592) wohl das älteste Zeugnis für seine Anwendung.« (Berger: *Komma, Punkt und alle anderen Satzzeichen:* S. 7f.) Als gesichert kann jedoch gelten, dass es eine Verschiebung im Anwendungsbereich des Ausrufezeichens gegeben hat: Anfänglich wurde das Ausrufezeichen eher wie ein Komma zur Abtrennung von Teilsätzen verwendet. Die erste systematische Beschreibung seiner Funktion als Zeichen mit aussageverstärkender Wirkung findet

Abbildung 5: Ausrufezeichen in verschiedenen Schrifttypen

sich in der »Allgemeinen Sprachlehr« von Ratke aus dem Jahr 1619 (vgl. Höchli: *Zur Geschichte der Interpunktion im Deutschen:* S. 288).

Doch lösen wir uns von der Entstehungsgeschichte und Funktion des Zeichens und gehen wir zur ästhetischen Dimension über, die uns im »Zeichenkörper« entgegentritt (vgl. auch Lücking: *Ikonische Gesten:* S. 105ff.). Hier gibt es verschiedene Faktoren, die unsere sinnliche Wahrnehmung des (Schrift-)Zeichens beeinflussen: die Größe und die Fläche, die das Zeichen einnimmt, die Farbe des Zeichens, die (im Fall der Druckschrift durch die Schrifttype definierte) konkrete Formgebung des Zeichens (siehe auch Abbildung 5). Und nicht zu vergessen: das Trägermedium, das uns den »Eindruck« des Zeichens vermittelt. Denn ob wir ein Zeichen etwa an einem schlecht auflösenden Bildschirm, als Leuchtreklame oder gedruckt auf Bütten-Papier lesen – für uns erschließt sich jeweils eine andere sinnliche Dimension, die auch auf die Bedeutung ausstrahlen kann. So werden wir ein rot leuchtendes und blickendes Ausrufezeichen auf einer Bildschirmanzeige anders interpretieren (nämlich wahrscheinlich als Warnung) als eine mit Tuschepinsel gezeichnete Kalligraphie, in der ein Ausrufezeichen integriert ist. Dabei werden wir im ersten Fall vermutlich das Blinken als aufdringlich, die Farbe als ener-

getisch und den Kontext als verunsichernd wahrnehmen – was uns wiederum auf die Kontextabhängigkeit und die (semantischen) »Hintergründe« der Symbolisierung verweist. Im Fall der Kalligraphie hingegen könnte die Umgebung und die künstlerische Gestaltung der Zeichen-Formen bewirken, dass das Ausrufezeichen mit seinem Kontext zu einem ästhetischen Ganzen verschwimmt und seinen potentiellen »appellativen« Charakter nur dem genauen Beobachter offenbart – der diesen in verschiedene Richtungen interpretieren kann.
Die konkrete Form des Zeichens hat aber auch Auswirkungen auf seine Erkennung. So gibt es zahlreiche Studien, die sich mit der Lesbarkeit der Schrift in Abhängigkeit von der verwendeten Schrifttype beschäftigen. In älteren Studien ist dabei eine Überlegenheit von klassischen Serifenschriften gegenüber serifenlosen Schriften und Schreibmaschinenschriften gefunden worden (vgl. z.B. *Patterson/Tinker: Studies of Typographical Factors Influencing Speed of Reading – X*). Derartige Ergebnisse werden durch Typographen meist damit begründet, dass Serifenschriften eine leichtere Unterscheidung bestimmter Buchstaben ermöglichen, was die Gesamtlesbarkeit verbessern würde (vgl. so etwa Bosler: *Matering Type:* S. 15). Neuere Studien zeigen diese Effekte – insbesondere für Bildschirmschriften – kaum mehr (vgl. im Überblick Tarasova/Sergeeva/-Filimonova: *Legibility of Textbooks:* S. 1302f.). Zwar gibt es Unterschiede in der Lesbarkeit zwischen einzelnen Schrifttypen, sie hängen aber von persönlichen Vorlieben, Gestaltungsqualität und Verbreitung (und damit der »Gewohnheit« der Leser) ab und nicht, ob die Schrift Serifen besitzt (vgl. so auch etwa Lange/Esterhuizen/Beatty: *Performance Differences Between Times and Helvetica in a Reading Task* oder Liebig: *Browser-Typografie)*.
Unterschiedliche Schrifttypen besitzen, neben den praktischen Aspekten, die sie implizieren, natürlich ebenso unterschiedliche ästhetische Anmutungen, und man kann dies auch gut am Ausrufezeichen nachvollziehen (siehe nochmals Abbildung 5). Vor allem ergeben sich durch die (Schrift-)Form emotionale und historische Assoziationen. Frakturschrift etwa wird oft – fälschlicherweise – mit dem Mittelalter oder NS-Zeit assoziiert. Tatsächlich entstand sie erst im 16. Jahrhundert und dominierte im deutschsprachigen Bereich bis ins 19. Jahrhundert hinein weite Bereiche, bis sie schließlich fast durchgängig durch Antiquaschriften abgelöst wurde (vgl. Kapr: *Fraktur)*. Zwar erlebte die Frakturschrift dann während des NS-Regimes eine gewisse Renaissance, allerdings setzten sich die Nationalsozialisten explizit dafür ein, die Fraktur im Schulunterricht flächendeckend durch Antiquaschriften zu ersetzen (vgl. Baumgart: *Fraktur, Antiqua, Schwabacher)*.

Richtig ist jedoch zweifellos, dass die Empfindung der Schrift und die Präferenzen für einen bestimmten Schrifttypus oder eine Schriftengruppe einem historischen Wandel unterliegt, weshalb vor allem Firmen versuchen, ihre Textlogos kontinuierlich an den jeweiligen Zeitgeschmack anzupassen. Und dabei ist es keinesfalls so, dass es hier einen linearen Verlauf (hin zur klaren Formgebung) gibt, wie sich etwa am Beispiel des Textlogos der Marke »Nivea« zeigen lässt, wo für das klassische Creme-Produkt das sachlichste Design tatsächlich in den 1920er und 1930er Jahren zu finden ist, während man ab Ende der 1950er Jahre zu einer verspielteren Form zurückgeht (siehe die Abbildungen auf https://www.nivea.de/marke-unternehmen/markenhistorie-0247 und vgl. auch Nieslony: *Corporate Design am Beispiel der Marke »Nivea«*).
Die Werbung setzt also ganz klar auf die ästhetische Wirkung der Zeichen – und wir sollten uns hier durchaus ein Beispiel an ihr nehmen. Denn wie gerade der Fall des Ausrufezeichens gezeigt hat: kein Zeichen ist so abstrakt, dass es nicht auch eine ästhetisch-sinnliche Dimension umfassen würde. Zwar ist es schwierig, diese Dimension von ihren soziokulturellen Überformungen zu lösen, aber sie ist darum nicht weniger »real«: es liegt eine sinnlich-materielle Kraft selbst in den »flachesten« und abstraktesten Zeichen/Symbolen. Zudem kann niemals ausgeschlossen werden, dass nicht auch solche vordergründig abstrakten Zeichen zu »Ikonen« werden, sich gewissermaßen »verbildlichen« – so wie das Ausrufezeichen zu einem »Bild« der Gefahr geworden ist, das sich selbst in Verkehrsschildern »materialisiert«. Und dies verweist noch einmal in vollem Umfang darauf, dass die Zeichen nicht von der materiellen Ebene zu trennen sind: Es gibt keine immateriellen Zeichen.

DIE (MEHRDIMENSIONALE) DUALITÄT DES ZEICHENS

Das Zeichen ist also keine »reine« Form, und es ist niemals eindimensional. Das gilt nicht nur räumlich betrachtet, wo es immer, schon durch seine ästhetischen »Ausstrahlungen«, von der zweiten in die dritte Dimension ragt. Die Mehrdimensionalität des Zeichens gilt auch und gerade in Bezug auf seine »Bestimmung« (als Bedeutendes). Dabei möchte ich drei Ebenen bzw. Dimensionen hervorheben, auf der zumindest eine Dualität des Zeichens gegeben ist: Es sind die *Dualität von Bedeutung und Materialität* (ontologisch-materielle Dimension), die *Dualität von Bedeutung und Verstehen* (hermeneutische Dimension) sowie die *Dualität von Bedeutung und »Bedeckung«* (epistemologische Dimension).

Die Dualität von Bedeutung und Materialität liegt in der sinnlichen Ästhetik der Zeichen begründet. Die auf der Materialität beruhende ästhetische Kraft des Zeichens ist, wie auch das Beispiel des Ausrufezeichens gezeigt hat, nicht nur auf die symbolischen Objekte der Kunst beschränkt, sondern stellt eine allgemeine Eigenschaft der Zeichen/Symbole dar. Entsprechend bemerkt Jan Assmann (unter Bezugnahme auf seine Analysen ägyptischer Schrift): »Jedes Zeichen hat zwei Aspekte, den Aspekt seines Funktionierens in einem Zeichensystem, kraft dessen es sich überhaupt erst auf einen bestimmten Sinn beziehen kann, und den Aspekt seiner sinnlichen Erscheinungsform, kraft deren es diesen Sinn überhaupt erst zur Erscheinung bringen kann. Unter dem Begriff der Semantizität sei der erste Aspekt bezeichnet und alles zusammengefaßt, was für das Funktionieren des Zeichens als Zeichen unabdingbar wichtig ist. Unter dem Begriff der Materialität wollen wir den zweiten Aspekt bezeichnen und alles zusammenfassen, was als sinnliche ›Trägermaterie‹ dient und so oder anders beschaffen sein kann, ohne daß die Funktionalität des Zeichens davon beeinträchtigt sein muß.« *(Im Schatten junger Medienblüte:* S. 143f.)

Assmann weist hier also explizit auf die Dualität von Bedeutung und Materialität hin, geht jedoch nicht den entscheidenden Schritt. Denn obwohl er feststellt: »Das Mitsprechen der Materie [...] ist nie völlig zum Schweigen zu bringen, sondern nur in Latenz zu halten« (ebd.: S. 147) – die Materialität bleibt bei Assmann letztlich doch immer der Funktion (der Semanizität) untergeordnet (siehe oben). Hier kann man vom (symbolistischen) Diskurs der Kunst lernen, dass die sinnliche Materialität nicht nur »unkontrollierbar«, sondern der Funktion keineswegs nachrangig sein muss. Sie stellt eine eigene, *ästhetische Sprache* dar, die weniger auf konventionelle Bedeutung als vielmehr auf sinnliche Erfahrung gründet. Das Zeichen ragt über seine (bedeutete) Bedeutung hinaus. Und so ist Sybille Krämer zuzustimmen, wenn sie ausführt: »Kraft ihrer medialen Materialität sagen die Zeichen mehr als ihre Benutzer jeweils meinen.« *(Das Medium als Spur und als Apparat:* S. 79) Dabei gilt es allerdings zu beachten: Genauso wie jedes Zeichen einen materiell-sinnlichen Aspekt umfasst, der seine konventionelle Bedeutung potentiell transzendiert, so besitzt jedes »Ding«, jedes materielle Objekt (qua seiner sinnlichen Materialität, die uns »anspricht«) einen symbolischen Aspekt – den es zu deuten gilt.

Dies führt uns von der materiell-ontologischen zur hermeneutischen Dimension der Zeichen, die geprägt ist durch eine Dualität von Bedeutung und Verstehen. Es handelt sich hier um eine Dualität, da man grundsätzlich von einer Differenz zwischen dem, was bedeutet wird, und dem, was verstanden wird, auszugehen hat. Bedeutung und Verstehen können nahe beieinander liegen, aber sie können auch völlig entkoppelt sein – wobei hier der »Wille zum Verstehen« eine zentrale Rolle spielt (wie auch das Beispiel der symbolischen Dimension des Terrors zeigte). Das Zeichen verbindet beide: Es soll eine bestimmte Bedeutung symbolisieren, andererseits löst es ein bestimmtes »Verständnis« aus. Das Zeichen ist damit nicht nur Symbol der Bedeutung, sondern auch »Objekt« des Verstehens.

Wie bereits oben herausgearbeitet wurde, besitzt dabei nicht nur die Bedeutung eine Handlungsdimension. Auch das Verstehen ist ein Akt, eine Hervorbringung der/des Verstehenden – und das bedeutet wiederum, dass jede Transzendenz der Bedeutung alleine deshalb ad absurdum geführt ist. Das Zeichen steht neben der (angenommenen) Bedeutung immer zugleich für die »Konstruktivität« des Verstehens – und die daraus resultierende Möglichkeit (wenn nicht gar die Zwangsläufigkeit) des gegenseitigen Mißverstehens. Man kann sagen: das Zeichen ist vielleicht weniger ein Medium des gegenseitigen Verstehens, als dass es – reflexiv – auf uns selbst (das heißt: unser »Selbstverständnis«) gerichtet ist. In dieser erkenntnistheoretischen »Befangenheit« fällt die materielle Sinnlichkeit des Zeichen umso stärker ins Gewicht.

Allerdings gilt auch hier: die »Ästhetik« des Zeichens ist nicht eindeutig – und neben dem, was das Zeichen (für uns) ausdrückt, gibt es immer auch einen Bereich dessen, was uns das Zeichen (genau dadurch) »verschweigt«. Diese Dualität von Bedeutung und »Bedeckung« wird auch von Boris Groys herausgestellt, wobei er sich jedoch auf den »medialen« Aspekt des Zeichens fokussiert: »Jedes Zeichen bezeichnet etwas und weist auf etwas hin. Aber jedes Zeichen verbirgt auch etwas – und zwar nicht die Abwesenheit des bezeichneten Gegenstands, wie ab und zu behauptet wird, sondern schlicht und einfach ein Stück der medialen Oberfläche, die dieses Zeichen materiell, medial besetzt.« *(Unter Verdacht:* S. 22)

Ich möchte diese Dualität von Bedeutung und Bedeckung allerdings viel grundsätzlicher verstanden wissen: Wenn wir anhand eines Zeichens etwas verstehen und dem Zeichen damit eine Bedeutung zumessen, schließen wir damit zwangsläufig andere Bedeutungen (zumindest solche, die im Widerspruch stehen) aus. Dies ist eine unumgehbare Eigenschaft des Zeichencharakters. Wenn das Zeichen für etwas steht (bzw. »versteht«), so steht es nicht für etwas anderes (bzw. wird nicht anders verstanden). Zugleich übt diese Bedeckung allerdings auch einen Reiz aus. Denn wo etwa die Dualität von Bedeutung und Bedeckung in der Form von Ambiguität für uns »durchscheint«, übt das Zeichen auf uns oft eine zusätzliche, eigentümliche Anziehung aus.

Dabei ist es eigentlich unerheblich, welche Bedeutung dem Zeichen gegebenenfalls von seinem »Urheber« zugeschrieben wurde. Denn wie das Zeichen verstanden wird, entzieht sich weitgehend der Kontrolle. Und es gibt nicht wenige Zeichen, die gar nicht als solche gelesen werden. Andererseits gibt es die Zeichen ohne Zeichensetzung: »Nicht-Zeichen«, die als Zeichen »mißverstanden« werden. Man kann also (mit Hans Blumenberg) die »Lesbarkeit der Welt« konstatieren: alles kann als Zeichen aufgefasst (und interpretiert) werden. Zugleich ist die Welt aber auch »unleserlich«. Sie entzieht sich dem (vollständigen) Verstehen – nicht nur durch ihre »Kodierung«, sondern durch die grundsätzliche Dualität von Bedeutung und Bedeckung. Die sinnliche Materialität, die Ästhetik der Zeichen, beinhaltet in diesem Kontext auch eine Falle. Ihre »Objektivität« verleitet zu einer Hypostasierung. Deshalb sollte man sich bewusst machen: Wahrnehmung geschieht immer auf Kosten des nicht Wahrgenommenen.

Es ist also Vorsicht angebracht. Das Zeichen darf nicht zur »Ikone« werden, darf uns weder aufgrund seiner »Materialität« zu einem Objektfetischismus verführen, noch gewähren die Symbole (der Sprache) Zugang zu einer »ursprünglichen« Kraft – wie es etwa eine verbreitete Auffassung im Kontext der russische Avantgarde zu Beginn des 20 Jahrhunderts war (vgl. auch Nohejl: *Die »Auferstehung des Wortes«)*. Allenfalls kann man versuchen, an der Materialität der Zeichen anzusetzen, um die Regeln des (Sprach-)Spiels zu durchbrechen und eine »wilde Semiose« zu betreiben. »Wilde Semiose«, so Aleida Assmann, »bringt die Grundpfeiler der etablierten Zeichenordnung zum Einsturz, indem sie die Materialität des Zeichens adaptiert und die Präsenz der Welt wieder herstellt.« *(Die Sprache der Dinge* S. 239) Aber auch hier droht immer die Gefahr einer Romantisierung und Überladung der sinnlichen Materialität des Zeichens (vgl. ebd.: S 248).

Ein möglicher Ausweg aus dieser »Falle« ist ein zugleich sinnlicher wie reflexiver Zugang zu den Zeichen und ihrer »Stofflichkeit«, wobei es gilt, genau den vermittelten Zusammenhang zwischen (konstruierter) Bedeutung und (wahrgenommener) Materialität zu spiegeln (vgl. auch Isenböck: *Sinn und Materialität:* S. 127ff.). Ein solcher *»materialistischer Konstruktivismus«* liest die Zeichen als Angebote und Aufforderung zur Interpretation, die gespeist ist von einer sinnlich-ästhetischen Verankerung. Die Materialität des Zeichens trifft dabei auf die Zeichenhaftigkeit des Materiellen: der ästhetischen Sprache der Dinge.

Doch im Verstehen (d.h. ihrer Deutung) sind wir nicht nur von unserem (Vor-)Wissen abhängig, das uns bestimmte Deutungen erlaubt (und andere aus unserem Deutungsrahmen ausschließt). Es gilt neben der Wissensabhängigkeit auch die Wahrnehmungsabhängigkeit der Zeichen anzuerkennen. Die Wahrnehmung aber ist (in ihrer Fokussierung) immer beschränkt. Das Zeichen ist immer nur ein Zeichen insoweit es als solches erkannt wird. Und dies wiederum ist auch abhängig vom Willen, vom Begehren zu verstehen: Wir verstehen, was wir verstehen können – und was wir verstehen wollen. Genau diese Beschränkung ist aber ein potentieller Ansatzpunkt zu reflexiver Erkenntnis: Das Zeichen kann uns – indem wir durch die Sinnlichkeit des Zeichens unser Begehren wahrnehmen – als Medium die Botschaft unseres Begehrens übermitteln. Wir müssen nur darauf achten, uns beim Lauschen auf die ästhetische Sprache der (materiellen) Zeichen nicht in einem ästhetischen Fetischismus des Objekts zu verlieren.

4. Reflexivität: Spiegelungen des Anderen

4. REFLEXIVITÄT: SPIEGELUNGEN DES ANDEREN

Reflexivität ist ein Zustand der permanenten Spiegelung. Reflexivität kennt keinen Stillstand. Und sie kennt keine Gewissheit. Immerzu hinterfragt sie alles und jeden – und macht dabei auch vor sich selbst nicht halt. Reflexivität ist darum auch immer selbstbezüglich, d.h. sie weist – wenn man so will – gewisse »narzisstische« Züge auf.
Der Begriff des Narzissmus leitet sich vom griechischen Mythos über Narkissos, Sohn des Flussgottes Kephissos und der Quellnymphe Leiriope, ab. Die bekannteste Fassung des Mythos wird uns von dem antiken Dichter Ovid (vgl. *Metamorphosen:* Buch III, Kap. 19) überliefert: Als Narkissos zu einem Jüngling reift, wächst mit seiner allseits bewunderten Schönheit auch sein Hochmut, und er weist alle (männlichen wie weiblichen) Bewerberinnen, die sich in ihn verlieben, rüde zurück. Schließlich erhört die Göttin Nemesis das Flehen eines Verschmähten, Narkissos möge nur sich selbst lieben können und seiner Liebe dabei nicht froh werden. So geschieht es, dass Narkissos, an einer Quelle trinkend, sein Spiegelbild im Wasser erblickt und sich in dieses Bild rasend verliebt. Dabei erkennt Narkissos die Tragik dieser Liebe sehr wohl:

> »Liebe verzehrt mich zu mir; und die Glut, die ich gebe, die nehm' ich! Was denn tun? Flehn, oder erfleht sein? Was denn erflehen? Was ich begehr', ist bei mir; zum Darbenden macht mich der Reichtum. O wie möcht' ich so gern vom eigenen Leibe mich sondern!« (Ebd.)

In der (verliebten) Selbstspiegelung des Narkissos, der schließlich nur im Tod einen Ausweg sieht, drückt sich also – ganz entgegen der konventionellen Betrachtung des »Narzissmus« – ebenso der Wunsch nach Distanz zu sich selbst aus. Und der Spiegel wiederum kann sehr wohl auch ein Instrument sein, diese Distanz zu schaffen: Nichts ist mir fremder als das Gesicht, das ich morgens im Spiegel erblicke. Nichts ist mir ferner als mein Spielbild. Denn im Spiegel wird tatsächlich jede Distanz verdoppelt. Im Spiegelbild wird darum also vielleicht auch weniger Identität konstruiert (und das Leiden, das mit ihr einher geht), wie Lacan aufzuzeigen versuchte (vgl. *Das Spiegelstadium als Bildner der Ichfunktion* und siehe auch S. 72). Im Spiegel wird – vermittelt über die »Reflexivität« der Spiegelung – das Ich in Distanz zu sich gesetzt. Vielleicht ist diese »Distanzierung« zu sich selbst, die letztlich erst dem Anderen Raum gibt, ein wesentliches allgemeines Merkmal von Reflexivität.

DER DISKURS DER REFLEXIVITÄT

Reflexivität hat in den letzten Jahrzehnten eine erstaunliche Karriere im Diskurs der Geistes- und Sozialwissenschaften absolviert (vgl. hierzu und zum Folgenden auch Jain: *Spiegelungen der Reflexivität*). Sie findet sich heute als zentraler Begriff in fast allen bedeutenden theoretischen Entwürfen. Was die Reflexion also für das Zeitalter der Aufklärung war – nämlich eine *referenzielle* Größe, die ihren Tribut im forcierten Rekurs forderte – ist die Reflexivität in ähnlicher Weise für die (post-)moderne Wissenschaft: das Attribut »reflexiv« gilt ihr als geistiges Adels-Prädikat, als selbstevidentes Qualitätssiegel.
Obwohl allerdings *der Begriff* der Reflexion an sich selbst noch für Descartes, den philosophischen Begründer des neuzeitlichen Rationalismus, gänzlich unbekannt war, regten sich sehr früh schon auch kritische Stimmen gegen die verbreitete aufklärerische Reflexionseuphorie. So bemerkt etwa Rousseau in seiner *Abhandlung über den Ursprung und die Grundlagen der Ungleichheit unter den Menschen*, »daß der Zustand der Reflexion wider die Natur ist« (S. 99) – denn das Grübeln, die (reflexive) Beschäftigung mit den eigenen Gedanken, gilt ihm als eine wesentliche Quelle des menschlichen Unglücks. Auch für den Deutschen Idealisten Schelling ist die Reflexion Ausdruck von Entfremdung und Entzweiung, ja, sogar einer Chimären erzeugenden Geisteskrankheit, die es in der »wahren« Philosophie – durch die Aufhebung der vom reflexiven Geist angeblich eingeführten Trennung zwischen Mensch und Welt – positiv zu überwinden gilt (vgl. *Ideen zu einer Philosophie der Natur*: S. 109).
So weit hat es die Reflexivität allerdings noch nicht gebracht. Wie es scheint, ist das Paradigma der Reflexivität weitgehend ungebrochen. Die Reflexion, das auf sich selbst gerichtete Denken, ist diskreditiert, doch Reflexivität fungiert als rettender Anker. Dieses Muster lässt sich beispielhaft an den Ausführungen von Barry Sandywell belegen. Während Reflexion für ihn u.a. durch eine »videologische«, am hypostasierten »Augenschein« orientierte Ontologie, Essentialismus, Atemporalität und die Entkopplung vom sozialen Rahmen geprägt ist (vgl. *Reflexivity and the Crisis of Western Reason*: S. 3f.), sei Reflexivität durch diskursive Einbettung, Relativität und Kontingenzbewusstsein etc. gekennzeichnet (vgl. ebd.: S. 5f.), so dass sich in ihr die Wiederkehr des in der Mimesis der Reflexion unterdrücken Anderen vollziehe (vgl. ebd.: S. XXI).
Diese überaus positive Sicht auf Reflexivität ist kein Einzelfall. Man muss lange suchen, um kritische Stimmen zur Reflexivität zu finden, und selbst

wo sie sich artikulieren, wird primär die Tendenz bestimmter Autoren (wie eben Sandywell) kritisiert, Reflexivität als eine Art privilegierten Zugang zum Wissen herauszustellen (vgl. so z.B. Lynch: *Against Reflexivity as an Academic Virtue and Source of Privileged Knowledge)*. Wie kommt es, dass Reflexivität als Konzept kaum auf Widerstände trifft, während die Reflexion im Diskurs zunehmend kritisch betrachtet wird, obwohl man doch eigentlich davon ausgehen sollte, dass beide Begriffe/Konzepte eng verwandt sind?
Die Beantwortung dieser Frage wird dadurch erschwert, dass »Reflexion« für verschiedene Denker und Denktraditionen durchaus unterschiedliches bedeutet hat: Gemäß dem Empiristen Locke (1872 [1690]) setzt Reflexion letztlich auf der sinnlichen Wahrnehmung auf: »Wir wollen also annehmen, die Seele sei, wie man sagt, ein weisses, unbeschriebenes Blatt Papier, ohne irgend welche Vorstellungen; wie wird sie nun damit versorgt? Woher kommt sie zu dem grossen Vorrath, welche die geschäftige und ungebundene Phantasie des Menschen darauf in beinah endloser Mannichfaltigkeit verzeichnet hat? Woher hat sie all den Stoff für die Vernunft und das Wissen? Ich antworte darauf mit einem Worte: Von der Erfahrung.« *(Versuch über den menschlichen Verstand:* S. 101) Zwar ist gemäß Locke neben der Sinneswahrnehmung auch die Selbstwahrnehmung oder Reflexion eine Quelle der Erfahrung, aber auch hier spielen die Sinne und die Verarbeitung der Sinneseindrücke eine entscheidende initiale Rolle (vgl. ebd.: S. 101ff.). Dagegen ist die Reflexion für Leibniz ein streng nach innen gerichteter Prozess. Er bemerkt: »Nun ist aber die Reflexion nichts anderes als die Aufmerksamkeit auf das, was in uns ist; die Sinne aber gewähren uns das nicht, was wir schon bei uns haben.« *(Neue Abhandlungen über den menschlichen Verstand:* S. 10). Kant wiederum kritisiert beide Auffassungen als verkürzt, weil die eine »intellektuiert« und die andere »sensifiziert« sei. Dagegen besteht er auf einer (transzendentalen) Reflexion über die Bedingungen der Begriffs- und Erkenntnisbildung auf der Grundlage des Bewusstseins über die Differenz von Anschauung und Begriff (vgl. *Kritik der reinen Vernunft*: S. 285ff.). Und natürlich haben auch die Phänomenologie, die Existenzphilosophie und die Sprachphilosophie etc. ihre je eigenen Reflexionsverständnisse ausgebildet.
Die aktuelle kritische Sicht auf Reflexion kommt allerdings durch eine (auch in den oben genannten Ansätzen teilweise anklingende) »identitätslogische« Auffassung von Reflexion zustande, deren Wurzeln zurück bis in die klassische antike Philosophie reichen und dort ihren eindrücklichsten Ausdruck in Platons Höhlengleichnis gefunden hat: In der Schattenwelt der Höhle entsteht nur ein schemenhaftes, verzerrtes Bild der Wirklichkeit (im Widerschein des

Feuers). Erst wenn wir unsere Ketten sprengen, die uns im Dunkel der Höhle gefangen halten, können wir uns zur Oberfläche empor arbeiten, wo das helle Licht der Sonne scheint, und uns einen Eindruck von der wahren Natur der Dinge verschaffen, so Platon (vgl. *Politeia:* Buch VII). Letztlich sind gemäß dieser Anschauung nur die überzeitlichen Ideen, die als eine Art »Blaupause« für alles Wissen und alles Sein fungieren, wahr. Die wechselhafte dingliche Welt ist dagegen illusionär. Auch für Aristoteles, der Platons Ideenlehre jedoch verwarf, ist die materielle Erscheinung durch akzidentielle Eigenschaften charakterisiert, während die Essenz, das Wesen der Dinge (ousia), in sich selbst ruht (vgl. *Metaphysik:* Buch V-7f.). Beide »Großgestalten« der antiken griechischen Philosophie stimmen also insoweit überein, als das wahre, notwendige Sein stabil und unwandelbar ist, weshalb das Ziel aller philosophischen Erkenntnis die Spiegelung dieser ewigen Wahrheit darstellt. Dieses idealistische Erkenntnisziel einer *Repräsentation* der wesenhaften Wahrheit mittels der philosophischen Reflexion war für über 2000 Jahre bestimmend und findet selbst im Bereich der modernen (Natur-)Wissenschaft seine Entsprechung im Prinzip der wissenschaftlichen »Objektivität«.

Doch Reflexion derart verstanden als (getreue) Widerspiegelung der Wirklichkeit gerät zunehmend unter Bedrängnis. Denn »Träger« der Reflexion war – zumindest dem aufklärerischen Verständnis nach – schließlich das subjektive Bewusstsein (siehe auch S. 51). Das Subjekt aber ist längst für tot erklärt worden. Es gilt – vor allem der poststrukturalistischen Strömung – als abgeleitetes Phänomen, als diskursive Hervorbringung, als eine bloße »Falte im Außen« – wie Gill Deleuze Foucaults Subjektverständnis metaphorisch paraphrasiert hat (vgl. *Foucault:* S. S. 131–172).

Reflexivität dagegen lässt sich (theoretisch) auch ganz ohne Subjekt denken, kann als rein strukturelle Eigenschaft eines Systems aufgefasst werden. Reflexivität ist damit zugleich mögliche Rettung und Ausdruck der Krise, des Zweifels an dem, was die Reflexion (als entfesselte, schrankenlose Rationalität des nur auf sich bezogenen Subjekts) hervorgebracht hat. Mit dem Subjekt und seiner Reflexion ist folglich – und paradoxerweise – auch die (wissenschaftliche) Objektivität in eine tiefe Krise geraten. Oder wie Lyotard es ausdrückt: die modernen Metaerzählungen haben ihre totalisierende Kraft eingebüßt (vgl. *Das postmodene Wissen:* S. 112ff.). Die Vorstellung einer »objektiven« Repräsentation von Wissen wird dabei zunehmend verdrängt vom Bild einer »Fabrikation von Erkenntnis« (Knorr-Cetina) – in die auch die Sozialwissenschaften aktiv eingebunden sind. Und genau hier setzen darum einige der aktuell dominanten sozialwissenschaftlichen Reflexivitätskonzepte an. So bedeutet für Pierre Bourdieu and Loïc Wacquant Reflexivität im Kontext der Sozialwissenschaften nämlich nichts anderes, als das (Selbst-)Bewusstsein, dass die soziale Position des Wissenschaftlers die Wahrnehmung des sozialen Felds maßgeblich bedingt sowie dass Forschung einen (aktiven) Einfluss auf das Objekt der Beobachtung hat – und umgekehrt (vgl. *Invitation to a Reflexive Sociology)*.

Bourdieu and Wacquant treffen sich hier mit den Thesen von Anthony Giddens und seinem Konzept der »doppelten Hermeneutik«, welche im permanenten Austausch zwischen den Bedeutungsrahmen der Sozialwissenschaft und des Alltagslebens besteht, so dass wissenschaftliche Konzepte im sozialen Raum aufgenommen und interpretiert und anschließend wiederum Gegenstand der wissenschaftlichen Beobachtung werden (vgl. *Die Konstitution der Gesellschaft:* S. 428f.). Diese These steht in Analogie zu Giddens' allgemeiner Handlungstheorie, die wesentlich darauf fußt, dass Handlung ein kontinuierlicher Prozess ist, bei dem nicht-intendierte Folgen wiederum zu Bedingungen des eigenen Handelns werden (können). Dabei findet Handlung in einem strukturierten Handlungsrahmen statt, der sowohl Regeln wie Ressourcen bereitstellt, was Giddens unter dem Begriff der »Dualität von Struktur« fasst (vgl. ebd.: S. 77ff.). Innerhalb dieses Rahmens steuern die Handelnden ihre Handlungen *reflexiv*, d.h. sie schließen an Handlungsketten an und sind sich darüber im Klaren, dass auch ihre Handlungen Anknüpfungspunkte für weitere Handlungsketten sind – auch wenn die konkreten Folgen nicht vollständig vorhersehbar sind (vgl. ebd.: S. 91ff. und S. 431).

Später baut Giddens dieses Argument im Hinblick auf Gesellschaftssysteme aus – und macht den Begriff der Reflexivität zu einem zentralen Element seiner Modernisierungstheorie: Die Modernisierung der Gesellschaft ist für Giddens ein diskontinuierlicher, von Brüchen geprägter Prozess. Und aktuell erleben wir einen Bruch, der sich in einem beschleunigten, sehr weitreichenden, globalen Wandel äußert, der auch vor den zentralen gesellschaftlichen Institutionen nicht Halt macht (vgl. *The Consequences of Modernity:* 4ff.). Dabei haben wir es zum einen mit einer Entkopplung von Raum und Zeit (z.B. durch Kommunkationsmedien mit ihren schnellen Übertragungswegen und moderne Verkehrmittel) zu tun. Zum anderen kommt es zu einem Prozess sozialer Entbettung, wobei die Rolle traditionaler Institutionen (wie etwa der Familie) immer mehr von symbolischen Formationen (»symbolic tokens«) übernommen wird. So kommt es zu einer reflexiven Neuordnung des Sozialsystems (vgl. ebd.: S. 16ff.). Neue Risiken müssen dabei auch mit neuen Modi der Generierung von Vertrauen – etwa in Experten und technische Systeme – abgefedert werden (vgl. ebd.: S. 29ff.). Vertrauen kann dadurch aber nicht mehr blind vorausgesetzt werden und die Moderne erhält einen zunehmend reflexiven, sich selbst in Frage stellenden Charakter (vgl. ebd.: S. 36ff.).

Ulrich Beck stellt im Rahmen seiner *»Risikogesellschaft«* einen ähnlichen Sachverhalt heraus, betont jedoch stärker als Giddens die problematischen Seiten der »Nebenfolgen« des technischen Fortschritts. Risiken bzw. die Risikoverteilung wird in der aktuellen Risikogesellschaft zu einer sozialen Grundkategorie. Den modernen Risiken kann dabei keiner entgehen: der radioaktive Fallout nach einer atomaren Katastrophe oder die Klimaerwärmung durch Treibhausgase betrifft alle. Die neuen, vom Menschen produzierten Risiken sind unkontrollierbar und von globalem Maßstab (vgl. ebd.: S. 25ff.). Dies hat auch weitreichende Folgen für die sozialen und politischen Verhältnisse. Denn zum einen werden angesichts der globalen Risiken immer mehr Zweifel am linearen Forschrittsmodell der – wie Beck sie nennt – »einfachen Moderne« artikuliert: Die Moderne wird reflexiv, sie wird sich immer mehr selbst zum Thema und Problem (vgl. auch S. 254ff.). Zum anderen haben die Risiken auch eine sozial nivellierende Wirkung: Die Wahrnehmung des Risikos, die Betroffenheit stiftet letztlich eine neue Art der Vergemeinschaftung (vgl. ebd.: S. 46ff.).

Die nivellierende Wirkung des Risikos wird zumindest in den westlichen Wohlfahrtsökonomien noch durch eine weitere Entwicklung unterstützt, die Beck mit dem Begriff »Fahrstuhleffekt« belegt hat, d.h. die allgemeine Wohlstandssteigerung erlaubte immer breiteren Bevölkerungsgruppen die Teilhabe an bestimmten Formen des Konsums, Bildung, Mobilität etc., was gleichzeitig zu einer Auflösung von alten »Klassenidentitäten« geführt hat (vgl. ebd.: S. 121ff.). Die Folge ist eine Individualisierung, d.h. eine Entkopplung von Lebensstil und Milieu, bei der auch postmaterialistische Werte wie Selbstbestimmung und Zeitautonomie etc. zunehmende Bedeutung und Verbreitung erfahren (vgl. auch Inglehart: *Culture Shift in Advanced Industrial Society*). Für den einzelnen sind die neuen Möglichkeiten der Selbstverwirklichung aber nicht immer unproblematisch. Wir haben es mit einem paradoxen »Zwang zur Freiheit« zu tun: der einzelne hat die Verantwortung zur Selbstverarbeitung, Selbstplanung und Selbstherstellung des eigenen Lebens zu tragen (vgl. Beck: *Risikogesellschaft:* S. 216ff.). Das Private wird damit aber immer mehr auch politisch (vgl. ebd.: S. 321ff.). Auf der Makroebene erleben wir dagegen einen Verlust an Bedeutung und Vertrauen in die klassischen politischen Institutionen des Nationalstaats, so dass das Politische immer mehr in den »subpolitischen« Untergrund der zivilgesellschaftlichen Akteure wandert (vgl. egd.: S. 300ff.). Das aber bedeutet zugleich: Wir haben es in der fortgeschrittenen Moderne gerade nicht, wie zuweilen behauptet wird, mit dem Ende der Politik, sondern mit ihrer Entgrenzung und Neu-Erfindung zu tun. Reflexivität, der entgrenzte (kritische) Bezug der Gesellschaft auf sich, der vor keinem Lebensbereich Halt macht, bedeutet darum immer zugleich Politisierung (vgl. ders.: *Die Erfindung des Politischen).*

Als »reflexiver« Beobachter stellt auch Scott Lash die »Reflexivität« der Moderne in den Mittelpunkt seiner theoretischen Perspektive und sieht speziell in der »zeitdiagnostischen« Ausrichtung das kritische Potential der Theorie reflexiver Modernisierung, so wie sie von Giddens und Beck (als ihren prominentesten Vertretern) formuliert wurde. Letzteres kann für Lash freilich nur dann tatsächlich entfaltet werden, »wenn man sie radikal gegen den Strich bürstet« *(Reflexivität und ihre Doppelungen:* S. 195). Für ihn konzentrieren sich Giddens und Beck nämlich zu einseitig auf die Selbstreflexivität der Individuen und die Freisetzungsdimension des Modernisierungsprozesses, anstatt das »System« als solches zu thematisieren (vgl. ebd.: S. 241). Denn im Zeitalter der postfordistisch »flexibilisierten Akkumulation« eines globalisierten Kapitalismus mit seinen stark gewandelten Produktionsbedingungen entstehen neue (strukturelle) Grenzen für Freiheit, die es theoretisch zu spiegeln gilt. Zudem stehen Giddens und Beck mit ihrer Konzentration auf Experten, technische Systeme (und ihre Nebenfolgen) sowie ihrer klassisch »kognitivistischen« Herangehensweise für ihn zu sehr in der positivistischen Tradition, während er selbst sich eher in einem interpretativ-hermeneutisch geprägten Kontext verortet. Deshalb wendet Lash sich in seinen Analysen auch der ästhetischen bzw. hermeneutischen Reflexivität zu, d.h. den immer zentraler werdenden selbstinterpretativen Prozessen der modernen Gesellschaft. Unter Bezugnahme auf Kant stellt er diesbezüglich schon in einem früheren Aufsatz klar: »Kognitiv interpretative Reflexivität geht, wie Kants moralisches und Verstandesurteil, von der Unterordnung des Objekts unter die Herrschaft des Subjekts, von der Beherrschung der Kontingenz durch die Ordnung aus. Ein ästhetisches Verständnis von Reflexivität stellt diese Unterordnung hermeneutisch in Frage. Aus Kontrolle und Beobachtung wird Interpretation durch ein Subjekt, das sich die Objekte nur zum Teil und auch nur vielleicht unterordnen kann […] Hermeneutische Reflexivität ähnelt [damit] dem Kantischen ästhetischen Urteil.« *(Ästhetische Dimension Reflexiver Modernisierung:* S. 266f.)

Im Folgenden unterscheidet Lash allerdings stärker zwischen ästhetischer und hermeneutischer Reflexivität, und er lehnt sich in seinem Ästhetikkonzept

auch eher an Adorno an, der in seinem Spätwerk immer mehr vom begrifflichen Denken abrückte und dagegen das mimetische, »einfühlende« Element der (konkreten) Sinnlichkeit hervorhob, die dem Besonderen, dem Nichtidentischen und der Differenz – anders als die vereinheitlichende Allgemeinheit des Begrifflichen – ihren Raum zugesteht. Das Allgemeine muss also im Sinn ästhetischer Reflexivität im Hinblick auf das Besondere (und vom Besonderen ausgehend) gespiegelt werden (vgl. Lash: *Reflexivität und ihre Doppelungen:* S. 235ff.). Andererseits benötigt Gemeinschaft, wie Lash unter Bezugnahme auf den kommunitaristischen Diskurs aufweist, geteilte Sinnbezüge, um deren »Teilung« allerdings in der reflexiven Moderne, die die traditionalen Selbstverständlichkeiten verabschiedet hat, dialogisch gerungen werden muss – und genau das ist die Grundbedingung hermeneutischer Reflexivität (vgl. ebd.: S. 247ff.). Kritisch gilt es allerdings dabei für Lash zu beachten, dass ästhetische wie hermeneutische Reflexivität sich in einem von der symbolischen Macht der globalen Kulturindustrie geprägten sozialen Raum vollzieht (vgl. ebd.; S. 211f. sowie ders./Urry: *Economies of Signs and Space)*.
Genau diese kritische Sicht auf das »System« fehlt wiederum im Reflexivitätskonzept Niklas Luhmanns völlig. In dessen (funktional-struktureller) Systemtheorie spielt Selbstreferenz (die auch Reflexivität konzeptionell »umschließt«) eine zentrale Rolle, denn durch Selbstreferenz bringen die sozialen (Sub-)Systeme sich »autopoietisch« – d.h. aus sich heraus – hervor. Dabei unterscheidet Luhmann drei Formen bzw. Ebenen der Selbstreferenz. Basale Selbstreferenz ist »die Mindestform von Selbstreferenz, ohne die eine autopoietische Reproduktion temporalisierter Systeme nicht möglich ist« *(Soziale Systeme:* S. 600). Sie ist in sozialen Systemen durch den Bezug der Kommunikationen aufeinander gegeben (vgl. ebd.). Von Reflexion spricht Luhmann dagegen, »wenn die Unterscheidung von System und Umwelt zu Grunde liegt« (ebd.: S. 601).
Während also die eine Ebene der Selbstreferenz (basale Selbstreferenz) sozusagen nach »innen« gerichtet ist und auf diskursiven »Anschlüssen« beruht, bezieht sich die andere (Reflexion) auf »Ausschlüsse«, die das System durch die Setzung einer Differenz zur Umwelt konstituieren. Reflexivität als dritte von Luhmann unterschiedene Ebene der Selbstreferenz liegt dagegen vor, »wenn die Unterscheidung von Vorher und Nachher elementarer Ereignisse zu Grunde liegt« (ebd.). Reflexivität hat damit eine Zeitdimension und entspricht »prozessualer Selbstreferenz«. Man könnte auch schlicht von Rekursivität sprechen. Dieses rein strukturelle Verständnis von Reflexivität ist offensicht nicht an bestimmte inhaltliche oder gar normative Bestimmungen

(etwa im Hinblick auf die Problematik der Vergemeinschaftung oder symbolische Machtstrukturen) gekoppelt.

Manfred Moldaschl versucht deshalb das (fast) Unmögliche und verfolgt einen synthetisch-integrativen Ansatz, indem die Strukturdimension der Selbstbezüglichkeit (Systemtheorie), die Frage der Nebenfolgen (Beck) sowie die Wissensdimension der doppelten Hermeneutik (Giddens) in der Perspektive reflexiven Lernens zusammengeführt werden (vgl. *Reflexivität:* S. 7ff.). Dabei interessiert ihn vor allem, wie es zu einer Institutionalisierung reflexiver Lernprozesse kommen kann. Im Rahmen von Organisationen etwa ist eine solche *institutionelle Reflexivität* erst gegeben, wenn die Organisation Strukturen etabliert hat, die ihr Selbstbeobachtung, die Abschätzung von Nebenfolgen eigener Handlungen sowie die diskursive Findung von Entscheidungen ermöglichen (vgl. ebd.: S. 22f. sowie ders.: *Institutionelle Reflexivität*). Konkret übersetzt bedeutet dies für Moldaschl (1.) die Institutionalisierung von Selbstbeobachtung und Selbstkritik, (2.) den systematischen Rückgriff auf Fremdbeobachtung, (3.) den kommunikativen Bezug auf Fremdreferenz, (4.) die offene Evaluierung von Handlungsfolgen sowie (5.) die Akzentuierung von Nichtwissen und den Entwurf von Handlungsalternativen (vgl. ebd.: S. 369ff.). Für das Ausmaß der Reflexivität bestimmter Praktiken/Verfahren werden von Moldaschl ebenfalls fünf Kriterien benannt: (1.) die Anzahl der Kanäle für Rückkopplungen, (2.) die Reichweite/Intensität, mit welcher Fernwirkungen/Nebenfolgen ergründet werden, (3.) der Grad der Revidierbarkeit bzw. die Frage, ob auch Handlungsziele oder lediglich die Wege der Zielerreichung kritisch überprüft werden, (4.) der Grad der Anwendung bzw. die Frage nach den praktischen Konsequenzen festgestellter Problempunkte und (5.) die Selbstanwendung, d.h. ob das bestreffende Verfahren auch selbst zum Gegenstand kritischer Überprüfung und Revision wird (vgl. ebd.: S. 372ff.). Diese (durchaus plausiblen) Kriterien werden von Moldaschl jedoch im einzelnen nicht systematisch entwickelt und/oder (wie etwa bei Luhmann) aus allgemeinen theoretischen Prämissen abgeleitet, sondern eher kursorisch aneinander gereiht.

Allen (zugegebenermaßen eher knapp) dargestellten Ansätzen ist allerdings gemein, dass sie Reflexivität vor dem Hintergrund der Relativierung des Wissens betrachten. Es gibt keine absoluten Wahrheiten mehr und Wissen ist gesellschaftlich produziert, wobei es zur Rolle des Wissenschaftlers gehört, dieses Verhältnis mit zu denken – dies gilt gleichermaßen für die Betrachtung des sozialen Felds durch Bourdieu und Wacquant, für Giddens' doppelte Hermeneutik, für Becks Nebenfolgenargument, für Lashs reflexive Hermeneutik wie für Luhmanns Beobachtung der Beobachtung (der Beobachtung). Und auch für Moldaschl bildet der zur Methode erhobene (Selbst-)Zweifel den Kern der Reflexivität (vgl. ebd.: S. 368). Allerdings teilen sie damit auch gewisse Probleme: ihre »Relativität« und ihren mehr oder (im Fall von Lash und Moldaschl) minder ausgeprägten Formalismus, der impliziert, dass Reflexivität primär eine – nicht inhaltlich-konkret bestimmbare – Prozess- bzw. Struktureigenschaft ist, so dass Reflexivität letztlich lediglich eine begriffliche Fassung für die Rekursivität sozialer Prozesse bedeutet.

Doch ist es nicht vielleicht sogar ein »Fortschritt« Reflexivität getrennt von ihren Inhalten zu denken? – Ich meine: nein und möchte zur Veranschaulichung der zugrundeliegenden Problematik auf das Feld des reflexiven Lernens im Kontext der Künstlichen Intelligenz verweisen. Hier bedeutet reflexives Lernen automatisiertes Lernen, bei dem versucht wird, den Lernenerfolg durch eine rekursive (Bewertungs-)Routine zu verbessern (vgl. auch Grieser: *Selbsteinschätzende Lernverfahren)*. Allerdings steht man dabei vor dem Problem, dass ein solches Lernen relativ aufwendig sein kann – und so wird denn auch auf der Website des »Artificial Intelligence Lab« der »University of Michigan« entsprechend gewarnt: »the agent [in a reflexive learning system] does not consider the possible costs of learning a particular piece of knowledge. These costs hinge on the usefulness of knowledge: reflexive systems learn everything, even knowledge that does not promise to enhance the agent's behavior.« *(Reflexive Learning)*

Das hier angesprochene Problem kann nur umgangen werden, indem eine (externe) Stoppregel zur Anwendung kommt – eine allgemeine Erfordernis rekursiver Operationen, wenn sie nicht zum infiniten Regress führen sollen. Wir haben es also mit einer zweifachen Problematik des reflexiven Lernens zu tun, die jedoch ganz allgemein für (rein formalistisch-strukturell verstandene) Reflexivität gilt: 1. der *Exzessivität* der Reflexivität, die keine (Selbst-)Begrenzung kennt und deshalb auf eine Stoppregel bzw. einen Filter angewiesen ist. Eine solche Regel aber lässt sich nicht aus dem reflexiven Formalismus selbst ableiten, sondern muss 2. *extern gesetzt* werden – so dass Reflexivität sich tatsächlich immer auf ein *Anderes* beziehen muss und eben nicht im Selbstrekurs verharren kann.

In den dargestellten soziologischen Ansätzen fehlt jedoch dieser Bezug zum begrenzenden Anderen der Reflexivität und entsprechend erscheint Reflexivität gewissermaßen als unentrinnbar, als sich selbst steigernde »soziale Tatsache«. Trotzdem ist man, in der Realität des eigenen Lebens, immer wieder, ja, in den meisten Fällen, mit Situationen konfrontiert, in denen das tatsächliche empfundene Ausmaß von Reflexivität (selbst wenn man sie rein formal-strukturell begreift) äußerst gering ist, in denen es also zu keiner Reflexion der Reflexion kommt. Vielleicht sollten wir uns also auch von einer anderen, eher inhaltlich gefüllten, von einer konkreten Vorstellung ausgehenden Seite an das Phänomen der Reflexivität annähern? Denn es müsste doch möglich sein, Reflexivität inhaltlich-konkret zu bestimmen, ohne gleich in Essentialismus zu verfallen – und damit vielleicht auch jene (externen) Gegenkräfte mit in den Blick zu nehmen, die der Reflexivität (notwendig) begrenzend entgegen stehen.

DAS BILD DER SPIEGELUNG UND SEINE REFLEXIVE DEUTUNG

Ich möchte deshalb zunächst, im reflexiven Bezug auf Reflexivität, eine *tabula rasa* wagen – und dabei gleichzeitig zum Ausgangsbild zurückkehren: der Spiegelung. Denn der Begriff »Reflexivität«, ist, wie der ihm vorausgehende Begriff der »Reflexion«, abgeleitet vom lateinischen »reflexio«, was wörtlich in etwa »Zurückbeugen« bzw. »Spiegeln« bedeutet. Die Spieglung soll daher – ähnlich wie im Fall des Trance-Mediums als zugrunde liegendes Bild für die Theorie der Medien (siehe S. 15ff.) – als initiale Metapher für eine »theoretische Verdichtung« dienen, die zu neuen Anschauungen über die »Natur« der Reflexion und der Reflexivität führen kann:
In der (optischen) Spiegelung wird ein Objekt visuell repräsentiert, indem Lichtstrahlen von einer Oberfläche zurückgeworfen werden. Der Spiegel ist das Ideal einer solchen Reflexionsoberfläche, denn er ist auf eine möglichst perfekte, »naturgetreue« Reflexion ausgerichtet. Diese »Identitätslogik« der idealen Spiegelung (und ihre Analogie im Feld des reflektierenden Geistes als objektive Repräsentation von Wissen) war ein wesentlicher Grund für die kritische Betrachtung der Reflexion etwa durch Sandywell (siehe oben). Man kann jedoch in der Verdichtung der Metapher der Spiegelung und des Spiegels auch ein ganz anderes Bild der Reflexion gewinnen:
Im Kontext der optischen Reflexion wirft die Oberfläche eines Objekts, wie erläutert, einen Teil der auftreffenden Lichtstrahlen zurück (während ein anderer Teil absorbiert wird). Trifft das – gerichtet oder diffus – reflektierte Licht auf das Auge eines Betrachters, so entsteht eine Projektion des Objekts. Und man kann diese Projektion eben nicht nur im optischen und physiologischen, sondern durchaus auch im psychoanalytischen Sinn verstehen. Denn mit der Projektion wird das Objekt zu »unserem« Objekt, es existiert nicht länger getrennt von unserem Wahrnehmungsapparat und unseren inneren Prozessen, unseren Erfahrungen und unseren Begierden. Das projizierte Objekt

ist ein transformiertes Objekt, es ist gleichermaßen die Repräsentation einer externen Entität wie von subjektiven (Begehrens-)Strukturen. Unser »postmoderner« (Sozial-)Konstruktivismus tendiert dazu, das erste Element zu negieren. Die dominante Lesart der Metapher der Reflexion verneinte jedoch lange Zeit das zweite Element. Zurückübertragen auf die Ausgangsvorstellung ergibt sich in der Anerkennung dieser Dialektik der Projektion jedoch zwangsläufig, dass Reflexion immer auch als *kreativer Akt* zu begreifen ist, bei dem eine ideale Repräsentation in der Form einer Eins-zu-Eins-Abbildung unmöglich ist – und auch keineswegs dem zugrunde liegenden Bild entspricht.

Auch in Bezug auf den Spiegel, als klassische »materielle« Metapher der Reflexion, gilt Ähnliches. Im Spiegel wird »Realität« reflektiert. Doch die gespiegelte Realität ist eine sogar doppelt transformierte Realität: Im Spiegel erfolgt eine Reflexion der Reflexion, denn die im Spiegel reflektierten Objekte sind, wie oben dargelegt, nicht Quellen des Lichts, sondern selbst Oberflächen der Reflexion. Und kein Spiegel ist vollkommen. Dies betrifft sowohl die Lichtabsorption, die auch durch den Spiegel erfolgt (indem ein Teil des Lichts »verschluckt« wird), wie Verzerrungen, die durch Unebenheiten der Oberfläche entstehen. Die über den Spiegel vermittelte Projektion ist also zusätzlich zum subjektiven Faktor der Wahrnehmung zwangsläufig »materiell verfälscht«. Damit verweist uns das Bild des Spiegels erstens indirekt auch auf die Tatsache, dass in der Wahrnehmung selten eine direkte Reflexion des Objekts erfolgt, sondern dass Realität, bevor sie uns zugänglich wird, eigentlich immer durch Medien gefiltert und verzerrt ist – umso mehr in unserer modernen Mediengesellschaft. Reflexion ist vermittelt. Es gibt keinen direkten reflexiven Zugang zur »Objektivität« des Realen. Zweitens ist neben der medialen Vermittlung jeder Reflexion ihre materiale Gebundenheit ein »objektiver« Grund für die grundlegende Differenz zwischen dem »Ding« und seinem »Abbild«.

Aber auch die Verwendung der Spiegelmetapher durch Lacan (siehe auch nochmals S. 72) bietet interessante weitere Anknüpfungspunkte für die Frage nach dem »Wesen« der Reflexion. Die Spiegelung im Spiegel löst gemäß Lacan eine Transformation beim (sich selbst) erkennenden Subjekt aus (vgl. *Das Spiegelstadium als Bildner der Ichfunktion:* S. 64). Denn wenn das kleine Kind sich das erste Mal im Spiegel erkennt, erzeugt es ein Bild, ein Imago, von sich selbst, indem es sich als eine von seiner Umwelt getrennte Person wahrnimmt. Dadurch wird das zuvor noch fragmentierte Selbst in eine (fiktionale) Einheit überführt. Es ist darum weniger ein realistisches als vielmehr ein idealisiertes Selbst-Bild, das vermittelt durch das Medium des Spiegels entsteht. Für das Subjekt führt dies zu einem endlosen Drama, denn es kann die vorgestellte

Einheit der Identität nie ganz verwirklichen und das »Ich« bleibt zudem gefangen in einer Autonomie-Illusion. Das im Spiegelstadium erzeugte Bild der Einheit und Selbstbestimmung des Subjekts bewirkt darum schließlich weniger eine Selbst-Findung als vielmehr eine Selbst-Entfremdung, oder wie Rimbaud es ausgedrückt hat: »Ich ist ein anderer«. Die Selbsterkenntnis im Spiegel ist immer zugleich ein Verkennen.

Lacan illustriert also mit dem Bild des Spiegels den imaginären wie den kreativen Aspekt der (Selbst-)Reflexion – mit all den potentiell problematischen Aspekten, wenn wir diesen Charakter negieren. Doch wir können uns auch einen anderen Effekt des Spiegels auf die Formierung des Ichs vorstellen. Denn wenn wir unser Spiegelbild betrachten, könnten wir – später – auch an einen Punkt gelangen, an dem wir begreifen, dass wir nicht auf uns, sondern eben auf einen Spiegel blicken. Und wenn wir fortfahren, unser Spiegelbild zu betrachten, können wir ebenso damit beginnen, die Veränderungen in dem Gesicht wahrzunehmen, das wir für unseres halten. Wir könnten, irgendwann, sogar in Frage stellen, dass das gespiegelte Bild immer noch die gleiche Person darstellt und dass diese Person »Ich« ist. Oder wir könnten, wie im Fall des Narkissos, den Wunsch nach einer Distanz, ja, einer Differenz zu uns selbst verspüren. Die so verstandene »Realität« des Spiegels vermag also – zurück übertragen – potentiell auch das Bewusstsein für den imaginären, konstruierten Charakter der Identität und die kontingente »Natur« des Seins hervorzubringen. Und so gilt also, dass weder die Reflexion noch ihr Medium, der Spiegel, was ihre Effekte betrifft, in objektivistischen Vorstellungen münden müssen, sondern dass sie – voll entfaltet – im Gegenteil zu einer Relativierung des Objektivismus und der Identität führen können.

Neben der Frage nach dem »Wesen« der Spieglung selbst, ist der zweite zentrale Aspekt, der zu einer anderen Einschätzung und einer anderen Sicht der Reflexion führen kann, das Bild der Wirklichkeit, das sie vermittelt – und das ihr zugrunde liegt. Ist dieses Bild statisch, an ewigen Wahrheiten und unveränderlichen Wesenheiten orientiert, so ist es kaum mit jenen neuen Paradigmen – der Relativität, der Unschärfe etc. – in Einklang zu bringen, die heute unser (postmodernes) Wirklichkeitsverständnis prägen (vgl. allgemein zum Konzept des Paradigmenwandels auch Kuhn: *The Structure of Scientific Revolutions* sowie in Bezug auf das neue wissenschaftliche Weltbild und seine »umfassende« Bedeutung z.B. Capra: *Wendezeit*). Man kann jedoch die Spiegelung eben auch auf einem anderen, entgegengesetzten Bild des Wirklichen aufsetzen – und wird dann entsprechend auch ein neues, verändertes Bild der Reflexion (wie der Reflexivität) gewinnen. Darum möchte ich vorschlagen, die weitere Reflexion über die Reflexion auf eine Anschauung der Wirklichkeit (des Seins) zu gründen, die nicht in die Sackgasse der Identitätslogik führt. In diesem Bild wäre die Wirklichkeit keine »objektive« Gegebenheit, sondern vielmehr die Gesamtheit des »effektiv« Wirksamen, und dies bedeutet: all dessen, was einen Effekt *auf uns* hat, was uns beeinflusst, was unserer Wahrnehmung und unserer Erfahrung zugänglich ist und das wir damit – und in unserem Handeln – (inter-aktiv) auch mit formen und erzeugen. In diesem Bild wäre die Wirklichkeit eine *Wirklichkeit der Differenz*, denn alle ihre wesentlichen Aspekte repräsentieren spezifische Formen der Differenz:

In Bezug auf ihren ontologischen Status wäre eine die Identitätslogik überwindende Wirklichkeit nämlich erstens als *kontingent* zu begreifen, d.h. es besteht eine Differenz zwischen Aktualität und Potentialität. Was die (sozial)räumliche Dimension betrifft, so wäre diese Wirklichkeit entsprechend zweitens *unbestimmt, vielfältig und relativ bzw. relational*, d.h. es gibt einen interpretativen Raum und eine tatsächliche Differenz zwischen den verschiedenen (subjektiven) Positionen/Sichtweisen. Drittens wäre diese Wirklichkeit in Bezug auf die Zeitdimension nicht etwa statisch festgefroren, sondern *dynamisch*, was nichts anderes bedeutet, als dass eine (bedeutsame) Differenz zwischen verschiedenen Zeitzuständen existiert. Und viertens wäre diese Wirklichkeit, bezogen auf die strukturelle Dimension, *komplex*, so dass von einer Differenz zwischen lokalen und globalen, intendierten und nicht-intendierten Folgen ausgegangen werden muss, die durch Interdependenz bewirkt wird.

Zugegeben: dieses Bild des Wirklichen ist selbst kontingent. Aber wäre Wirklichkeit nicht kontingent, uneindeutig bzw. vielfältig, dynamisch und komplex bzw. interdependent, so wäre jeder Versuch ihrer (überschreitenden) Veränderung – die meines Erachtens das Anliegen jeder *engagierten* Sozialwissenschaft sein sollte – schwierig bis unmöglich. Insofern ist diese kontingente Annahme über die »Natur« der Wirklichkeit zugleich eine notwendige Voraussetzung für den Versuch ihrer Transzendierung. Zurückübertragen auf die Spiegelung des Wirklichen in der Reflexion heißt dies aber: (kritische) Reflexion des Wirklichen bedeutet Differenzen zu spiegeln und nicht Identität zu repräsentieren. Sie fordert geradezu die Anerkennung des Kontingenzcharakters des Seins, was gleichzeitig zur (utopischen) *Orientierung am Möglichen* und nicht am Faktischen »verpflichtet«. Sie spiegelt die »Unbestimmtheit« und die Diversität der Positionen im sozialen Raum ebenso, wie sie sich die Unbeständigkeit und die Dynamik des Seins – für die Chance der Veränderung – vergegenwärtigt: alles fließt – »panta rhei«, wie schon Heraklit feststellte.

Doch in diesem Fluss des Seins ist auch alles mit allem verbunden. Die (reflexive) Spiegelung des Wirklichen ist zugleich die Spiegelung komplexer Zusammenhänge, sie schafft – im Bewusstsein der Differenz und der Interdependenz – Verbindungen, anstatt Trennungen herbeizuführen und fragt auch nach den Nebenfolgen des Handelns. Voll zur Geltung gebracht könnte Reflexion damit sogar weit mehr bedeuten: nämlich die Wertschätzung und *aktive* Hervorbringung jener Differenzen, die Kontingenz, Unbestimmtheit, Dynamik und Komplexität zugrunde liegen. Dieser *praktische* Aspekt könnte »reflexives Handeln« bzw. »reflexive Aktion« oder kurz: *»Reflaktion«* genannt werden.

Beide, Reflexion und Reflaktion, können schließlich in reflexiven Strukturen kristallisieren und genau diese (strukturell-institutionelle) Gerinnung reflexiver Elemente wäre entsprechend »Reflexivität« zu nennen. Reflexivität, so verstanden, wirkt ermöglichend und fördert reflexives Bewusstsein wie reflexives Handeln. Reflexivität wäre diesem Verständnis nach also die strukturelle Ebene der Reflexion – und ihr nicht etwa entgegengesetzt. Und sie wäre zugleich verknüpft mit bestimmten inhaltlichen Elementen, insbesondere der Kategorie der Differenz in ihren verschiedenen Ausprägungen.

Das Begehren der Reflexivität

Nicht nur Reflexivität, sondern auch die »gute, alte« Reflexion und ihre praktische Entsprechung (die Reflaktion), lassen sich also trefflich in Einklang bringen mit den wohlklingenden Attributen eines (post-)modernen Wissenschaftsverständnisses. Allerdings ist es doch vielleicht zu kurz gegriffen, die so (neu) entworfenen Begriffe etwa schlicht als Ausdruck modischer Differenz-Rhetorik zu nehmen. Vielmehr kann man gerade hinter der Exzessivität, mit der reflexive Prozesse sich »äußern«, ein ganz »reales« Begehren vermuten. Um uns an die Hintergründe dieses Begehrens anzunähern, ist es aufschlussreich, nochmals zurück zu Narkissos-Mythos zu blicken:

Beim Begehren des Narkissos handelt es sich der Erzählung des Mythos zufolge um (Selbst-)Liebe. Das Begehren der Liebe können wir im Modell Freuds, das mir hier als Ausgangspunkt der weiteren Interpretation dienen wird, klar dem Bereich des Eros zuordnen. Der Eros oder Lebenstrieb ist – neben dem Todes- bzw. Destruktionstrieb – einer der beiden Grundtriebe (vgl. auch Freud: *Jenseits des Lustprinzips*). Ziel des Eros ist es, »immer größere Einheiten herzustellen und so zu erhalten« (ders.: *Abriss der Psychoanalyse*: S. 12).

Modern ausgedrückt also: Differenzen aufzulösen. Die gesamte Energie des Eros, die Libido, bleibt aber zu Beginn der psychischen Entwicklung des Menschen noch vollständig auf das Ich fixiert, weshalb Freud hier von einem »primären Narzissmus« spricht (vgl. ebd.: S. 13 sowie ders.: *Zur Einführung des Narzißmus)*. Freud rekurriert im Kontext seiner Theorie des Eros also selbst auf den Nakissos-Mythos. Der Begriff des Narzissmus ist, als Freud (1914) seine Thesen entwickelt, bereits im Fachdiskurs eingeführt, bezeichnet aber schlicht autoerotische Praktiken (vgl. ebd.). Freud versteht den Narzissmus, wie dargelegt, dagegen viel umfassender als ein allgemeines Muster der Libidoentwicklung: Nach der Phase des primären Narzissmus lernen wir in der Regel, unsere Libido auf (äußere) Objekte, d.h. Personen, die als getrennt vom eigenen Ich wahrgenommen werden, zu übertragen. Dieser Prozess kann jedoch gestört sein und so einen »sekundären Narzissmus« auslösen, der eine Regression zur Ich-Fixierung des primären Narzissmus darstellt. Bei dieser Form der narzisstischen Liebe sieht und liebt man gemäß Freud im anderen immer das, was man selbst ist, war oder sein möchte (vgl. ebd.).

Freud (wie insgesamt die psychoanalytische Betrachtung des Narzissmus) fußt seine Interpretation des Narkissos-Mythos, die ihn zu diesen Bestimmungen verleitet, jedoch auf eine allzu oberflächliche Deutung, die sich alleine auf das Moment der Selbst-Liebe fokussiert. Es mag sein, dass Freud mit dem Narzissmus ein reales psychisches Phänomen bezeichnet – allerdings wird er mit dieser Bezeichnung dem zugrunde liegenden mythischen Gehalt keineswegs gerecht. Und dieser mythische Gehalt kann uns dem Begehren der Reflexivität tatsächlich weit näher bringen als ihre Zuordnung zum Bereich des Eros. Wenn wir uns dazu die zu Beginn zitierte Passage aus dem Narkissos-Mythos in der Fassung Ovids vergegenwärtigen wird schnell deutlich, dass die Liebe zu sich für Narkissos nicht nur ambivalent ist. Sie ist Grund zu einer tiefen Verzweiflung, ist Ausdruck eines unlösbaren Konflikts (nämlich zugleich man selbst und doch von sich geschieden zu sein), der schließlich sogar in den Tod mündet. Man kann den Narzissmus also durchaus auch als Ausdruck des Destruktions- bzw. Todestriebs sehen, und Narkissos selbst gesteht: »Nicht ist schwer mir der Tod, da im Tod' ausruhen die Leiden.« (Ovdid: *Metamorphosen:* Buch III, Kap. 19). Es geht Narkissos also nicht um Ich-Bewahrung, sondern es geht um die Auflösung des Ichs, wie auch die bereits eingangs zitierte Aussage belegt: »O wie möcht' ich so gern vom eigenen Leibe mich sondern!« (Ebd.) Denn diese Ich-Auflösung ist tatsächlich die einzige Möglichkeit aus dem Selbst-Rekurs zu entkommen. Sie ist notwendig mit jedem

»echten« Narzissmus verbunden. In der narzisstischen Beziehung wird dieser Wunsch auf andere übertragen. Das Andere wird idealisiert, zum zentralen Bezugspunkt, weshalb der »Exotismus« eine typische Äußerungsform des Narzismus darstellt. Wo das Andere unerreichbar erscheint, kann es aber auch aggressiv begehrt werden. Der Wunsch nach dem Anderen wird dann regressiv durch die Vernichtung des Anderen befriedigt. Immer gilt jedoch: Es geht nicht um die Auflösung, sondern um die Herstellung von Differenz. Dahinter steht das Begehren nach dem Anderen, das so weit geht, dass man begehrt, selbst ein anderer zu sein. Dieses Begehren aber kann nicht befriedigt werden. Es ist so exzessiv wie unstillbar. Dabei legt es einem auf, ruhelos an sich zu arbeiten, ein anderer zu werden – ohne je mit den Ergebnissen zufrieden zu sein.

In seiner Exzessivität und Ruhelosigkeit ähnelt das Begehren der Reflexivität der Bewegung der Moderne, die wesentlich vom neuzeitlichen Subjekt angetrieben wurde (vgl. auch Jain: *Politik in der (Post-)Moderne:* S. 326ff.). Kants Diktum vom »Ausgang des Menschen aus seiner selbstverschuldeten Unmündigkeit« *(Beantwortung der Frage: Was ist Aufklärung?:* S. 53) bringt es auf den Punkt: Das Projekt des neuzeitlichen Subjekts war Autonomie. Die Psychoanalyse stellt sozusagen den Höhepunkt in dieser Autonomie-Bewegung des Subjekts dar, verspricht sie doch – mittels der therapeutischen Reflexion – Selbstperfektionierung und Befreiung auch von inneren Zwängen. Sie ist Ausdruck des Begehrens nach Kontrolle über das eigene Ich. Diese Kontrolle muss jedoch hart erarbeitet werden. Dazu ist es auch erforderlich, die – durch das Über-Ich – unterdrückten und verdrängten Regungen des »Es« ans Licht zu zerren und sich mit ihnen auseinanderzusetzen. Die (oft enttäuschte) Hoffnung: Befreiung durch (Selbst-)Reflexion, durch Spiegelung der »dunklen« Seiten nach Außen. Doch gleichzeitig mit ihrem Versprechen einer Selbst-Steigerung bedeutet die Psychoanalyse damit auch eine tiefe Kränkung des Ich, indem sie klarmacht, »daß das Ich nicht Herr [...] in seinem eigenen Haus« ist (Freud: *Eine Schwierigkeit der Psychoanalyse:* S. 7), sondern das dieses nur eine vermittelnde Instanz zwischen den Impulsen des Es und den Anforderungen des Über-Ich darstellt.

Das moderne Ich ist also im Kern zutiefst verunsichert, und die rastlose Bewegung der Moderne, die von ihm angetrieben wird, ist im wesentlichen Angstgetrieben. So bemerken denn auch Horkheimer und Adorno in ihrer *»Dialektik der Aufklärung«* (1947): »Aufklärung ist die radikal gewordene, mythische Angst.« (S. 22) Aufklärung, die ehemals angetreten war, zur Befreiung des Menschen »die Mythen auf[zu]lösen und Einbildung durch Wissen [zu] stürzen« (ebd.:

S. 9), entwickelte sich zu einem gewaltvollen und »totalitären« System, denn »nur solches Denken ist hart genug, die Mythen zu zerbrechen, das sich selbst Gewalt antut« (ebd.: S. 10 und siehe auch S. 133ff.).
Auch die Bewegung der Moderne besitzt damit eine (selbst-)zerstörerische Komponente. Allerdings besteht ein entscheidender Unterschied: Während die Moderne einen »Krieg gegen die Ambivalenz« führt und alles Abweichende aus ihrer Ordnung ausschließt (vgl. Bauman: *Moderne und Ambivalenz)*, um Unsicherheit in Gewissheit zu überführen, strebt das Begehren der Reflexivität geradezu nach dem Differenten. Das Begehren der Reflexivität ist »bewegt« von der Sehnsucht und Suche nach dem Anderen – von dem es sich möglicherweise jenen Widerspruch und jenen Widerstand erhofft, der das Selbst in der Erfahrung dieses Widerstands hervor bringt.

EINE MATRIX DER REFLEXIVITÄT

Das (zugrundeliegende) Begehren der Reflexivität verweist auf die psychologische Dynamik der Reflexivität und seine (»analytische«) Betrachtung lässt uns die »Gründe« der Reflexivität besser verstehen. Aber sie bietet keine hinreichende Grundlage für empirische »Zugänge«. Um »reale Reflexionen«, wo sie aufscheinen, erkennen zu können, wäre es darum hilfreich, einige spezifischere Anhaltspunkte und Koordinaten zur Hand zu haben. Dazu wiederum ist es sinnvoll, bestimmte Unterscheidungen zu treffen. Denn derart kann Reflexivität in verschiedene Dimensionen und kleinere Elemente »unterteilt« werden – und wird so möglicherweise konkreter (er-)fassbar. Allerdings sollen diese Unterscheidungen hier nicht als »natürlich gegeben« oder logisch »zwingend« betrachtet werden, sondern als durchaus kontingente Setzungen, die eine Interpretationsfolie bereitstellen, welche erst in ihrer tatsächlichen Anwendung zeigen kann, ob sie uns zu neuen Erkenntnissen und Sichtweisen führt. Die erste Unterscheidung dieser Art betrifft die *(Wirkungs-)Ebenen:*

- Auf der *kognitiv-symbolischen Ebene* fragen wir (empirisch) nach Bildern, Diskursen, Deutungen und Bewusstsein,
- auf der *praktischen Ebene* (unter-)suchen wir Handlungen und Verfahrensweisen,
- auf der *strukturellen Ebene* schließlich betrachten wir allgemeine Muster und Strukturen.

Dieser Unterscheidung entspricht die bereits begriffliche getroffene Unterscheidung zwischen Reflexion (kognitiv-symbolische Ebene), Reflaktion (Handlungsebene) und Reflexivität (Struktur). Reflexion wäre dementsprechend die kognitiv-symbolische Spiegelung der Wirklichkeit bzw. ihrer Dynamik und Komplexität sowie ihres Kontingenz- und Uneindeutigkeitscharakters. Reflexives Handeln bzw. Reflaktion besteht in der »effektiven« Steigerung dieser Wirklichkeitsaspekte, während Reflexivität die strukturelle Gerinnung der reflexiver Elemente bezeichnet – und damit die zentrale Kategorie für jede über eine bloße Momentaufnahme hinausgehende reflexive Analyse darstellt.
Die zweite, vielleicht wichtigste Unterscheidung betrifft die grundlegenden *Dimensionen* des ontologischen Status, der Zeit, des (sozialen) Raumes und (wiederum) der Struktur. In Analogie zu den Annahmen, die über den Charakter der Wirklichkeit hinsichtlich dieser Dimensionen gemacht wurden, kann man bezogen auf Reflexivität (als zentrale Kategorie) folgende Aussagen treffen:

- *Kontingenz* (als Niederschlag der ontologischen Dimension): Reflexivität führt zur Erkennung und Erschließung von Möglichkeitsräumen. Alles ist getragen vom Bewusstsein, dass es immer auch anders sein könnte.
- *Dynamik* (als Niederschlag der Zeitdimension): Reflexivität führt praktisch zur Wahrnehmung und, wo notwendig, auch zur Initiierung von Veränderung. Alles ist getragen vom Bewusstsein des permanenten Wandels.
- *Relativität/Positionalität* (als Niederschlag der – sozialen – Raumdimension): Reflexivität führt zu (wertschätzenden) Artikulationsmöglichkeiten anderer Perspektiven/Meinungen sowie zur aktiven Suche und Hervorbringung solcher Differenz. Alles ist getragen vom (selbstkritischen) Bewusstsein, dass es die eine Wahrheit nicht gibt, sondern dass es auf die Perspektive ankommt.
- *Komplexität* (als Niederschlag der Strukturdimension): Reflexivität erkennt die vorhandene Komplexität (mitsamt ihrer Nebenfolgenproblematik) und schafft darüber hinaus sinnvolle/notwendige Verbindungen, anstatt Trennungen vorzunehmen. Alles ist getragen von Bewusstsein, dass alles mit allem zusammenhängt.

Wie bereits angemerkt, treffen sich Ebene und Dimension beim Moment der Struktur. Während jedoch im Fall der (Wirkungs-)Ebene nur eine eher »formale« Unterscheidung getroffen wurde, ist in Bezug auf die Dimension nicht nur ein anderes Kriterium Grundlage der Unterscheidung, sondern es werden auch konkretere inhaltliche Bestimmungen verknüpft. Anschließend an diese inhaltlichen Bestimmungen lässt sich nach dem Ausmaß bzw. der *Qualität* der Reflexivität (»idealtypisch«) unterscheiden:

- *Instrumentelle Reflexivität* ist beschränkt auf Wege/Verfahren, hinterfragt nicht auch Ziele/Intentionen (und ist darum eine so schwache Form der Reflexivität, dass man in der Tat daran Zweifeln könnte, dass es sich hier wirklich um Reflexivität handelt).
- *Begrenzte Reflexivität* erfasst lediglich sekundäre und tertiäre Ziele.
- *Radikale Reflexivität* macht dagegen auch vor Zielen erster Ordnung nicht Halt.
- *Transzendierende Reflexivität* schließlich weist sogar über den eigenen (Ziel-)Horizont hinaus.

Wenn man nach qualitativen (Ausmaß-)Kriterien unterscheiden kann, so ist es selbstverständlich ebenso möglich, hinsichtlich der Quantität bzw. der Reichweite/Verbreitung der Reflexivität (in einem bestimmten sozialen Kontext) Unterscheidungen zu treffen:

- *Singuläre Reflexivität* ist auf nur einen Bereich/Aspekt beschränkt.
- *Segmentell-unverbundene Reflexivität* ist auf einzelne Bereiche/Aspekte beschränkt, wobei auch keine Verbindung zwischen den einzelnen reflexiven Segmenten/Elementen besteht.
- *Segmentell-verbundene Reflexivität* ist, wie segmentell-unverbundene Reflexivität, zwar auf einzelne Bereiche/Aspekte beschränkt. Es besteht jedoch eine Koppelung zwischen den reflexiven Segmenten/Elementen.
- *Totale Reflexivität* erfasst das gesamte (Sub-)System.
- *Transgressive Reflexivität* greift, ähnlich wie die transzendierende Reflexivität, (strukturell und praktisch) über die Grenzen des (Sub-)Systems hinaus.

Und schließlich lassen sich zwei Modi unterscheiden:

- *Aktive Reflexivität* bringt bewusst Kontingenz, Dynamik, Relativität und Komplexität hervor.
- *Passive Reflexivität* liegt dagegen vor, wenn eine Struktur, ohne explizit diesem Zweck zu dienen, Möglichkeitsräume und Verbindungen schafft sowie Veränderung und Vielfalt gleichsam als Nebenfolge erzeugt.

Ausgehend von dieser Unterscheidungsmatrix können in empirischen Kontexten Analysen vorgenommen werden, um reflexive Potentiale zu charakterisieren (vgl. ausführlicher auch Jain: *Spiegelungen der Reflexivität:* S. 17ff. und 48ff.). Doch bevor wir uns konkreten empirischen Beispielen zuwenden, gilt es die Ausgangsfragestellung nach den (notwendigen) Gegenkräften der Reflexivität endlich eingehender in den Blick zu nehmen.

5. Deflexivität: Das Andere der Reflexivität

5. DEFLEXIVITÄT: DAS ANDERE DER REFLEXIVITÄT

»Der Weltraum – unendliche Weiten. Wir schreiben das Jahr 2200. Dies sind die Abenteuer des Raumschiffs Enterprise, das mit seiner 400 Mann starken Besatzung fünf Jahre lang unterwegs ist, um neue Welten zu erforschen, neues Leben und neue Zivilisationen. Viele Lichtjahre von der Erde entfernt, dringt die Enterprise in Galaxien vor, die nie ein Mensch zuvor gesehen hat …« (Star Trek: Prolog)

Der Weltraum ist ein Raum, in dem die Materie (ähnlich wie die materiellen Güter auf unserer Erde) sehr ungleich verteilt ist. Der größte Teil des Weltraums präsentiert sich dem Betrachter leer: ein unendliches Nichts. Während die Atmosphäre unseres Heimatgestirns mit Gasen angefüllt ist, herrscht in den Tiefen des Alls sogar ein nahezu vollständiges Vakuum. Nur in den Sternen und Planeten und anderen, eher sporadisch anzutreffenden »Himmelskörpern« ballt sich die Materie zusammen. Und doch ist kein Verlass auf die Leere der Leere des (Welt-)Raums. Die Reise durch das All wird tatsächlich erschwert durch Staub und kleinste Partikel, die den scheinbar leeren Weltraum erfüllen und erhebliche Beschädigungen an Raumschiffen bewirken können. Die Lösung des Problems sind Energieschilde, die solche Objekte »umlenken« und deshalb »Deflektoren« genannt werden. Zur (fiktiven) Technologie der Deflektoren erläutert Memory Alpha (ein Star Trek-Wiki):

> »The navigational deflector (also known just as the deflector, the deflector array, the deflector dish, the main deflector or the nav deflector for short) was [!] a component of many starships, and was used to deflect space debris, asteroids, microscopic particles and other objects that might have collided with the ship. At warp speed the deflector was virtually indispensable for most starships as even the most minute particle could cause serious damage to a ship when it was traveling at superluminal velocities.« *(Navigational Deflector)*

Deflektoren waren bzw. sind bzw. werden also notwendig sein, um ein Raumschiff auf Kurs halten zu können – insbesondere bei hohen Geschwindigkeiten. Sie sind eine defensive Technologie, die die Gefahr von Beschädigung durch Mikropartikel abwenden soll – denn ein Ausweichen vor diesen Partikeln wäre nicht möglich, und selbst wenn, so würde es jeden Navigator heillos überfordern. Die Deflektor-Technologie, die eine technische Lösung für dieses Problem bereitstellt, hat allerdings einen Nachteil: Sie ist sehr energieaufwändig. Ein guter Teil der Gesamtenergie des Raumschiffs fließt statt in den Antrieb in die Ablenkung der Störeinflüsse. Doch warum überhaupt dieser Exkurs in die Welt der Raumschifffahrt? – Weil die fiktive Deflektortechnologie uns zum einen auf einen allgemeinen Sachverhalt verweist: um (unbeirrt) »Kurs halten« zu können, müssen all jene (reflexiven) Einflüsse, die uns von der eingeschlagenen Bahn abbringen könnten, (mit großem Aufwand) »abgelenkt« werden. Zum anderen erhalten wir – in kreativer Übertragung – zugleich einen passenden Begriff, den wir der »übermächtigen« Reflexivität entgegensetzen können: Deflexion bzw. Deflexivität.

DIE DIALEKTIK VON REFLEXIVITÄT UND DEFLEXIVITÄT

Reflexivität ist im Diskurs allgegenwärtig (siehe S. 103ff.). »Penetranz« ist schließlich sozusagen der Grundcharakter der Reflexivität. Sie muss alles bis ins letzte ergründen und in Frage stellen, gibt sich niemals zufrieden – und ist darum zwar notwendig, um neue Wege zu erschließen, aber ebenso überfordernd und anstrengend. Einmal in Gang gekommen ist Reflexivität exzessiv und kennt kein Halten. Als rekursives und strukturelles Moment (der Selbstinfragestellung) gilt sie dem »Zeitgeist« gar als Kennzeichen der (fortgeschrittenen) Moderne (vgl. z.B. Beck/Bonß: *Die Modernisierung der Moderne)*. Auf der anderen Seite ist eine Reflexivität, die den status quo radikal und unnachgiebig in Frage stellt, in der sozialen Wirklichkeit tatsächlich eher selten anzutreffen. Wie ist diese Diskrepanz zwischen Theorie und »Praxis« zu erklären? – Es bleibt nur eine »logische« Antwort: Es muss etwas geben, das Reflexivität (von außen) begrenzt. Denn da Reflexivität ihrem Charakter nach schrankenlos ist, kann nur ein äußeres Moment ihrer Exzessivität entgegen wirken.

Ein solches (externes) Gegenmoment der Reflexivität anzunehmen, bedeutet letztlich von einem dialektischen Verständnis auszugehen: Reflexivität wird durch ihr »Anderes«, d.h. durch *deflexive Gegenpole* gebremst und unterminiert (vgl. auch Jain: *Politik in der (Post-)Moderne)*. Und wenn Reflexion bzw. Reflexivität – der ursprünglichen Wortbedeutung folgend – als Spiegelung (der Wirklichkeit des Seins) vorgestellt wird, so sind die sie begrenzenden dialektischen Gegenmomente der Deflexion bzw. Deflexivität entsprechend als *Verspiegelungen* der Wirklichkeit vorzustellen, die »ablenkende« Antworten generieren. Deren »Ursprung« liegt genau in den Herausforderungen durch reflexive Impulse: Reflexion produziert potentiell Verunsicherung, Auflösung und Fragmentierung, indem sie keine (universellen) Wahrheiten anerkennt, sondern alles permanent in Frage stellt. Reflaktion, das reflexive Handeln, auf der anderen Seite, trifft auf Widerstände, denn die Dynamik, die es erzeugt, gefährdet die Macht der Nutznießer des status quo und bringt die Angst vor dem Unbekannten und dem Kontrollverlust, die hinter jeder Veränderung lauert, zum Vorschein. Reflexivität schließlich öffnet mit ihren reflexiven Strukturen Räume der Kontingenz – was wiederum zu Gegenreaktionen in der Form von strukturellen Verhärtungen und Schließungen führen kann, die reflexive Impulse abwehren. Insbesondere die Komplexität reflexiver Strukturen führt zu Gegenbewegungen, die nach Vereinfachung streben, so dass Übersicht und Kontrolle leichter gelingen. So bringt die Reflexivität – dialektisch gedacht – ihr Anderes hervor.

DIE WIRKUNG DER DIALEKTIK

Das dialektische Denken (vgl. auch ebd.: S. 413ff.) geht auf die antike griechische Philosophie zurück. Als sein Begründer gilt Zenon (ca. 490–430 v. u. Z.), für den die Dialektik Ausdruck der Paradoxie des Seins ist – die sich allerdings erst offenbart, wenn man die gängigen Anschauungen kritisch hinterfragt (vgl. Diemer: *Dialektik:* S. 35f.). Es besteht also, wenn man dieser ursprünglichen Auffassung Zenons folgt, ein enger Zusammenhang zwischen einem reflexiven Weltbezug und Dialektik. Platon (427–347 v. u. Z.) entwickelte schließlich – allerdings nicht unter Berufung auf Zenon, sondern vielmehr auf seinen Lehrer Sokrates – Ansätze zu einer regelrechten dialektischen Methode als Kunst des Fragens und des Antwortens, welche die Prüfung und Widerlegung oberflächlichen Scheinwissens zum Ziel hat (vgl. *Kratylos:* S. 129 [390c] sowie *Politeia;* S. 559 [533c–d]).
Der große Dialektiker der Neuzeit, der seinerseits bei Platons Dialektikverständnis kritisch ansetzt, ist Georg Wilhelm Friedrich Hegel (1770–1831). In seiner »*Phänomenologie des Geistes*« begreift er die Dialektik als eine unmittelbare Weise der Erfahrung, die in der Bewegung des Bewusstseins entsteht: In der (dialektischen) Reflexion werden die Gegenstände des Denkens »begriffen«,

indem sie – durch ihre *(bestimmte) Negation* – zu einem begrifflichen, sich selbst aufhebenden Gegenstand des Denkens gemacht werden: »Dieser neue [›synthetische‹] Gegenstand enthält die Nichtigkeit des ersten, er ist die über ihn gemachte Erfahrung.« (S. 79) Richtig verstanden offenbart das dialektische Denken nach Hegel aber damit gerade durch seine Negativität das Positive: In der dialektischen Synthese wird die Negation – die Ausgangspunkt der (Denk-)Bewegung der Dialektik ist – negiert (vgl. zum Prinzip der Negation der Negation auch ders.: *Wissenschaft der Logik:* S. 108). Darum vereint sich der Geist in ihr mit der übergeordneten Vernunft, die auch in der Geschichte wirkt und ihr bestimmendes Prinzip ist (vgl. ders.: *Enzyklopädie der philosophischen Wissenschaften im Grundrisse:* § 549).
In gewisser Weise kann man die marxistische Auffassung der Dialektik, die im 20 Jahrhundert lange Zeit den Diskurs bestimmte, als Negation (der Negation) der Dialektik Hegels lesen (vgl. auch Marx: *Kritik der Hegelschen Dialektik und Philosophie überhaupt).* »Hegels Dialektik ist die Grundform aller Dialektik, aber nur nach Abstreifung ihrer mystischen Form«, bemerkt Karl Marx *(Brief an Kugelmann* vom 6.3.1858, zitiert nach Becker: *Idealistische und materialistische Dialektik:* S. 102). Was bei Hegel seinen Ursprung im Geist hat, wird von Marx »vom Kopf […] auf die Füße« gestellt (Engels: *Ludwig Feuerbach und der Ausgang der klassischen deutschen Philosophie:* S. 293), indem die ökonomischen Verhältnisse als Triebfeder der Dialektik der Geschichte begriffen werden. Das positive Verständnis einer Synthese der dialektischen Widersprüche, die mit Notwendigkeit in der Geschichte zum Durchbruch kommt, wird jedoch beibehalten. Dialektik ist das konsequente Bewusstsein von Nichtidentität.
Während und nach dem Zweiten Weltkrieg wachsen dann aber aus offensichtlichen Gründen die berechtigten Zweifel insbesondere an dieser dialektischen Geschichtsphilosophie, die letztlich unterstellt, dass man nur abwarten muss und »das Gute« und die Vernunft offenbaren sich von selbst im historischen Verlauf (vgl. auch Sartre: *Kritik der dialektischen Vernunft).* Adornos *»Negative Dialektik«* (1966) schließlich vertreibt endgültig alle Positivität aus dem dialektischen Ansatz, indem sie »das konsequente Bewußtsein von Nichtidentität« (S. 17) zu ihrem Prinzip erhebt. Allerdings bedeutet dies für Adorno eben keine Verabschiedung vom aufklärerischen Vernunftgedanken, der so eng mit dem Denken der Dialektik verknüpft ist: »Selbstreflexion der Aufklärung ist nicht deren Widerruf«, bemerkt er (ebd.: S. 160). Dabei stellt er jedoch selbstkritisch wie gegen Hegel und das »klassische« dialektische Denken gewandt klar: »Unmittelbar ist das Nichtidentische nicht als seinerseits

Positives zu gewinnen und auch nicht durch Negation des Negativen. Diese ist nicht selbst, wie bei Hegel, Affirmation.« (Ebd.: S. 161) In der Konsequenz ist an eine Synthese der Widersprüche nicht mehr zu denken (vgl. ebd.: S. 281). In eine ähnliche Richtung weisen auch Ansätze zu einer (»postmodernen«) Dialektik, die auf jede Synthese verzichtet und als offene, niemals abschließbare Suchbewegung verstanden wird (vgl. so etwa Wellmer: *Zur Dialektik von Moderne und Postmoderne:* S. 109).
Damit ist sozusagen der Kreis geschlossen und eine Annäherung an die (antiken) »Ausgänge« des dialektischen Denkens hergestellt, die die Paradoxien und Unsicherheiten des Wissens ins Zentrum stellten. Allerdings ist ein solches »offenes«, nicht-synthetisches Verständnis von Dialektik, bei dem alles immer in sein Gegenteil umschlagen kann, in seiner Wirkung (bewusst) verunsichernd. Die (Schein-)Sicherheit, die dem Denken mit dem Mittel der Dialektik ausgetrieben werden soll, wird in einem solchen Konzept nicht durch neue (teleologische) Gewissheiten ersetzt. Die Konsequenz ist eine »Bodenlosigkeit« der Dialektik: Hier kann nichts auf die Füße gestellt werden, denn sie würden keinen Halt finden. Dialektik – ohne Synthese – ist Ausdruck der Reflexivität des Seins. Die Wirkung der offenen Dialektik ist deshalb reflexiv. Diese *Reflexivität der Dialektik* bedeutet eine gegenseitige Verstärkung – aber als *Dialektik der Reflexivität* damit auch die »forcierte« Hervorbringung ihres Anderen.

DIE DIALEKTIK DER REFLEXIVITÄT

Die Dialektik der Reflexivität speist sich aus ihrer Exzessivität: Da in der Wirklichkeit die reflexiven Momente zumeist nur »gemildert« zum Tragen kommen, *muss* es Kräfte geben, die der Reflexivität entgegen stehen. Vielmehr noch: man kann sagen, dass die Reflexivität diese Kräfte gewissermaßen selbst mit erzeugt. In dieser Selbsthervorbringung ihres Anderen liegt die (also ihrerseits reflexive, auf sich selbst gerichtete) Dialektik der Reflexivität.
Auf die (dialektische) Selbstbegrenzung der Reflexivität verweist bereits das Bild der Spiegelung, das als »Urbild« der Vorstellung der Reflexivität hier zugrunde gelegt wird. Denn die Spiegelung ist begrenzt durch den Rahmen, den der Spiegel absteckt. Dieser begrenzende Rahmen oder Ausschnitt fokussiert uns auf das Spiegelbild, aber er beschneidet zugleich das Gespiegelte. Dies wiederum verweist uns auf die Grenzen der reflexiven Spiegelung. So wie der Spiegel nur einen begrenzten Raum einnimmt, wenn er nicht zu

einem verwirrenden Spiegelkabinett geraten soll (in dem die Spiegelung der Spiegelung einen infiniten Regress erzeugt), so begrenzen wir das reflexive Moment der verunsichernden Alles-Infragestellung – damit sie uns nicht daran hindert zu *sein*. Und dies gilt in einem ganz »existentiellen« Sinn. Reflexivität betreibt eine (analytische) »Auflösung«, die nicht nur einen hohen Aufwand erfordert, sondern die – unbegrenzt – tatsächlich vor nichts Halt machen würde und damit – potentiell – ins »Nichts« führt.

Nicht nur der in sein Spiegelbild verliebte Narkissos geriet in den reflexiven Sog der Auflösung, der letztlich seinen Tod zur Folge hatte (siehe zurück zu S. 117). Auf einer tieferen (psychologischen) Ebene gründet Reflexivität nämlich, so meine These, auf einem höchst ambivalenten Verlangen, das Freud wohl als den Ausdruck eines (latenten) »Todeswunschs« oder »Todestriebs« angesehen hätte (vgl. *Jenseits des Lustprinzips)*. Denn Reflexion und Reflexivität arbeiten schließlich genau in Richtung auf jene Analyse und Auflösung, welche Kennzeichen des Freudschen »Thanatos« sind. Darum bedrohen sie die Kohäsion, die Einheit und die »Produktivität« (des Selbst, der Kultur, des Systems), die umgekehrt wiederum die Basischarakteristika des dem Todeswunsch entgegen gerichteten Lustprinzips darstellen. Und in der Tat wird von einigen bedeutenden Denkern eine bestimmte Form der reflexiven Auslösung – nämlich die Herausbildung einer Differenz zu sich selbst – sogar als essentielles Moment der philosophischen Reflexion betrachtet, die wiederum als eng mit dem Tod verknüpft angesehen wird. Entsprechend bemerkt etwa Michel de Montaigne, Bezug nehmend auf Cicero: »Cicero sagt, das Philosophieren sey nichts anders, als eine Vorbereitung zum Tode. Dieses kömmt daher, weil Studiren und die tiefsinnigen Betrachtungen unsere Seele einigermassen ausser uns ziehen, und derselben, ohne daß der Körper daran Theil hat, etwas zu thun verschaffen; welches gleichsam eine Anweisung zu dem Tode ist, und eine gewisse Aehnlichkeit mit demselben hat: oder vielmehr daher, weil alle Weisheit und alles Reden der Welt endlich darauf hinaus laufen, uns zu lehren, dass wir den Tod nicht fürchten sollen.« *(Daß Philosophieren sterben lernen heisse:* S. 103)

Auf der produktiven Seite erlaubt solcher Todesmut, neue Erkenntnisse zu gewinnen und Wandel zu initiieren. Auf der anderen Seite stellt gerade die reflexiv erzeugte permanente Infragestellung und Auflösung eine erhebliche Belastung dar. Metaphorisch gesprochen: nicht jeder ist zum Sterben bereit – selbst wenn in der Beharrung auf alten Denkmustern und Praktiken »objektiv« betrachtet die größere Gefahr liegen mag. Dies lässt sich gut am Beispiel von Protestbewegungen wie der Umweltbewegung illustrieren. Zu Beginn

war diese Bewegung gekennzeichnet durch die reflexive Infragestellung von tradierten Paradigmen wie Wachstum und der Herrschaft des Menschen über die Natur. Die Verschwendung von Ressourcen und die Zerstörung des natürlichen Lebensraums, die die Gefahr der Vernichtung der eigenen Lebensgrundlagen birgt, wurden spätestens seit dem Bericht des »Club of Rome« über die *»Grenzen des Wachstums«* (Meadows et al.) zum globalen Thema. Doch neben der Umweltthematik wurden auch emanzipatorische Ziele wie Gleichberechtigung und Partizipation verfolgt (vgl. auch Schönherr-Mann: *Protest, Solidarität und Utopie)*. Ihren Ursprung hatten diese Bewegungen dabei im »subpolitischen« Untergrund der Lebenswelt (vgl. Beck: *Die Erfindung des Politischen)*.
Allerdings: heute ist Umweltschutz als relevantes Thema längst im »Mainstream« angekommen. Einige ehemalige Gallionsfiguren des Protests sitzen gar in Aufsichtsräten großer Konzerne. Und so wie viele ihrer Protagonisten haben auch die Bewegungen ihren Charakter verändert. Anstatt sich – wie es das reflexive »Ethos« der permanenten Spiegelung eigentlich verlangen würde – immer wieder neu in Frage zu stellen, haben sich große Teile etabliert und finden sich, in der Form »grüner« Parteien, nun gar in Regierungsverantwortung wieder. Das könnte man als Erfolg werten – aber auch als Ergebnis der Wirkung jener deflexiven Gegenkräfte, die die Reflexivität begrenzen (vgl. auch Jain: *Politik in der (Post-)Moderne)*. Bei diesen antagonistischen Kräften handelt es sich nicht nur um den »Gegenwind der Reaktion«, der zur Anpassung zwingt, sondern auch um eine »Selbstbegrenzung« und Erstarrung, die der Bequemlichkeit, aber auch der Angst vor der eigenen Courage geschuldet ist. Doch wer könnte sie nicht nachvollziehen, diese Angst? – Sie ist ein Schutzschild vor den zuweilen überfordernden Ansprüchen der Reflexivität.

DIE DIALEKTIK DER DEFLEXIVITÄT

Reflexivität bringt also – um sich vor sich selbst zu schützen – Deflexivität hervor. Aber auch die Deflexivität erzeugt ihr Anderes. Denn die deflexive Ablenkung der Reflexivität ist einerseits mit hohem Aufwand verbunden und andererseits erzeugt sie – zwangsläufig – ebenso neue »Reflexionen«. Zunächst aber gilt es, neben der destruktiven Seite der Reflexivität, auch die produktive Seite der Deflexivität anzuerkennen, die gewissermaßen ihre imanente Dialektik darstellt. Wie erläutert, wird der deflexive Modus von der Angst vor Kontrollverlust und letztlich: dem Verlust des Lebens getrieben – wobei dies metaphorisch zu verstehen ist. Es kann sich hier auch um das (bedrohte) Über-»Leben« einer Tradition oder Institution handeln.

Diese primär konservierende Orientierung des deflexiven Modus mag zunächst wenig produktiv erscheinen, aber sie dient einem wichtigen Zweck. Ich möchte dies in Analogie zum Konzept der Verdrängung illustrieren. Wie Freud erläutert, ist Verdrängung ein (kostenreicher) Versuch, den Anforderungen des Überichs dadurch gerecht zu werden, dass störende Elemente (die mit dem Ich-Ideal nicht übereinstimmen) nicht ins Bewusstsein vordringen können bzw. ins Unbewusste zurückgedrängt werden (vgl. *Vorlesungen zur Einführung in die Psychoanalyse:* Kap. 19). Dies kann auch »pathologische« Symptome hervorrufen, so dass es, gemäß Freud, entsprechend die Aufgabe der Psychoanalyse ist, alles Verdrängte ans Tageslicht zu ziehen (vgl. ebd.: Kap. 17f.).

Trotzdem wird auch bei Freud eine Dialektik der Verdrängung deutlich, indem er klar macht, dass Verdrängung ein Abwehrmechanismus ist, der ein psychisches System – zumindest temporär – selbst in traumatischen Situationen funktionsfähig halten kann. Verdrängung ist ein defensiver und damit auch ein protektiver Mechanismus. In der psychischen Ökonomie stellt Verdrängung also solange in der Tat eine »Gewinnsituation« dar, wie der notwendige Aufwand, der betrieben werden muss, nicht den aktuellen Nutzen (der Unlustvermeidung, der Identitätswahrung, der Sicherung der Handlungsfähigkeit etc.) übersteigt (vgl. auch ders.: *Die Verdrängung:* S. 69ff.).

In ganz ähnlicher Weise kann Deflexivität ein effektiver Schutz gegen die überbordenden Ansprüche der Reflexivität darstellen: dem fordernden Chor der Stimmen des Anderen, der Unsicherheit des Wandels, den Herausforderungen der Möglichkeit, der Zumutung der Komplexität. Während Reflexion die permanente (Selbst-)Hinterfragung anfacht und nie zu einem Ende gelangt, erlaubt Deflexion pragmatisches, auf Erhaltung gerichtetes Handeln. Sie stellt die Vertrautheit des Bewährten über die Versprechen des Neuen und bietet so eine »verlässliche« Grundlage der Orientierung. Darum sollten wir die unterstützenden Elemente deflexiver Mechanismen nicht unterschätzen. So wie es in der Tat eine Hauptaufgabe des Wahrnehmungsapparates ist, das Relevante aus dem Meer der Information herauszufiltern, um sie für uns überhaupt bewältigbar zu machen, können Deflexion und Deflexivität einen komplexitätsreduzierenden Schutzschild darstellen, der es erlaubt, sich auf die gegebene Wirklichkeit einzulassen und Dinge zu »realisieren«.

Doch um tatsächlich förderlich zu wirken, müssen reflexive und deflexive Elemente in einem »ausgewogenen« Verhältnis stehen. Das bedeutet zum einen, dass der Aufwand den deflexiven »Entlastungsgewinn« nicht übersteigen darf. Wer etwa sein von Revolution bedrohtes System nur mit einem gigantischen Apparat unterdrückerischer Gewalt aufrecht erhalten kann, sollte überlegen, ob es nicht »günstiger« wäre, selbsttätig einige Reformen einzuleiten. Und das verweist uns bereits auf den zweiten Aspekt: Reflexive Impulse (der Erneuerung) müssen immer die Chance behalten, den Panzer der Deflexivität auch zu durchbrechen. Sonst droht die umgekehrte Gefahr der Erstarrung und der Abschließung. Und solche Ausschlüsse der Möglichkeit (zur Veränderung) werden überdies nicht unwidersprochen bleiben. Wo die deflexive Abwehr des Neuen in Erstarrung endet, erschafft sie (passiv) ihr Anderes: die reflexive Herausforderung.

DAS BEGEHREN DER DEFLEXIVITÄT

Der deflexive Impuls gründet, wie der reflexive, auf einem Begehren. Es ist aber hier offensichtlich nicht das (reflexive) Begehren nach dem Anderen, das auch vor der Selbstauflösung nicht Halt macht. Vordergründig betrachtet ist das deflexive Begehren vielmehr ein Begehren nach Selbstwahrung und nach Unveränderlichkeit, Eindeutigkeit, Sicherheit und Übersichtlichkeit. Warum gibt es ein solches Begehren? – Weil selbst Schlechtes schlechter werden kann, und weil man »weiß, was man hat«. Das deflexive Begehren ist, wenn man dieser Logik folgt, damit auch an die Kategorie des »Besitze(n)s« geknüpft. Es geht nicht um Aufgabe, sondern um Erhalt. Allerdings verläuft diese Konservierung nach dem Prinzip der Vermehrung, der Steigerung, des Zugewinns. Der »Wohlstand«, so macht uns ja auch die neoliberale Ideologie glauben, kann nur durch stetiges Wachstum gesichert werden. Die Wahrung des statuts quo erfordert die beständige Expansion.

Das Begehren der Deflexivität ist darum auch immer ein Haben-Wollen. Es geht um Besitz – auch von ewigen Wahrheiten und Gewissheiten. Weniger reflexiv ausgedrückt: um den Besitz *der* (eindeutigen) Wahrheit, die keinen Zweifel zulässt. Denn die Wahrheit ist ein eifersüchtiger Gott, und Deflexivität ist eine monotheistische Religion. Die Sicherheit, die die Wahrheit verspricht, ist ihr heilig. Und wie jede Religion (wörtlich: Rückbindung) ist sie nicht vorwärts, sondern rückwärts gewandt. Sie will, dass es wird, wie es war. Nur dabei übersieht sie, dass die Vergangenheit vergangen ist. Aber das stört ihr Begehren nicht, sondern jede Veränderung heizt das deflexive Begehren der Rück-Bindung an. Je mehr, je schneller sich die Welt verändert, desto mehr, desto stärker wird das Begehren, den Lauf der Zeit umzukehren.

Die Kontrolle und Planung der Zeit ist dem deflexiven Begehren darum ein wesentliches Objekt der Begierde. Das deflexive Verlangen ist höchst »geschichtsbewusst«, während das reflexive Begehren »utopisch« ist. Geschichte und Tradition verleihen Sicherheit. Das Vergangene erscheint besser kontrollierbar und beherrschbar als das Zukünftige. Auch besser als die Gegenwart. Die Zukunft liegt in der Vergangenheit. Wer würde einen solchen Verrat an der Möglichkeit (der Veränderung) verüben? – Die Antwort ist: der/die das Andere fürchtet.

Alterität stellt Identität in Frage, denn sie verweist darauf, dass es das Andere gibt. Jede Abweichung wird bekämpft, um Identität zu sichern. ES geht (es) darum, Differenz zu eliminieren. Das geschieht nicht notwendig in der Form der Vernichtung, sondern kann auch durch (universalistische) »Vereinnahmung« geschehen. Der deflexive Drang zur Einheit neigt tatsächlich sogar eher zur absorptiven Synthese. Es geht – wenn wir die tiefenpsychologische Ebene des deflexiven Modus betrachten – um den Wunsch zur Verschmelzung. Auch in der Verschmelzung wird das Ich allerdings aufgelöst. Was hier zum Vorschein kommt ist aber kein Todesmut und keine Todeslust (wie sie sich im Begehren der Reflexivität ausdrückt), sondern es kommt eine tief sitzende Todesfurcht zum Vorschein, die durch den Wunsch der Vereinigung mit dem Ganzen und der Unendlichen bekämpft wird.

DIE »GRÜNDE« DES DEFLEXIVEN BEGEHRENS

Die »Gründe« des deflexiven Begehren sind also in einer Angst-getriebenen (existentiellen) Verunsicherung zu suchen, die durch reflexive Veränderungsprozesse hervorgerufen werden (vgl. zum Folgenden auch Jain: *Politik in der (Post-)Moderne:* S. 344ff.). Erich Fromm hat einen wichtigen Aspekt dieses Zusammenhangs eindrücklich in seinem Buch *»Die Furcht vor der Freiheit«* beschrieben. In Analogie zu den Argumenten von Marx und Engels im *»Manifest der kommunistischen Partei«* stellt er zunächst die enormen Freiheitsgewinne heraus, die der moderne Kapitalismus mit seiner (reflexiven) Dynamik ermöglicht hat: »Kurz, der Kapitalismus hat den Menschen nicht nur von seinen traditionellen Fesseln befreit, er hat auch in einem enormen Maß zur Vergrößerung der positiven Freiheit und zur Entwicklung eines tätigen, kritischen und verantwortungsbewußten Selbst begetragen [...]« *(Die Furcht vor der Freiheit:* S. 83) Doch Fromm zeigt eben auch die negative Seite dieses von der kapitalistischen Dynamik vorangetriebenen Prozesses der Individualisierung auf, wenn er bemerkt: »Aber während dieses Prinzip [der individuellen Initiative] die ›Freiheit von‹ vergrößerte, trug es andererseits dazu bei, sämtliche Bindungen der Menschen untereinander zu durchtrennen, wodurch es den einzelnen von seinen Mitmenschen isolierte.« (Ebd.) Um dieser Bedrohung durch den Bindungsverlust zu entgehen, tendieren wir dazu, (deflexiv) in autoritäre Strukturen, destruktive Praktiken und Konformismus zu flüchten (vgl. ebd.: S. 103ff.).

Dieser deflexive Konformismus findet sich selbst in den modernen Wissenschaften wieder, die dazu tendieren, alles zu ignorieren, was nicht in ihr System der Klassifizierungen passt (vgl. auch Foucault: *Die Ordnung der Dinge).* Allerdings reicht das deflexive, Angst-getriebene Begehren nach Eindeutigkeit und Kontrolle viel tiefer und manifestiert sich auch umfassend in den sozialen Praktiken: Im historischen Verlauf der Bewegung der Moderne entwickelte sich ein System der Disziplinen, dem sich die Menschen unterwerfen müssen (vgl. ders.: *Überwachen und Strafen).* Die disziplinierende Gewalt erfasst und durchdringt dabei sogar die Körper, denen sich die Ordnung in den Routinen der modernen Institutionen (Schule, Militär, Beruf etc.) formierend einschreibt (vgl. ergänzend Berger/Luckmann: *Die gesellschaftliche Konstruktion der Wirklichkeit:* 56ff.). Die Gewalt der Moderne ist allerdings eine »verfeinerte« Gewalt, sie tritt als »Zivilisierung« auf, wobei sich »Fremdzwang« in »Selbstzwang« umwandelt (vgl. Elias: *Über den Prozeß der Zivilisation).* Diese nach innen gewendete Gewalt ist nur schwer zu identifizieren, sie wirkt im Verborgenen, bleibt (zumeist) unsichtbar. Und um die Unsichtbarkeit der Gewalt zu gewährleisten, wird alles Abweichende aus dem öffentlichen Raum verbannt – um es in geschlossenen Anstalten einer normierenden Anpassung und Umerziehung im Namen der Humanität zu unterwerfen. »In dieser Humanität«, so Foucault, »ist das Donnerrollen der Schlacht nicht zu überhören.« (Op. cit: S. 397)

Allerdings erhalten die Menschen auch eine Gegenleistung für ihre Unterwerfung unter dieses System der disziplinierenden Gewalt. Sie werden entschädigt durch ein Gefühl der Sicherheit, die es im »Naturzustand« nicht gegeben hat – zumindest wenn man Søren Kierkegaard folgt. Dieser stellt zunächst heraus, dass der ursprüngliche Zustand der Menschheit von »Unschuld« geprägt war: »In diesem Zustand ist Friede und Ruhe; aber es ist da zu gleicher Zeit etwas anderes, was nicht Unfriede und Streit ist; denn es ist ja nichts, womit man streiten könnte. Was ist es also? Nichts. Aber welche Wirkung hat das Nichts? Es gebiert die Angst. Das ist das tiefe Geheimnis der Unschuld, daß sie zugleich Angst ist.« *(Der Begriff der Angst:* S. 40) Auf der »natürlichen Unschuld« lastet also schon von Beginn an der »Fluch« der Angst. Doch die Angst birgt gemäß Kierkegaard in sich auch die Möglichkeit zur Erlösung. Sie führt den Menschen, wenn er sich ihr hingibt, zum Glauben und damit zur Befreiung in der Erkenntnis Gottes. Deshalb bemerkt Kierkegaard: »Die Angst ist die Möglichkeit der Freiheit [im Glauben]« (ebd.: S. 141).

An dieses dialektische Angst-Konzept Kierkegaards, das allerdings im synthetischen Motiv des Glaubens wieder in Eindimensionalität aufgelöst wird, schließt insbesondere die Existenzphilosophie an, »erlöst« es jedoch von seiner theologischen Komponente. So sieht Heidegger in Anlehnung an Kierkegaard »das Fürchten als schlummernde Möglichkeit des befindlichen In-der-Welt-seins« an *(Sein und Zeit:* § 30), denn man fürchtet, ausgelöst durch eine konkrete Bedrohung (Wovor der Furcht), immer um das Dasein (Worum der Furcht). Die greifbare Daseinsfurcht (als »Realangst«) wird aber erst möglich durch die Grundbefindlichkeit der (existentiellen) Angst. Das Wovor der Angst ist im Gegensatz zur Furcht nämlich das »In-der-Welt-sein« als solches. Es fällt damit zusammen mit dem Worum der Furcht (Dasein) das notwendigerweise auch das Worum der Angst ist.

Bei der Angst ist also das Worum mit dem Wovor identisch. Gerade deshalb ist die (in der Daseinssorge vereinzelnde) Befindlichkeit der Angst nach Heidegger nicht negativ, sondern »befreiend« und geradezu konstitutiv für das Selbst: »Die Angst offenbart im Dasein das Sein zum eigensten Seinkönnen, das heißt das Freisein für die Freiheit des Sich-selbst-wählens und -ergreifens.« (Ebd.: § 40) Erst in der Angst wird folglich das (individuelle) Dasein erfahrbar: »Das Sichängstigen ist als Befindlichkeit eine Weise des In-der-Welt-seins; das Wovor der Angst ist das geworfene In-der-Welt-sein; das Worum der Angst ist das In-der-Welt-sein-können. Das volle Phänomen der Angst demnach zeigt das Dasein als faktisch existierendes In-der-Welt-sein.« (Ebd.: § 41) Genau deshalb ist die Angst aber nicht alleine der bloße Ausdruck der Selbstsorge, sondern in ihr liegt auch ein wesentliches Moment der Fürsorge – denn da das »in-der-Welt-sein« immer ein »Mitsein« mit anderen ist, impliziert die Daseinssorge die Fürsorge für andere (vgl. ebd. sowie § 26).

Die Angst ist also gemäß Heidegger nicht nur ein bestimmendes Moment der Existenz und ein Motor der »Technologien des Selbst« (Foucault). Sie führt die Menschen auch – gegenseitig Schutz suchend und Fürsorge spendend – zueinander. Freilich droht in dieser kollektiven Orientierung der Angst wiederum die Auflösung des Selbst. So ist das (von Angst) bedrohte Selbst geneigt, sich seiner »objektiv« zu versichern. Es sucht den Halt nicht nur bei den Anderen, sondern es orientiert, haftet sich an Objekte(n).

»OBJEKTIVE« MANIFESTATIONEN DER DEFLEXIVITÄT

Die »Gründe« der deflexiven Orientierung liegen, wie dargelegt, in der Angst. Diese Angst ist so existentiell wie »fundamental«. Sie lässt uns Zuflucht suchen: nach Sicherheit und Eindeutigkeit. Solche Eindeutigkeit verspricht die (Fiktion der) »Objektivität« in den Wissenschaften. Die wissenschaftliche *»Fabrikation von Erkenntnis«* (Knorr-Cetina) ist jedoch spätestens seit Mitte des vergangenen Jahrhunderts verstärkt zum Gegenstand kritischer Beobachtung geworden. Wie immer man zur fundamentalen Dekonstruktion wissenschaftlicher Wahrheit stehen mag, die in der Folge einsetzte, wissenschaftliche Erkenntnisse sind, so oder so betrachtet, niemals feststehend. Das gilt nicht nur aufgrund des wissenschaftlichen »Fortschritts«. Selbst ihre zentralen Grundannahmen, ihre Paradigmata (vgl. Kuhn: *The Structure of Scientific Revolutions)* und Episteme (vgl. Foucault: *Die Ordnung der Dinge)* unterliegen – empirisch unzweifelhaft – einem historischen Wandel.
Allerdings erzeugt dieses »Selbstbewußtsein« von der Kontingenz des Wissens in der (wissenschaftlichen wie lebensweltlichen) Praxis ein umso größeres Begehren nach feststehenden, objektiven, unwiderlegbaren »Tatsachen«. In extremen Fällen reicht dieses Verlangen nach »Objektivität« so weit, dass gar eine physische Verschmelzung mit dinglichen Objekten angestrebt wird. Cyborg-Phantasien (vgl. auch Haraway: *A Cyborg Manifesto)* und Objektophilie (siehe auch nochmals S. 44ff.) sind davon beredter Ausdruck. Doch selbst anhand eher banaler Phänomene wie TV-Kriminalserien lässt sich die allgemeine Tendenz zur deflexiven Objektfetischisierung rekonstruieren. Zu diesem Zweck möchte ich die Serien »Columbo« und »Medical Detectives« kontrastierend gegenüberstellen. Denn anhand dieser beiden Serien kann deutlich werden, wie stark und immer stärker das deflexive Verlangen nach Objektivität auch in der Alltagskultur verankert ist.
Die erste Folge der Krimiserie »Columbo«, mit Peter Falk in der Titelrolle des Inspector Columbo, wurde bereits 1971 von dem amerikanischen Sender NBC ausgestrahlt. Die letzte der insgesamt 69 Folgen entstand 2002/2003 (vgl. Wikipedia: *Columbo)*. Obwohl es sich um eine Fernsehserie handelt, haben die Columbo-Folgen die Anmutung von Spielfilmen, was sich auch

in Gastauftritten von Stars wie Vincent Price, William Shatner oder Johnny Cash widerspiegelt. Einige Episoden wurden auch von berühmten Hollywood-Regisseuren wie Steven Spielberg oder Jonathan Demme gedreht. Fast alle Columbo-Episoden folgen dabei dem selben, eher ungewöhnlichen Handlungsgrundmuster: Der Zuschauer darf Zeuge werden, wie das überaus geschickt eingefädelte Verbrechen begangen wird. Erst danach tritt Columbo auf die Bühne und geht den Tätern, die er sofort instinktiv verdächtig, mit seinen Fragen nach scheinbar unwichtigen Details gehörig auf die Nerven. Letztere sind meist hoch angesehene, berühmte Persönlichkeiten, die den schlecht gekleideten, unscheinbaren Columbo zunächst in fataler Weise unterschätzen. Sie tun dies auch, weil sie meinen, das perfekte Verbrechen begangen zu haben, bei dem ihnen nichts nachzuweisen ist. Der Reiz für die Zuschauer liegt darin zu sehen, wie es Columbo trotzdem gelingt, die Täter zu überführen – auch wenn alle vorhanden Indizien und Zeugenaussagen in eine andere Richtung deuten mögen.

In gewisser Weise stellt »Medical Detectives« bzw. »Forensic Files« (so der Originaltitel) eine Antithese zum Konzept der »Columbo«-Filme dar: Zwischen 1996 und 2011 veröffentlichte der amerikanische Sender »Court TV« insgesamt 400 Folgen der »Forensic Files«, von denen 145 für das deutsche Publikum aufbereitet und unter dem Titel *»Medical Detectives – Geheimnisse der Gerichtsmedizin«* ausgestrahlt wurden (vgl. Wikipedia: *Medical Detectives* und *Forensic Files*). Dabei möchte man gar nicht den Eindruck erwecken, es könnte sich um einen Spielfilm handeln. Vielmehr ist eine dokumentarische Anmutung Ziel, und es werden reale Fälle nachgezeichnet. Interviewsequenzen mit Beteiligten (Ermittler, Forensiker, Zeugen, Angehörige, Täter etc.) wechseln sich mit nachgestellten Szenen zum Tathergang und zur Ermittlungsarbeit ab. Wie schon der Titel der Serie verrät, konzentriert man sich dabei auf die Rolle der forenischen Wissenschaft und die »objektiven Beweise« (wie DNA-Spuren, Schuhabdrücke oder Textilfasern). Interessanterweise werden in einigen Folgen auch Fälle dargestellt, bei denen es zu Fehlverurteilungen kam – die dann aber durch neu gefundene Beweise oder neue forensische Methoden korrigiert wurden (was nach Aussage der Serie beweist, dass das System funktioniert). Immer aber wird die Ermittlung der Täter im wesentlichen auf die forensische Spurenauswertung reduziert.

»Medical Detectives« ist nicht die einzige Pseudo-Dokumentation dieser Art, und es existieren auch eine Reihe fiktionaler Formate ähnlicher Ausrichtung (von denen die »CSI«-Familie die größte Reichweite erreicht haben dürfte). Die allgemeine Tendenz, die hier zum Vorschein kommt, könnte man so zusammenfassen: banale Fakten haben den Verstand abgelöst, Objekte die Subjekte. Waren es in der Vergangenheit zumeist geniale Detektive wie Sherlock Holmes oder eben auch Inspector Columbo, die mir ihrem Instinkt und ihrem Scharfsinn auch gegen den ersten »Faktenschein« die Täter überführten, so ist der Held der heutigen Kriminalgeschichten nicht selten der nüchterne forensische Wissenschaftler, der die Täter sozusagen im Labor »dingfest« macht. Er stützt sich auf die Objektivität der Wissenschaft und die materiellen Spuren, die am Tatort gefunden werden. In diesem Narrativ sind es die Objekte, die über (subjektive) Logik triumphieren. Denn während sich etwa bei Columbo die Täter oft ohne einen »absoluten« Beweis geschlagen geben und ihre Schuld eingestehen, weil alles andere schlicht »undenkbar« ist, so stellt in den Serien nach dem neuen Muster ein dingliches Objekt die Verkörperung der Schuld dar. Dass es für jede »Tatsache« aber unterschiedliche Interpretationen gibt, dafür interessiert man sich nicht – denn es würde die Sicherheit, die man mit der Fokussierung auf die materiellen Beweise zu gewinnen hofft, untergraben. Mit der Objekt-Fixierung wird (deflexiv) von der Notwendigkeit der (reflexiven) Interpretation der scheinbar so eindeutigen Fakten abgelenkt.

Ein ganz ähnliches Moment fiktionaler, deflexiver Gewinnung von Sicherheit stellen die Techniken der Biometrie bereit. Diese sind, wenn man so will, das indirekte Resultat eines »Verlusts« von (personaler) Identität, die eine der wesentlichen Errungenschaften der Moderne war. Denn erst in der Renaissance »erhebt sich mit voller Macht das Subjektive, der Mensch wird geistiges Individuum und erkennt sich als solches«, bemerkt Jacob Burckhardt (*Die Kultur der Renaissance in Italien:* S. 123). So rasch der Aufstieg des neuzeitlichen Individuums war, so schnell erfolgte dann allerdings sein Niedergang. Das neuzeitliche Subjekt erscheint aus der Perspektive der aktuell dominanten (poststrukturalistischen) Denkströmungen nämlich als ein bloßes Imago, als eine (historische) diskursive Hervorbringung. »Tatsächlich ist das, was bewirkt, daß ein Körper, daß Gesten, Diskurse, Wünsche als Individuum identifiziert und konstituiert werden, bereits eine erste Wirkung der Macht. Das Individuum ist also nicht das Gegenüber der Macht [...] Das Individuum ist eine Wirkung der Macht [...]«, bemerkt Foucault *(Recht der Souveränität/Mechanismus der Disziplin:* S. 83), der die wohl bedeutendste Stimme dieser Denkströmung darstellt.

Allerdings: die Subjekte selbst wehren sich deflexiv, indem sie immer selbstbezogener werden, gegen diese Infragestellung ihrer Eigenmächtigkeit. Und insbesondere auch die »Kontrollgesellschaft« (Deleuze) kann auf eine zuverlässige Identifizierung von bestimmten Subjekten nicht verzichten. Deshalb reduziert sie die Subjekte auf ihre Körper, welche die »objektive« Grundlage der Identitätsfeststellung für die biometrischen Praktiken darstellen. Wo also auf der einen Seite eine feststehende Identität theoretisch dekonstruiert wird, klammert man sich umso verzweifelter an das Körperhafte – das durch Anwendung biometrischer Verfahren verspricht, die komplexe Frage der Identität eindeutig zu lösen. Und ich darf behaupten, das ich selbst diverse Standardwerke zum Thema Biometrie verfasst habe (vgl. Jain: *Introduction to Biometrics*, ders.: *Handbook of Face Recognition* sowie ders.: *Handbook of Fingerprint Recognition)*. Oder bin ich etwa nicht dieser Anil K. Jain? Aber halt: das ist doch ein Arzt aus Bruchsaal (vgl. jameda: *Dr. med. Anil Jain)?* Oder war Anil K. Jain nicht vielmehr der – leider bereits verstorbene – Wegbereiter der modernen Videokompressionsverfahren (vgl. Wikipedia: *Anil K. Jain – Electrical Engineer, Born 1946)?* Sicher lässt es sich nur mit den Methoden der Biometrie feststellen! Denn Gewissheit lässt sich nur »objektiv« erzielen: Der Körper als letzte Bastion. So ist in der deflexiven Reaktion auf die reflexiven Herausforderungen der Dekonstruktion aus dem *animal rationale*, das der Mensch einmal sein mochte, das *animal corporale* geworden. Mit der Greifbarkeit unseres Körpers erlangen wir die deflexive Gewissheit über uns selbst – wir erhalten sie um den Preis der (Be-)Deutung dieser »Identität«. Aber das ist nur eine der verschiedenen Ebenen, auf denen deflexive Abwehr tatsächlich (»objektiv«) wirkt.

EBENEN DER DEFLEXIVEN ABLENKUNG

Analog zu den drei reflexiven Ebenen (Reflexion, Reflaktion und Reflexivität) möchte ich deshalb abschließend ebenfalls drei Ebenen deflexiver Antworten unterscheiden: *Deflexion* bezieht sich auf die (bewusste wie unbewusste) »Ablenkung« reflexiver Impulse durch *kognitiv-symbolische* Negation und/oder Verdrängung/Nicht-Wahrnehmung. Sie zielt auf die Herstellung von Identität und Eindeutigkeit (sozial-räumliche Dimension), stellt sich gegen Wandel (Zeitdimension), betrachtet den status quo als alternativlos (ontologische Dimension) und ist eher auf (komplexitätsreduzierende) Trennungen als auf das Schaffen von Verbindungen ausgerichtet (Strukturdimension). Unbewußte/nicht-intentionale Deflexion kann darum als Ausdruck eines Verlangens nach Sicherheit und Eindeutigkeit gelesen werden, das von reflexiven Impulsen – ihren Infragestellungen und Wandlungsimpulsen – unterminiert wird. Bewusste und intentionale Deflexion (die jedoch wahrscheinlich den weit geringeren Anteil ausmachen dürfte) geht darüber hinaus. Sie ist bestrebt reflexive Impulse und die Entwicklung von reflexiven Strukturen *aktiv* zu behindern und ins Leere laufen zu lassen und kann darum auch als *Deflaktion* bezeichnet werden. Auf der *Struktur-Ebene* zeigt der Begriff der *Deflexivität* darüber hinaus an, dass deflexive Antworten sich strukturell verhärtet haben, sei es unintentional, etwa durch die Ausbildung von (unhinterfragten) Routinen etc., oder intentional, durch aktive Mechanismen der Ablenkung (wie Propagandaapparate, ritualisierte symbolpolitische Inszenierungen etc.). Deflexivität zielt also auf Statik sowie die Produktion von Identität durch strukturelles Momentum und Formen struktureller Gewalt.

Diese Unterscheidungen können für empirische Untersuchungen hilfreich sein. Auf theoretischer Ebene bietet sich zudem der Vorteil, dass hiermit eine – kritisch ausgerichtete – konzeptionell-begriffliche Klammer zur Verfügung steht, die nicht nur ein dialektisches Verhältnis (zu Reflexion, Reflaktion und Reflexivität) ausdrückt, sondern die Ebenen der Diskurse, der Handlungen und der Strukturen systematisch verknüpft. Dies ist ein Vorteil im Vergleich zu Konzepten, die auf ähnliche Sachverhalte hinweisen ohne diese in einen systemtischen und dialektischen Zusammenhang zu stellen. Wenn etwa Sarte in *»Das Sein und das Nichts«* vom *»mauvaise foi«*, vom »falschen Glauben« des Subjekts spricht, das seine Freiheit zu handeln nicht anerkennen will (vgl. Teil I, Kap. 2), so ist dies nur ein anderer Ausdruck für eine deflexive *subjektive* Antwort auf die reflexiven Herausforderungen der Kontingenz (im Sinne von Deflexion). Auf der Systemebene (Deflexivität) sind Effekte der deflexiven Abschließung von (emanzipatorischen) Handlungs- und Denkräumen unter dem Begriff der *»false necessity«* bzw. »falschen Notwendigkeit« von Roberto Unger kritisiert worden (vgl. *False Necessity).* »Falsches Bewußtsein« in der Form von *Ideologien* sorgt gemäß der marxistischen Deutungslinie im Anschluss an Althusser sogar ganz bewusst für die deflexive »Verdinglichung« bestimmter Vorstellungen, für ihr Eindringen tief in die Subjektstrukturen, was somit die Veränderung der sozialen Wirklichkeit erschwert, überschreitende Dynamiken gar nicht erst in Gang kommen lässt (vgl. *Ideologie und ideologische Staatsapparate).* Wie Deflaktion in Deflexivität gerinnt, beschreibt Murry Edelman am Beispiel des politischen Systems, wobei er den Begriff der *symbolischen Politik* ins Zentrum seiner Überlegungen stellt und entsprechend primär auf deflexive Mechanismen der symbolischen Aufladung von Handlungen, der Ritualisierung und der Institutionalisierung eingeht (vgl. *Politik als Ritual).* Das Konzept einer reflexiv-deflexiven Dialektik kann alle diese beispielhaft herausgegriffenen Begriffe/Ansätze in einen sinnvollen Zusammenhang bringen. Im Folgenden sollen allerdings eher die konkreten empirischen Aspekte von Objekten als Medien der Reflexivität (in ihrer Dialektik) im Zentrum stehen.

6. Objekte als Medien der Reflexivität: Die ästhetische »Sprache« der Dinge und ihre praktische »Aussagekraft«

6. OBJEKTE ALS MEDIEN DER REFLEXIVITÄT: DIE ÄSTHETISCHE »SPRACHE« DER DINGE UND IHRE PRAKTISCHE »AUSSAGEKRAFT«

Die Dinge sind. Das Sein ist »an sich« dinglich. (Das zumindest denkt man, wenn man kein »Idealist« ist.) Ist das der Grund, warum das (Da-)Sein in dieser Welt so »schwer« fällt? Und wie ist dann aber die – sich zuweilen auch einstellende – »Leichtigkeit des Seins« zu erklären? Die materielle Grundlage des (sinnlichen) Empfindens scheint also nicht eindeutig kodiert zu sein. Das (gleiche) Gewicht wird mal als schwer und mal als leicht wahrgenommen. Man kann das eigentlich nur so erklären: dass die Dinge zwar sind, aber (uns) nicht gleich sind. Das heißt aber auch: dass sie uns angehen. Dass sie uns etwas »zu sagen« haben. Dass sie uns deshalb möglicherweise auch aus dem Gleichgewicht bringen. Und vor allem: dass sie nicht (nur) »objektiv« sind, sondern dass im Ding immer schon »Subjektives« eingemischt ist.

Damit das Ding nicht nur ist, sondern ein Ding ist, muss es nämlich von anderem Sein »geschieden« sein. Bei dieser (unterscheidenden) »Verdinglichung« tritt – notwendig – das Subjekt auf den Plan. Die subjektive Wahrnehmung macht »Etwas« erst zum Ding, indem es ihm Aufmerksamkeit schenkt und es aus (der Unbestimmtheit) der Umgebung hervortreten lässt. Das Sein mag also zwar an sich dinglich (und das heißt: »verkörpert«) sein, aber ein konkretes, (be-)greifbares Ding (»für uns«) gibt es erst, wenn es sich durch unseren Aufmerksamkeitsfokus »bestimmt«. Das Dingliche ist darum stets nicht nur verkörpert, sondern auch »verkopft«: Das Körperliche lässt sich nicht vom Kognitiven trennen. Es mag das Ding – als bloße Materie – auch ohne den Gedanken geben, aber »Sinn« macht die Rede vom »Ding« nur durch das Wahrnehmen und das Denken des Dings.

Jedes Ding ist also – aufgrund der wechselseitigen Beziehung zum Subjekt – eigentlich immer schon Objekt. Die (von der Subjekt-Philosophie eingeführte) Subjekt-Objekt-Spaltung, die Ausdruck für »Uneinheit«, für den immer nur subjektiven Zugang zum Objekt ist, verweist zugleich auf die Subjekt-Objekt-Verbundenheit: ohne Subjekt ist kein Objekt denkbar und – letztlich – ohne Objekte auch kein Subjekt. Was allerdings beim »eigentlichen« Objekt zur bloßen Dinglichkeit hinzukommt, ist das Moment des Begehrens. Das Objekt-Sein beschränkt sich nicht auf das Wahrgenommen-Werden, sondern *Objekt-Sein bedeutet, begehrt zu werden*. Jedes Objekt ist, als sinnlicher »Gegenstand« und als Oberfläche der Projektion, Objekt eines (subjektiven) Begehrens. Deshalb liegt in der Beziehung zum Objekt immer auch eine

»Gefahr« für das Subjekt: Das Subjekt bringt das Objekt nicht nur hervor, es tendiert in vielen Fällen dazu, den begehrten Objekten eine (Eigen-)Macht zuzuschreiben, die ihnen nicht zukommt. Das so – durch »Übertragung« – zum Fetisch gewordene Objekt »bestimmt« das Subjekt mehr als es vom Subjekt »bestimmt« wird. (Siehe zum Zusammenhang von Objekt und – subjektivem – Begehren nochmals S. 42ff.)

Allerdings: Das Ding *vermittelt* sich uns ausschließlich als Objekt – und das in seiner vollen Ambivalenz. Die Gefahr (der Fetischisierung), die die Objekt-»Begehrlichkeit« birgt, beinhaltet nämlich andererseits auch die Möglichkeit der reflexiven (Selbst-)Erkenntnis im ästhetischen Medium der Objekte. In der Tat ist jedes materielle Objekt ein potentielles (Erkenntnis-)Medium, das ggf. ästhetische Resonanz zu unserem Begehren erzeugt und das Begehren damit »verstärkt«, es erfahrbar und erkennbar macht – und so an uns zurück vermittelt. Was wir also (reflexiv) vermittelt durch die Objekte vernehmen, ist die »Stimme« unseres eigenen Begehrens. Die Nachricht, die Botschaft, die uns die Dinge zu sagen haben, ist darum keine Botschaft, die von ihnen rührt, sondern die von ihnen nur »reflektiert« wird. Trotzdem berührt uns die Botschaft der Objekte, wenn wir sie vernehmen, denn sie ist auf uns – und nur auf uns – gerichtet. Tatsächlich sind wir bzw. unser Begehren ja die eigentlichen Erzeuger der »medialen« Botschaften der Objekte.

Genau deshalb mutet es uns zuweilen auch »unheimlich« an, was wir vermittelt über die Objekte vernehmen – denn es offenbart unser geheimstes Begehren. Diese Unheimlichkeit übertragen wir auf die Objekte. Wir misstrauen den »Dingen«. Oft ganz zu Recht. Denn dem »objektiven« Begehren zu folgen, kann in Abgründe führen. Und das von den Objekten gespiegelte Begehren ist – durch den Weg der Übertragung – überdies verzerrt, etwa wenn nur ein Teil der »Botschaft« zu uns durchdringt. Oder es ist geglättet, wenn die Oberfläche der Objekte wie ein Filter wirkt. Deshalb ist nicht jedes Objekt gleichermaßen als »Medium« geeignet. Entscheidend ist die Resonanzfähigkeit des Objekts und seine »ästhetische Dichte«, d.h. wie »reich« und »differenziert« die ästhetische Ansprache des Objekts ausfallen kann. Doch trotz aller dieser Einschränkungen gilt: Jedes Objekt kann für uns zu einem (reflexiven) Medium werden. (Siehe zum reflexiven Mediencharakter der Objekte auch S. 16ff.)

Die »Sprache« der Objekte ist eine ästhetische, materielle Sprache. Deshalb kann – dem Vermögen nach – jedes »Material«, jedes Ding in irgend einer Weise zu uns »sprechen«. Und da diese Sprache also in einer fundamentalen Weise »sinnlich« ist, können wir »Sinn« daraus generieren. Dieser Sinn betrifft nicht nur das, was wir schon wissen, sondern vor allem auch das, was wir (noch) nicht wissen, was aber »Sinn macht«, d.h. die latente, (vor uns selbst) vorborgene Ebene des Begehrens betrifft. Diese Ebene der Latenz kann sich im Objekt zeigen und zu uns zurück gespiegelt werden. Das Objekt ist dann (für uns) auch ein Zeichen, ein Symbol, das auf den Sinn, den wir durch seine »Vermittlung« erfahren, verweist und diesen Sinn »materiell« präsent hält (siehe zur symbolischen Dimension S. 66ff.).

Zugleich droht der »verdinglichte« Sinn aber zu erstarren. Er wird »ikonisch«: obwohl er materiell präsent ist, »transzendiert« er sich, d.h. er ist nicht mehr Gegenstand unserer (kritischen) Reflexion, sondern er verweist in seiner materiellen Gegenständlichkeit nur noch auf sich selbst bzw. eine unter der dinglichen Oberfläche schlummernde Tiefendimension, die sich (in ihrer Unsichtbarkeit) jeder Hinterfragung entzieht. Auch die Objekte sind damit verwoben in die Dialektik von Reflexivität und Deflexivität (siehe auch S. 125ff.), denn sie können als dingliche Medien beides bewirken: ikonische Erstarrung, Verfestigung und (Selbst-)Vergewisserung. Aber ihre greifbare Materialität kann eben auch ästhetische Resonanz(en) zu unserem Begehren erzeugen, indem sie auf ein »Anderes« verweist, und so diesem »Anderen« Ausdruck verleihen. Die Dinge »sprechen« – mit Lacan gesprochen – in diesem Fall über den (nie stillbaren) Mangel, der ein Antrieb ist, die Welt zu »bereichern« und das bedeutet: sie zu verändern! Denn der empfundene Mangel ist Ausdruck der Mangelhaftigkeit des Realen, seiner Differenz zum (utopischen) Ideal – was uns dazu aufruft, (dieses) zu verwirklichen.

Émile Durkheim hat in seinen *»Regeln der soziologischen Methode«* vorgeschlagen, »die soziologischen Tatbestände wie Dinge« zu behandeln« (S. 115), da sie seiner Meinung nach »harte«, für den einzelnen unveränderliche Strukturen darstellen. Ich möchte also vorgeschlagen, genau das Gegenteil zu tun, nämlich die materiellen Dinge als individuell und sozial »ausgerichtete« Gegenstände zu betrachten, die nicht nur selbst verändert (und »umgestellt«) werden können, sondern Impulse zur Veränderung geben, indem sie – über ihre ästhetische Wirkung – *unser* Begehren (nach dem »Anderen«, nach einer anderen Welt) ansprechen.

Wenn man Walter Benjamin folgt, so ist das ein im Kern romatisches Verständnis des »ästhetischen Gegenstands«, denn dem Romantiker gilt die Kunst als Reflexionsmedium, in welchem er sich selbst und die Welt erkennt, weil sie einer (übergeordneten) Wahrheit (symbolische) Form verleiht (vgl. *Der Begriff der Kunstkritik in der deutschen Romantik:* S. 87ff.). Die neue, reflexive Romantik des Materiellen, der ich mich gerne verschreiben will, ist allerdings weniger an der Formgebung transzendenter Wahrheit interessiert, sondern sie will die Dinge tatsächlich »sprechen« und das heißt: sinnlich werden lassen, damit sie uns helfen, das Jenseits des Raums der gängigen Vorstellung zu erschließen. Das kritische Potential der lange Zeit dominanten diskurstheoretischen Ansätze war es, die konstitutive Funktion der Sprache und die »gesellschaftliche Konstruktion der Wirklichkeit« (Berger/Luckmann) ins Bewusstsein zu bringen. Doch sie neigte (zwangsläufig!) dazu, den Diskurs zu verdinglichen (vgl. auch Jain: *Zur Ökonomie des wissenschaftlichen Begehrens*). Die ästhetische »Sprache der Dinge«, wie ich sie verstehe, kann ihr kritisches Potential wiederum nur entfalten, insofern sie sich »entdinglicht«, und das bedeutet, wenn sie vom Objekt übertritt ins Reich des Subjekts (und seines Begehrens), wenn sie »Gegenständlichkeit« in (reflexive) »Gegenwärtigkeit« überführt.

DAS MUSEUM ALS (NICHT-)ORT DES »DIALOGS« MIT DEN DINGEN?

Ein Ort, der durch seine begriffliche »Bestimmung« (als »Ort der Musen«) sozusagen prädestiniert ist, eine solche Ding-vermittelte »Vergegenwärtigung« in Gang zu setzten, wäre das Museum. Allerdings zeigt sich bei genauerer Betrachtung schnell, dass das Museum als Institution (und Gebäude) tatsächlich primär ganz andere faktische »Bestimmungen« verfolgt. Es ist in der Praxis nämlich eher ein »Hort«: ein Ort des Sammelns und des Hortens, wo nicht nur ausgestellt, sondern – als wesentliches Element – auch klassifiziert und archiviert wird. Damit wird zum einen »eine Unterscheidung zwischen Kunst und Nicht-Kunst hergestellt« (Groys: *Die Logik der Sammlung:* S. 10). Zum anderen kann man das hortende Museum als institutionelle Manifestation der »analen Phase« der (Kultur-)Nationen betrachten, wo der Lust an der Ausübung der Kontrollmacht (durch das Horten, Klassifizieren und Definieren von »wertvoll-wertlos«) nachgegeben wird.
Ganz »banal« ging und geht es aber insbesondere bei den großen staatlichen Museen immer auch um die Generierung und Zurschaustellung »symbolischen Kapitals« (vgl. zum Begriff des symbolischen Kapitals Bourdieu: *Praktische Vernunft:* S. 150ff.): Die Größe der Nation wird eben auch an der Größe der Museen und Sammlungen bemessen. Entsprechend sind die baulichen Strukturen zumeist weniger auf Interaktion als auf »Repräsentation« angelegt. Und um die Räume zu füllen – das »British Museum« etwa besitz eine Ausstellungsfläche von ca. 75.000 Quadratmetern (und ist damit keineswegs das weltweit größte Museum) – schreckte man in den imperialen Staaten

Europas, wo die Idee des (neuzeitlichen) Museums geboren wurde, keineswegs davor zurück, die materielle Kultur der Kolonien zu plündern und zu Ausstellungsobjekten zu machen. Über die so ausgeübte Definitionsmacht stabilisierte man gleichzeitig die kolonialen Machtverhältnisse (vgl. ergänzend die Beiträge Barringer/Flynn: *Colonialism and the Object)*.

Und natürlich lässt sich symbolisches Kapital auch in ökonomisches Kapital »konvertieren«: Die großen Museen sind Anziehungspunkte des Tourismus, der den Museumsmetropolen direkte und indirekte Einnahmen beschert (vgl. zum Museumstourismus z.B. Kirshenblatt-Gimblett: *Destination Culture)*. Das verändert auch den Charakter des Museums. Positiv ausgedrückt kann man von einer Demokratisierung sprechen. Negativer gefasst lässt sich ein kultureller Konsumismus beklagen, bei dem sich die Besuchermassen im Schnelldurchlauf durch die (ebenso immer schneller wechselnden) Ausstellungen wälzen. Das Museum gleicht dabei immer mehr eher einer Bahnhofshalle als einem elitären »Musentempel« – und wird damit zu einem Nicht-Ort der flüchtigen Passage (vgl. Certau: *Kunst des Handels:* S. 197ff.), der seine (kulturell) normierende Kraft zunehmend einbüßt.

Groys spricht angesichts dieser Entwicklungen gar vom »Ende des musealen Zeitalters« (vgl. op. cit.) – allerdings auf der Grundlage eines Blicks auf das Museum, der allzu sehr die Frage nach der Kunst in den Mittelpunkt rückt. Er übersieht dabei – offenbar durchaus gewollt – dass aus anderer Perspektive ganz andere soziale und politische »Funktionen« vom Museum erfüllt werden, als die Unterscheidung zwischen Kunst und Nicht-Nichtkunst. Ich meine sogar, dass diese Unterscheidung tatsächliche nur eine »Nebenfolge« der anderen Funktionen des Museums darstellt.

Und hier lohnt es sich (ergänzend zu den oben angerissenen Punkten), die »Genealogie« des Museums nochmals auch im Hinblick auf das Subjekt zu beleuchten: Tony Bennett etwa untersucht die »Geburt« des Museums in (recht enger) Anlehnung an Foucault und kommt zum (entsprechend wenig überraschenden, aber durchaus plausiblen) Ergebnis, dass die Entstehungsgeschichte des Museums in Kontext der Praktiken der »Subjektivierung«, der Hervorbringung und Disziplinierung des Subjekts, verstanden werden muss (vgl. *The Birth of the Museum)*. Das Museum ist eine Insitution, an der das bürgerliche Subjekt sich ästhetisch bildet und erfürchtiges Stauen ebenso wie »zivilisiertes« Benehmen lernt. Zu diesem zivilisierten Benehmen gehört ein »Code der schweigenden Betrachtung« (van den Berg/Rieger Ladich: *Pssst!:* S. 235), denn gemäß der bürgerlichen Bildungskonvention spielt das (»erfüllte«) Schweigen – analog zur klösterlichen Kontemplation in der Vergangenheit – eine ent-

scheidende Rolle für den Akt des Verstehens, der mit der Betrachtung der Museumsobjekte ausgelöst werden soll (vgl. ebd.).
Die kontemplative Versenkung in den musealen Bildungstempeln wird aktuell freilich durch lärmende Touristenmassen erheblich gestört, wenn nicht gar verhindert. Deshalb wäre das »belebte« Museum unserer Tage, in dem es auch laut zugeht, für die Bewahrer des »Guten, Schönen und Wahren« alten Schlags mit Sicherheit eine Zumutung gewesen. Das Gebot des Schweigens gilt nämlich, wenn es nach ihnen geht, nicht nur für die Besucher. Nein, auch die Ausstellungsobjekte haben zu schweigen! So bemerkt etwa der Volkskundler und Kulturhistoriker Otto Lauffer, der während der NS-Zeit Karriere machte, in einem viel zitierten Beitrag: »Dinge. Sie zeigen nur. Im übrigen sind sie stumm.« *(Quellen der Sachforschung:* S. 125)
Was hier zum Ausdruck kommt ist weniger banal als es zunächst scheint. Denn es offenbart sich in dieser Formulierung ein durch und durch autoritäres, aber latent immer noch sehr verbreitetes Verständnis des Museums, das davon ausgeht, dass (Fach-)Wissen notwendig ist, um die Dinge »zum Sprechen« zu bringen. Denn so modern und interaktiv Ausstellungskonzepte heute auch in der Mehrzahl (?) sein mögen. Mit der zunehmenden Verwissenschaftlichung der Ausstellungspraxis, die sich in Studiengängen wie »Museologie und materielle Kultur«, »Sammlungsmanagement« oder »Kulturen des Kuratorischen« zeigt, sind/ist Experten(wissen) nicht nur gefragt bei der Konzeption, sondern auch bei der »Führung« durch Ausstellungen. Die museale Ausstellung funktioniert dabei als kuratorische Erzählung, die von den Besuchern »gelesen« und »gehört« wird (vgl. auch Kossman/Mulder/den Oudsten: *Narrative Spaces).* Umfangreiche Kataloge und »Audio-Guides« sind für diese Tendenz nur die materielle Manifestation. Das autoritäre Ideal, dass nicht einmal den Weg der Besucher durch die Ausstellung dem Zufall überlassen will, findet gerade in der aktuellen, verwissenschaftlichten kuratorischen Praxis seine Auferstehung. Ein »freier Umgang« mit den ausgestellten Objekten findet nicht statt. Und einfach Dinge in einen Raum stellen – das geht ohnehin so einfach nicht mehr, sondern steht unter gesteigertem Legitimationszwang. Gefordert ist ein »Vermittlungskonzept«. Das aber bedeutet implizit: egal wie interaktiv, multimedial und laut es zugehen mag: es wird der Narration der Ausstellungsmacher »gelauscht«. Dahinter steht letztlich eine Vorstellung von musealen Objektmedien, die dem klassischen Sender-Empfänger-Modell einer unidirektionalen »Vermittlung« folgt.
Im Zuge des »Material Turn« (vgl. Hicks: *The Material-Cultural Turn)* in den Kulturwissenschaften erleben wir freilich nunmehr die Forderung, vom

stummen zum »sprechenden« Objekt umzustellen (vgl. die Beiträge in König: *Alltagsdinge)*. Man rekurriert dabei im deutschsprachigen Diskurs insbesondere auf Konzepte von Gottfried Korff, der darauf verweist, dass im Akt des musealen Zeigens ein »Dialog« mit den Dingen initiiert wird, wobei der museale Kontext und die Stellung der Dinge zueinander ihre »Aussagekraft« verstärken: »Die Kombinatorik steigert die ›Beredtheit‹ der Dinge, lässt Zeichenensembles entstehen, die eine Fülle von Verweisungen, Bedeutungen und Mitteilungen enthalten.« (Vgl. *Notizen zur Dingbedeutsamkeit:* S. 12) Noch weiter geht Miecke Bal, die dafür plädiert, den Objekten die Möglichkeit einzuräumen, »Widerworte zu geben« *(Kulturanalyse:* S. 18). Hinter diesem Verständnis der Museumsobjekte als »Inter-Aktanten« steht offenbar ein Vermittlungsmodell, bei dem die (Objekt-)Medien sozusagen auch die Funktion von »Sendern« ausüben.

In einer systemwissenschaftlich inspirierten »Beobachtung zweiter Ordnung« des Museums kritisiert Michael Fehr (unter expliziter Bezugnahme auf Korff) allerdings solche Ansätze als Versuch einer »Disziplinierung der Objekte durch Musealisierung« *(Das Museum als Ort der Beobachtung zweiter Ordnung:* S. 151), da die Objekte auch hier letztlich – als reizauslösende »Stichwortgeber« – instrumentalisiert werden. Fehr plädiert deshalb, ohne dies jedoch konkreter auszuformulieren, für ein Museum, das ein Ort ist, an dem die *Differenz* von Bildstoff und Bild – sprachtheoretisch gewendet könnte man auch formulieren: die Differenz von Signifikat und Signifikant – ins Bewusstsein treten kann (vgl. ebd.: S. 166). Thomas Thiemeyer wiederum hält es – unter Bezugnahme auf Benjamin (vgl. *Das Kunstwerk im Zeitalter seiner technischen Reproduzierbarkeit)* – durchaus für gerechtfertigt die »Aura« des musealen Objekts »für sich« sprechen zu lassen. Theoretische Fundierung findet er dabei auch in der Semiophorentheorie Krzysztof Pomians (vgl. *Der Ursprung des Museums)*, der museale Objekte als spezielle »Zeichenträger« begreift, in denen sich semiotische und materielle Aspekte verbinden und deren Bedeutung erst durch die (museale) *Sammlung* geschaffen wird: so steht denn etwa im Museum ein (außerhalb des Sammlungskontexts relativ »bedeutungsloses«) Tongefäß stellvertretend für eine untergegangene Kultur.

Damit aber sind wir wieder am »analen« Ausgangspunkt angelangt: dem Museum als »Hort« (bzw. »Abort«) des Sammelns. Als ein solcher hat es wohl eine Vergangenheit, aber kaum eine große Zukunft als »abwegiger« Ort der Vergegenwärtigung. In dieser Hinsicht anschlussfähiger sind die Überlegungen von Joseph Beuys (die er im Gespräch mit Frans Haks dargelegt hat). Beuys stellt dem konventionellem Museum (als archivierende, sammelnde Institution) das Bild eines progressiven Museums entgegen, das als »soziales Labor« wirkt. In diesem Labor wird keiner kuratorischen Erzählung gelauscht, sondern es ist Ort des Austausch, des (interdisziplinären) Diskurses, in dem sich Leben und Kunst verbinden. Dazu verlässt es auch die engen Mauern der Museumsgebäude und ist ständig in Bewegung (vgl. Beuys/Haks: *Das Museum)*. Dieses von Beuys anvisierte dynamische und interaktive Museum ist freilich hinsichtlich keiner der oben genannten »Bestimmungen« – Definition von Kunst, Zivilisierung, Generierung und Zurschaustellung symbolischen Kapitals, ökonomische »Wertschöpfung« etc. – funktional: es ist kein Museum mehr. Und vielleicht ist das auch der analog zu ziehende Schluss: die ästhetischen Medien der Reflexivität brauchen keinen (bestimmten) Ort. Die Vergegenwärtigung durch die Objekte, die die Differenz des Begehrens zur Realität spiegelt, kann überall stattfinden – vielleicht nur nicht im Museum.

ÄSTHETISCHES »ERFAHREN«

Neben dem Museum existieren aber auch andere praktische Kontexte, in denen ästhetisches (Objekt-)»Erfahren« – und damit potentiell ästhetisch »angestoßene« Reflexivität – eine bedeutende Rolle spielt. Ein interessantes Beispiel hierfür sind Kunst-bezogene therapeutische und pädagogische Ansätze. Schon im 19. Jahrhundert war Malen als »Beschäftigungstherapie« psychisch kranker Patienten zum Einsatz gekommen (vgl. Thomas: *»Ich kann aber nicht malen«:* S. 15 ff.). Die ersten konkreten Therapieansätze auf der Basis künstlerischer Betätigung schließlich lassen sich bis in die 1920er Jahre zurück verfolgen. Sie entstanden im Kontext der – allerdings stark esoterisch geprägten – Anthroposophie, der es darum geht, Ungleichgewichte zwischen »physischem Leib«, »Ätherleib«, »Astralleib« und »Ich-Organisation« auszugleichen (vgl. ebd.: S. 25). Dazu dient etwa die von Liane Collot d'Herbois entwickelte »Licht-Finsternis-Farbarbeit« (vgl. *Licht, Finsternis und Farbe in der Maltherapie)*.
Neben einer Reihe weiterer Ansätze (z.B. tiefenpsychologischer oder heilpädagogischer Ausrichtung) entstanden ab den 1950er Jahren auch gestalttherapeutische Verfahren (vgl. zur Übersicht Hartmann-Kottek: *Gestalttherapie)*, die im Hinblick auf die Entfaltung reflexiver Vergegenwärtigung vielversprechender erscheinen. Die Gestalttherapie wurde von Fritz Perls, Ralph Hefferline und Paul Goodman begründet (vgl. *Gestalt Therapy)* und ist an phänomenologische Konzepte angelehnt. Dabei liegt ihr ein Objekt-Verständnis zugrunde, das – thematisiert als Figur-Grund-Beziehung – die Kontextge-

bundenheit der Objekte herausstellt und gleichzeitig auf die »Leib-haftigkeit« der Wahrnehmung abhebt (vgl. auch Mahrgardt: *Erkenntnistheoretische Grundlegung der Gestalttherapie:* S. 97). Deshalb werden im Rahmen der Gestalttherapie auch häufig sinnliche Medien und künstlerische Verfahren eingesetzt. In der Auseinandersetzung mit dem Material kommt es, gemäß den Annahmen der Gestalttherapeuten, zu einer Fokussierung auf das Innen, was Selbsterkenntnisprozesse fördert (vgl. Hartmann-Kottek: op. cit.: S. 228ff.). Entsprechend kann man hier von einer »reflexiven Sinnlichkeit« (Dreitzel) sprechen: Die sinnlich-ästhetische Objekt-Wahrnehmung vermittelt (interaktiv) eine neue Selbstwahrnehmung, ein neues »Sich-ins-Verhältnis-Setzen« (vgl. auch Clemmens: *The Interactive Field).*

Insbesondere in der Kunstpädagogik rekurriert man zur Auslösung von solchen »Neuordnungen« gerne auf die – der Objektkunst entlehnte – Methode der »Verfremdung« (vgl. Groh: *Das verfremdete Objekt in der Kunstpädagogik).* Das verfremdete Objekt dient dabei als »Modell einer alternativen Ordnungsstiftung« (ebd.: S. 12), denn durch Verfremdungen kann ein Reflexionsprozess in Gang gesetzt werden, in welchem nicht nur das eigene Verhältnis zur sozialen Umwelt hinterfragt, sondern auch deren Veränderbarkeit »dinglich« erfahrbar wird (vgl. ebd.: S. 234). Eine solche, auf Verfremdungserfahrungen gegründete pädagogische Praxis wirkt also in ähnlicher Weise wie das epische Theater Brechts, der zum Mittel der Verfremdung bemerkt: »Verfremden heißt [...] Historisieren, heißt Vorgänge und Personen als vergänglich darzustellen« (Brecht: *Über experimentelles Theater:* S. 301). Heute würden wir wohl formulieren: Verfremdung erzeugt (reflexives) Kontingenzbewusstsein, indem sie darauf verweist, dass die gegeben Zustände auch anders sein könnten. Aus ihren angestammten Kontexten herausgelöste Objekte »materialisieren« Kontingenz, machen sie sinnlich erfahrbar und rufen somit indirekt dazu auf, die Kontexte (aktiv) zu verändern.

Pädagogische und therapeutische Praxis, die (derart) versucht, auf dem reflexiven Potential sinnlicher Objekt-Erfahrung aufzubauen und dem »Anderen« – und (damit) dem Begehren – Raum zugeben, scheint sich nicht in das kritisch gefärbte Bild der modernen »Humanwissenschaften« zu fügen, das Michel Foucault speziell in seinen Schriften *»Wahnsinn und Gesellschaft«* und *»Die Geburt der Klinik«* zeichnete. Denn Foucault versuchte hier aufzuzeigen, dass (auch und gerade) diese »humanitären« Wissenschaften sich dem Ausschluss und der Einhegung des Anderen, also aller dem Paradigma der Rationalität widersprechenden Elemente, verschrieben haben. Er trifft meines Erachtens auch bei den oben genannten Beispielen insoweit ins

Schwarze, als jeder Therapie und jedem Versuch der pädagogischen Intervention zwangsläufig ein »zweckrationales«, instrumentelles Verständnis zugrunde liegt: Sie verfolgen ein bestimmtes (therapeutisches) Ziel, dienen einem Zweck (je nach Ausrichtung: Heilung, Normalisierung, Anpassung etc.). Und auch die im therapeutischen Kontext verwendeten Objekte sind instrumentell, denn sie sollen Mittel für ebendiese Zwecke sein. Auf der anderen Seite kann speziell die sinnliche Objekt-Erfahrung aber auch als ein Instrument der Befreiung (von Instrumentalität) gesehen werden – wenn man, wie Adorno, die Auffassung teilt, dass dem Ästhetischen, speziell der Kunst, ein Moment des »Widerstands« innewohnt. Für Adorno ist Kunst nämlich »der [!] Statthalter einer besseren Praxis« (*Ästhetische Theorie:* S. 26) und »gesellschaftliche Antithesis zur Gesellschaft« (ebd.: S. 19), sofern sie nicht zu einem gefälligen Konsumgut verkommt, sondern mit dem Mittel der Sinnlichkeit dem »Vorrang des Objekts« (vgl. auch ebd.: S. 111) – und damit der Stimme des Anderen – mimetisch Ausdruck verleiht.
Wie bereits bei Adorno anklingt, ist Kunst allerdings immer ein ambivalentes Medium – und möglicherweise macht diese Ambivalenz sogar das Wesen der Kunst (als Medium) aus (vgl. Reck: *Kunst als Medientheorie:* S. 44ff.). Das betrifft nicht nur die Interpretation des Kunstwerks, sondern gerade auch ihre politisch-gesellschaftliche Wirkung. Selbst in seiner Affirmativität ist dabei ein idyllisches Landschaftsgemälde möglicherweise »politischer« als ein Werk des propagandistisch überformten »sozialistischen Realismus«. Und beide können ins »Gegenteil« umschlagen: das (an sich banale) Landschaftgemälde kann – im Schauen – das Begehren nach einem anderen Umgang mit Natur erzeugen. Und die Werke des sozialistischen Realismus können – in postsozialistischer Zeit – zu (bürgerlichen) Dekorationsobjekten »degenerieren«. Der »wirklichen« Bedeutung der Kunst und ihrer Objekte kann man sich allerdings meines Erachten ohnehin nur annähern, wenn man sie vom »Sockel des Erhabenen« stößt, auf dem sie auch gerade Adorno – in Kontinuität zum Kunstverständnis der Klassik – belassen hat.
Deshalb lohnt es sich speziell vor diesem Hintergrund John Deweys Thesen zu »*Kunst als Erfahrung*« zu betrachten, der sich explizit gegen ein elitäres Kunstverständnis wandte (vgl. S. 29ff.). Erfahrung ist gemäß Dewey nämlich das (Neben-)Produkt unserer Interaktion mit der Umwelt und bildet so notwendig die Grundlage auch jeder praktischen Ästhetik. Und zwischen Erfahrungen im Alltagsleben und ästhetischer Erfahrung (durch Kunst) gibt es keine scharfe Grenze. Dewey (vgl. ebd.: S. 47ff.) unterscheidet jedoch zwischen Erfahrung allgemein (als kontinuierlichem Fluss) und »einer Erfahrung«

(als Moment, der eine »Erfahrungseinheit« bildet). Speziell bei ästhetischen Erfahrungsmomenten spielt die Verknüpfung mit Emotionen eine bedeutende Rolle (vgl. ebd.: S. 54ff.). Oder wie ich ihn Anlehnung an die oben stehenden Ausführungen formulieren möchte: das ästhetische Erfahren und Erleben ist (notwendig) immer mit dem Begehren verbunden.

Allerdings möchte ich ergänzen: Es bedarf dazu nicht unbedingt der Kunst, sondern nur sinnlicher Objekte, die unser Begehren (durch ästhetische Resonanz) ansprechen und uns so eine reflexive Botschaft über das, was wir begehren (und das heißt: was wir »vermissen«) zu »sagen« haben. Entsprechend plädiert etwa auch Rudolf zur Lippe für eine umfassende Wiederentdeckung der Sinnlichkeit, die den Zugang zu einer »anderen Ordnung« schafft (vgl. *Sinnenbewußtsein:* S. 17ff.). Denn Erkenntnis beruht auf Differenzerfahrungen, die das Ästhetische »sinnlich« vermittelt und zwar nicht nur im Rahmen der Kunst, sondern auch im Bereich des Alltäglichen: »Es wäre der wahrhaftige Sinn der sogenannten Alltagsästhetik, die verborgenen Ordnungsentwürfe unter den Konstellationen von Gegenständen und Umgangsweisen aufzuspüren.« (Ebd.: S. 23)

»Epistemische Dinge«, »Grenzobjekte« und die »Aussagekraft« der Dinge

Nicht nur Kunstobjekte auch »banale« Alltagsobjekte können also zu (reflexiven) »Erkenntnisobjekten« werden. Sie sind dabei nicht selbst »Gegenstand« der Erkenntnis, sondern nur »Mittler« des Erkennens. Um aber Erkenntnis zu vermitteln, müssen die Objekte »sinnlich« sein: Ästhetische Wirkung beruht auf Materialität. Insofern müssen Erkenntnisobjekte in diesem ästhetischen Verständnis klar von den »epistemischen Dingen« im Sinne Rheinbergers abgegrenzt werden. Denn neben Objekten im engeren Sinn können gemäß Rheinberger auch etwa Strukturen, Reaktionen oder Funktionen zu epistemischen Dingen werden *(Experimentalsysteme und epistemische Dinge:* S. 27). Deren Kennzeichen ist nämlich weniger Sinnlichkeit als »Verschwommenheit«: Ihre Vagheit und Intransparenz ruft zur weiteren Erkundung auf (vgl. ebd.).

Allerdings ist auch Rheinbergers Ansatz durch eine »Verschiebung der Perspektive von Gedanken und Absichten der Handelnden zu Objekten, auf die sich ihr Handeln und ihr Begehren richtet« gekennzeichnet (ebd.: S. 7). Entsprechend geht es Rheinberger darum, die Bedeutung der materiellen

Kultur für die Geschichte der (wissenschaftlichen) Erkenntnisproduktion herauszuarbeiten (vgl. ebd.: S. 10ff.). Obwohl also eine Fokussierung auf wissenschaftliche Erkenntnisbildung gegeben ist und die ästhetische Dimension der Objekte weitgehend ignoriert wird: Das Konzept der epistemischen Dinge kann uns auch in der alltäglichen Praxis Wege weisen, uns anhand von Objekten zu neuen Sichtweisen und anregen zu lassen. Denn nicht nur wissenschaftliche Objekte laden zum Experimentieren ein, zur Spielerischen Hervorbringen des Neuen (vgl. auch ebd. S. 31). Ebenso Alltagsobjekte fordern – aufgrund ihrer Materialität – zum spielerischen Erkunden auf, und in der ästhetisch-sinnlichen Auseinandersetzung mit den »banalen« Dingen können neue, »andere« Perspektiven eingenommen werden.

Das gilt insbesondere, wenn es sich um »Grenzobjekte« handelt. Allerdings möchte ich den Begriff des »Grenzobjekts« dabei nicht im Sinn von Star und Griesemer verstanden wissen. Denn ein Grenzobjekt bzw. »Boundary Object« ist in ihrem Verständnis dadurch gekennzeichnet, dass es Verbindungen zwischen heterogenen Erfahrungswelten schafft. Damit das Grenzobjekt diese Verbindungen schaffen kann, muss es entsprechend gleichzeitig konkret und abstrakt, spezifisch und allgemein, standardisiert und angepasst sein (vgl. *Institutional Ecology, ›Translations‹ and Boundary Objects:* S. 408). Ein Beispiel für ein solches Grenzobjekt ist ein »Archiv« (repository), aus dem sich unterschiedliche Benutzergruppen bedienen und beitragen können, ohne direkt in gegenseitige, möglicherweise komplexe und konfliktträchtige Aushandlungsprozesse treten zu müssen (vgl. ebd.: S. 410). Das Archiv schafft damit eine »objektive« Verbindung zwischen den einzelnen Benutzergruppen, integriert unterschiedliche Positionen und bewirkt »Übersetzungsprozesse« (etwa durch gemeinsame Standards und »Codes« im Kontext des Archivs).

Das Konzept der Grenzobjekte von Star und Griesemer fungiert in gewisser Weise selbst als Grenzobjekt in diesem Sinn, indem es Anschlussmöglichkeiten für unterschiedlichste Forschungsansätze bereitstellt (vgl. z.B. die Beiträge in Hörster et al: *Grenzobjekte)*. Ein *reflexiv* wirksames Grenzobjekt würde jedoch auch genau entgegengesetzt wirken wie von Star und Griesemer beschrieben: Es erzeugt die *»Gegenwart« der Differenz*, holt das Ausgeschlossene hervor und macht latente Begehrensstrukturen bewusst. Es ist damit auch weniger ein Mittel der Übersetzung, sondern Medium des (reflexiven) Verstehens. Und das bedeutet: Das reflexive Grenzobjekt ist kein primär (sozial) integratives, sondern vielmehr auf uns selbst gerichtetes Objekt. Es markiert eine Grenze und führt uns an die Grenze unserer Anschauungen – und kann uns so helfen, diese (auch zum Anderen hin) zu überschreiten. Das bewirkt das reflexive Grenzobjekt, indem es uns »anspricht«. Und diese »Ansprache« – wenn sie Gehör findet, Resonanzen erzeugt – hat Aufforderungscharakter: sie kann nicht einfach überhört werden, sondern fordert die Auseinandersetzung ein.

Um aber diese Form der (fordernden) Resonanz zu erzeugen, muss das (Grenz-)Objekt sich *tat-sächlich* in den Weg stellen und uns – damit – Grenzen aufzeigen. Es muss »Schwerkraft« besitzen: sinnlich sein. Es ist die *materielle* Spiegelung des Anderen (in uns). Denn jeder Sinn ist letztlich eine Referenz auf »Materialität«, auf die greifbare, unhintergehbare, irreduzible Gegenwart des Begehrens, die sich im Sinnlichen »spiegelt«. So liegt die Aussagekraft der Dinge im materiellen Verweis auf das Begehren (das sie – für uns – zu Objekten macht).

Und darum ist die Sprache der Objekte auch nicht eigentlich die Sprache der Objekte. Die Objekte sprechen zu uns, (nur) weil wir sie/insofern wir sie verstehen. Was uns die Dinge zu sagen haben, liegt in uns. Das aber bedeutet zugleich: Die Aussagekraft der Dinge, ihre praktische Bedeutung, ist nicht beschränkt auf bestimmte Räume, Kontexte, Umgebungen (wie etwa das Museum). Sie ist auch nicht abhängig von formalen ästhetischen Prinzipien oder der »Genialität« eines Künstlers. Sie ist nur abhängig davon, ob wir bereit sind »wahrzunehmen« – nämlich die Botschaft unseres Begehrens zu vernehmen, die die Objekte durch ästhetische Resonanz verstärken und so »hörbar« machen. Jedes Ding kann zum Objekt werden. Und als Objekt ist es ein Mittler unseres Begehrens. Lassen wir uns darauf ein, was uns die Objekte in unserer (alltäglichen) Wirklichkeit zu sagen haben!

7. Das instrumentelle Paradox oder die Rache des Ästhetischen

7. DAS INSTRUMENTELLE PARADOX ODER DIE RACHE DES ÄSTHETISCHEN

Objekte besitzen – als ästhetische Medien, die Resonanz erzeugen – ein »Vermögen«: Sie können uns eine Botschaft über unser Begehren vermitteln (siehe S. 16ff.). Die Möglichkeit zur – reflexiven – (Selbst-)Erkenntnis im Medium der Objekte hat dazu geführt, dass ästhetische Verfahren in (psycho-)therapeutischen Kontexten eingesetzt werden (siehe S. 151ff.). Das reflexive, auch praktisch wirksame Potential von Objekten reicht aber viel weiter. Auch im Rahmen von Organistionen, die im Allgemeinen dazu tendieren, sich gegen jede grundsätzliche Veränderung zu sperren (vgl. z.B. Hannan/Freeman: *Structural Inertia and Organizational Change*), könnten Objekte als Mittler eines Wandels (festgefahrener Routinen und verhärteter Strukturen) fungieren – oder zumindest der Einsicht in seine Notwendigkeit. Deshalb haben meine Kollegen und ich uns in empirischen Untersuchungen mit »Objekten als Medien der Reflexivität« im Kontext von Organisationen beschäftigt (siehe auch http://www.omeder.de).
Eine Ausgangsthese war dabei, dass (reflexive) Erkenntnisse, die alleine auf sprachlich-kognitiver Ebene verbleiben, häufig ins Leere laufen und sich nicht in der organisationalen Praxis verankern können. Die Auseinandersetzung mit »greifbaren« Gegenständen verspricht dagegen – durch ihre sinnliche Ansprache – nicht nur neue Zugänge und Sichtweisen zu vermitteln, sondern diese auch zu »materialisieren«. Diese Annahme stützte sich auf eine Beobachtung im Kontext eines vorangegangenen Forschungsprojekts (vgl. auch Moldaschl/Manger: *Im Spiegel der Organisation):*
Als Element eines Organisationsentwicklungsprojekts hatte eine Mitarbeitergruppe eines neu zusammengelegten Bereichs in einem Industrieunternehmen eine auf dem Kopf stehende Pyramide gebaut und ein »Spiel« konzipiert. Bei diesem mussten mehrere Personen mittels Gummibändern, die an ihr angebracht waren, die Pyramide eine Rampe hinauf manövrieren. Das konnte allerdings nur gelingen, indem man, anstatt »an einem Strang« zu ziehen, jeweils in die eigene Richtung zog. Dieses Spiel symbolisierte die Situation der (von den Beteiligten so empfundenen) internen Spaltung in dem betreffenden Bereich – und verdeutlichte zugleich, dass die unterschiedlichen (Teil-)Kulturen und Ansätze zugleich genau seine Stärke darstellen könnten. Obwohl dies schon zuvor vielen Beteiligten klar gewesen war, wurde es erst durch die Objekt-Interaktion manifest. Das »Pyramidenspiel« hatte deshalb im Kontext unserer damaligen Untersuchung eine besondere Bedeutung

und war ein Element, auf das die von uns Befragten Mitarbeiter immer wieder rekurrierten. Und es brachte uns auf den Gedanken, das reflexive Potential von Objekten gezielter zu erforschen. Dies haben wir in unterschiedlichen Kontexten (Unternehmen, Behörden, öffentlicher Raum etc.) sowie mittels unterschiedlichster Objekte und Formen ästhetischer Erfahrung schließlich auch getan.

Bei der folgenden Darstellung einiger »Ergebnisse« dieser empirischen Forschungen zu Objekten als ästhetischen Medien der Reflexivität könnte ich mich nun darauf konzentrieren aufzuzeigen, wo und wie Objekte tatsächlich reflexive Wirkungen entfaltet haben. Das wäre aber ebenso vorhersehbar (und deshalb überflüssig) wie langweilig. Und schließlich weiß schon die – eigene – Theorie, dass reflexive Hinterfragungen immer auf deflexive Gegenkräfte treffen (siehe S. 124ff.). Deshalb soll hier das reflexive »Vermögen« der Objekte in all seiner Dialektik und Ambivalenz umrissen werden. Zudem wird (als Schluss) – was die Theorie alleine noch nicht (er)kannte – ein instrumentelles Paradox als »Naturgesetz« der Ästhetik proklamiert. Bevor aber die Bestimmungen dieses »Gesetzes« (schon der Begriff verweist darauf: es wird »gesetzt«) anhand empirischer Beispiele herausgearbeitet werden, ist noch ein Ausflug in die Welt der neuen Ideologien und »Praxologien« im Kontext des Ästhetischen angebracht – um sich von ihnen abzusetzen.

Die Instrumentalisierung des Ästhetischen – Ideologien und »Praxologien«

Das Ästhetische, insbesondere, wo es den Namen »Kunst« trägt, weckt auch im wissenschaftlichen Diskurs zunehmend Begehrlichkeiten. Man will sich mit ihm schmücken, sich an seinen »Reizen« bereichern, sein »Vermögen« ausbeuten. Im Schein des Ästhetischen beginnt die Aura der ansonsten eher unscheinbaren und spröden Wissenschaft zu leuchten (ich nehme mich selbst da keineswegs aus). Und Sogar in der Wirtschaft (und ihrer Wissenschaft) wird das Ästhetische und die Kunst zunehmend nicht nur als Form kulturellen Kapitals, welches das eigene Image aufwertet, geschätzt, sondern als Ressource betrachtet, die Innovation fördert. Davon geben Buchtitel wie *»Kunst fördert Wirtschaft«* (Bertram), *»Creativity and the Contemporary Economy«* (Koivunen/Rehn) oder *»The Value of Arts for Business«* (Schiuma) beredten Ausdruck. Auf die Ästhetisierung des Alltagslebens (vgl. Featherstone: *Postmodernism and the Aesthetization of Everyday Life)* folgt die (postfordistische) Ästhetisierung

der Wirtschaftssphäre (vgl. in diesem Zusammenhang auch Lash/Urry: *Economies of Signs and Space*).
Ich möchte vor diesem Hintergrund – im eher impliziten Anschluss an Terry Eagleton (vgl. *The Ideology of the Aesthetic)* – hier von einer *Ideologie des ästhetischen (Objekt-)Vermögens* sprechen, die das Ästhetische in ein primär instrumentelles Verhältnis zu seinem (sozio-ökonomischen) Kontext stellt. Giovanni Schuima (siehe oben) kann dabei als eine der führenden Stimmen dieses Diskurses angesehen werden, der im deutschen Sprachraum unter dem (möglicherweise treffenderen) Begriff der »Wirtschaftsästhetik« zusammengefasst wird (vgl. auch Biehl-Missal: *Wirtschaftsästhetik)*, während sich in der internationalen Debatte die Bezeichnung »organizational aesthetics« etabliert hat (vgl. etwa die gleichnamige Fachzeitschrift sowie die Beiträge in Linstead/Höpfl: *The Aesthetics of Organization)*. Im folgenden werde ich anhand von Schiumas Ausführungen die Grundzüge und Problematiken der Ideologie des ästhetischen (Objekt-)Vermögens kurz darlegen:
Schuima verschleiert sein instrumentelles Verständnis Kunst-basierter Interventionen in keiner Weise. Die Notwendigkeit (und der Nutzen), auch ästhetisch-künstlerische Verfahren einzusetzen, ergibt sich für ihn dabei aus den gewandelten Rahmenbedingungen: Der immer schnellere (ökonomische, soziale und kulturelle) Wandel und in seinem Zuge sich durchsetzende postmaterialistische Werte – wie Selbstverwirklichung, soziale Verantwortung oder Nachhaltigkeit – auch im Umfeld der Wirtschaft erfordern gemäß Schiuma entsprechende (»postmoderne«) Management-Methoden und -Strategien. Dabei gilt es vor allem, die gesteigerte Bedeutung von affektiven Elementen zu erkennen (und dienstbar zu machen). Entsprechend bemerkt er: »The use of the arts [...] allows the definition of management systems that integrate models and techniques recognising the human nature of organisations and harnessing people's emotions and energy.« (op cit.: S. 39)
Es geht also darum, die Gefühle und die Fähigkeiten der Menschen über das Medium der Kunst anzusprechen, um sie produktiv »einzubinden«. Das ist möglich, weil die Menschen eben eine ganz besondere, sinnlich-emotionale Beziehung zur Kunst haben: »people are fundamentally engaged in the arts because arts-based experiences have a cognitive and emotional power« (ebd.: S. 93). Dieser dezidiert utilitaristische Ansatz scheut sich entsprechend nicht, dem Management von Unternehmen anzutragen, Kunst-basierte Interventionen nicht nur zu erproben, sondern in diesem Sinne geeignete Kunstformen so gut es geht *auszubeuten* (vgl. ebd.: S. 46f.). Die Dienstbarmachung der Kunst hat nämlich den entscheidenden Vorteil, dass auch diejenigen, die sich dem

unternehmerischen Nutzenkalkül nicht verschreiben wollen, sondern nur aus eigenem Interesse an ästhetisch-künstlerischer Betätigung teilnehmen, am Ende zur Steigerung des ökonomischen Mehrwerts beitragen: »The concept of instrumental benefits presumes that an arts-based experience can be used as a means to achieve different benefits from those pertaining just to the satisfaction of personal goals« (ebd.: S. 94). Zwar erkennt Schiumi auch einen Eigenwert der Kunst an und sieht die positiven sozialen Effekte Kunst-basierter Interventionen, aber ihr eigentlicher Wert beruht für ihn klar in ihrem wertsteigernden Potential: »from a strategic point of view, ABIs [arts-based interventions] represent an approach to entertain and to create happy experiences and contexts. However the real strategic relevance of ABIs is related to their capacity to transform organisational components so that they can act as value-drivers.« (Ebd.: S. 211)

Schuimis Ansatz ist in seiner offen propagierten »Ausbeutungshaltung« so extrem wie ehrlich. Andere Vertreter der »organizational aesthetics« sind in dieser Hinsicht wesentlich »unklarer«, ja, sogar häufig der instrumentellen Vereinnahmung der Kunst explizit kritisch gegenüber eingestellt – auch was die tatsächliche Eignung der ästhetisch-künstlerischer Elemente zur »Vernutzung« anbelangt (vgl. so etwa die Beiträge in Carr/Hancock: *Art and Aesthetics at Work*). Insbesondere Antonio Stratis Ansatz – der ästhetisches Wissen/Lernen thematisiert, welches auf (empathischem) Verstehen und Differenzerfahrungen beruht (vgl. *Organization and Aesthetics:* S. 49ff. sowie S. 75ff.) – weist dabei eine relative Nähe zum hier vertretenden Konzept ästhetisch vermittelter Reflexivität auf. Strati wendet sich entsprechend explizit gegen Versuche, das Ästhetische dem Ökonomischen unterzuordnen, sondern stellt rein instrumentellen Verständnissen das »Vergnügen« am Ästhetischem entgegen (vgl. ders.: *Aesthetics in the Study of Organizational Life:* S. 236).

Allerdings sollte eines von Beginn an klar sein: wo ästhetisch-sinnliche Momente auf Kontexte treffen, die versuchen, sie zu instrumentalisieren, wird es kein vollständiges Entkommen aus der Instrumentalisierungsfalle geben. Deshalb müssen (und werden) auch die folgenden eigenen empirischen Analysen die Dialektik der instrumentellen Vereinnahmung des Ästhetischen berücksichtigen. Denn das Ästhetische und das Instrumentelle sind gegenseitig (in Abhängigkeiten) verstrickt: Im Postfordismus fällt der Kunst (beziehungsweise allgemeiner: der Ästhetik) nämlich nicht nur die Rolle des »Potenzierens« und des Legitimierens zu, sondern sie ist auf ökonomische Ressourcen angewiesen und will sich sogar – zu gewissen Anteilen – selbst »vermarkten« (vgl. so auch Mir: *Kunst Unternehmen Kunst*). Zudem ist jedes (sinnlich-ästhetische

Objekt) für das Subjekt »naturgemäß« auch instrumentell: es ist Mittel/Medium seines Begehrens! Umgekehrt – und hier greife ich vorweg – gilt jedoch ebenso: auch der Instrumentalisierung sind im Kontext des Ästhetischen Grenzen gesetzt.

Bevor dieses *instrumentelle Paradox* (siehe unten) jedoch anhand von zwei eigenen Fallbeispielen herausgearbeitet wird, ist es sinnvoll und überaus aufschlussreich, noch einige gängige Praktiken der Instrumentalisierung des Ästhetischen im Wirtschaftskontext kurz zu beleuchten: Die älteste der ästhetischen »Praxologien« (vgl. zum Begriff der Praxologie als praktische Entsprechung der Ideologie Jain: *Politik in der (Post-)Moderne:* S. 104) ist die Warenästhetik, die – in der Werbung, im Produktdesign etc. – auf Mittel der Ästhetik zurückgreift, um den Verkaufswert einer Ware zu steigern. Wolfgang Fritz Haug hat ihre Mechanismen und Wirkungsweise in den 1970er Jahren aus marxistischer Perspektive treffend analysiert (vgl. *Kritik der Warenästhetik*). Der Ursprung der Warenästhetik rührt für ihn in einem Widerspruch im Tauschverhältnis: Bereits durch die Einführung des Geldes hat sich der Tauschwert vom Gebrauchswert getrennt. Während der Käufer einen Gebrauchswertstandpunkt vertritt, interessiert den Verkäufer nur der möglichst höhe Verkaufswert. Dadurch laufen Gebrauchswert und Tauschwert tendenziell auseinander. Der Verkäufer muss allerdings den Schein erwecken, dass seine Waren einen entsprechenden Gebrauchswert aufweisen. Dazu dient die Ästhetisierung der Ware: »Das Ästhetische der Ware im weitesten Sinne: sinnliche Erscheinung und Sinn ihres Gebrauchswerts, löst sich hier von der Sache ab. Schein wird für den Vollzug des Kaufakts so wichtig – und faktisch wichtiger – als Sein. Was nur etwas ist, aber nicht nach ›Sein‹ aussieht, wird nicht gekauft. Was etwas zu sein scheint, wird wohl gekauft.« (Ebd.: S. 29) Die Produkte der Marke mit dem Logo, das keine Birne ist, können hier wohl als das treffendste Beispiel gelten. Obwohl die Firma Apple zum Beispiel im Bereich Mobiltelephone im vierten Quartal 2015 nur einen Marktanteil von 17,7% aufwies, konnte sie 91% des Gewinns auf sich vereinigen (vgl. Jones: *Apple's iPhone – Market Share Vs. Profits*). Dies gelingt der Firma, indem sie konsequent auf eine Ästhetisierung ihrer Produkte setzt, die einen nicht vorhandenen (höheren) Gebrauchswert suggeriert. Die Marke erzeugt dadurch sogar solche Begehrlichkeit bei den Konsumenten, dass sich zur Markteinführung jeweils lange Schlangen vor den Geschäften bilden, um als erste(r) in den nur teuer zu erkaufenden Genuss des neuen Produkts zu kommen. Natürlich kennen wir alle die manipulative Wirkung der Werbung und des Designs. Trotzdem können wir uns dem schönen Schein offenbar nicht entziehen.

Hier hat es den Anschein, als ob die Instrumentalisierung des Ästhetischen eine reine Erfolgsgeschichte ist. Andererseits soll nicht verschwiegen werden, dass die kaum weniger verführerisch aussehenden Telefone der Firma Samsung, die sogar einen rund 3% höheren Marktanteil besitzt und damit quantitativer Marktführer ist, nur 14% Profitanteil generieren (vgl. op. cit.). Wir haben es also mit einer »Klassengesellschaft« der Produzenten zu tun, die vermutlich nicht alleine auf der »objektiv« unterschiedlichen ästhetischen Ausstrahlung der Produkte beruht, sondern bei der noch andere Faktoren (wie etwa das Marken-Image und -Prestige) zu berücksichtigen sind. Zudem ist die Warenästhetik ein relativ gut etablierter (und gut untersuchter) Bereich, so dass es aufschlussreich(er) sein könnte, sich zusätzlich mit dem relativ neuen Feld der *»Produktionsästhetik«* auseinanderzusetzen. Hiermit meine ich nicht (in erster Linie) die ästhetische Gestaltung der Arbeitsstätten – um das Wohlbefinden der Arbeitnehmer und so vielleicht auch die Produktivität – zu erhöhen. Vielmehr geht es um die oben angesprochene Instrumentalisierung des Ästhetischen auf der Seite der Produzenten/Produzierenden. Adressaten sind dabei aktuell allerdings weniger die einfachen Arbeitnehmer als vielmehr Entwickler und Manager, deren Kreativität und Produktivität gesteigert werden soll. Anhand der Beispiele »Design Thinking« sowie »Serious Play« (von Lego) möchte ich kurz ergänzend einige Grundzüge und Problematiken der Produktionsästhetik umreißen:

Das »Design Thinking« ist ein Ansatz, der sich – wie der Name bereits besagt – an die Vorgehensweise von Designern anlehnt, um (auch ganz allgemeine, nicht auf die Produktgestaltung bezogene) Probleme zu lösen und neue Ideen/Innovationen zu generieren. Entwickelt wurde dieser Ansatz Anfang der 1990er Jahre von der (Design-)Firma »IDEO«. Tim Brown, Geschäftsführer von IDEO, fasst den Kern des »Design Thinking« selbst so zusammen: »Design thinking is a human-centered approach to innovation that draws from the designer's toolkit to integrate the needs of people, the possibilities of technology, and the requirements for business success.« *(Design Thinking)* Entsprechend ist es das Ziel des »Design Thinking«, Anwender-orientierte, innovative Lösungen durch interdisziplinäres und spielerisches (Zusammen-)Arbeiten zu finden. Es handelt sich also tatsächlich weniger um einen kognitiven Ansatz des »Thinking«, sondern vielmehr um ein praktisches – im einzelnen nicht genau festgelegtes – Verfahren des »Doing«, das mit seiner Kundenzentrierung klar auf den unternehmerischen Geschäftserfolg ausgerichtet ist (siehe oben). Mittlerweile hat es sich als Innovations-Verfahren etabliert und wird u.a. für den Erfolg der Umstrukturierungsmaßnahmen von Procter & Gamble verantwortlich gemacht (vgl. Martin: *The Design of Business:* S. 79ff. und siehe auch S. 177).

»Serious Play« ist im Unterschied zum Design Thinking nicht nur ein Verfahren, sondern (auch) eine Produktlinie des Spielwarenherstellers Lego. Dieser beschreibt sein »Serious Play«-Angebot, das auf einem an Unternehmensbedürfnisse angepassten Set seines bekannten Kunststoff-Spielzeugs aufsetzt, wie folgt: »The LEGO® SERIOUS PLAY® methodology is an innovative process designed to enhance innovation and business performance. Based on research which shows that this kind of hands-on, minds-on learning produces a deeper, more meaningful understanding of the world and its possibilities, the LEGO® SERIOUS PLAY® methodology deepens the reflection process and supports an effective dialogue – for everyone in the organization.« (Lego: *Serious Play)* Lego rät dazu, bei der Anwendung der »Serious Play«-Produkte auf die Angebote trainierter Vermittler/Berater zurückzugreifen. Ein solcher ist z.B. die Firma »Strategic Play Group Ltd.«, die verspricht, dass alle Mitglieder einer Gruppe gleichberechtigt an den unter ihrer Leitung angebotenen Workshops teilnehmen können, und dass das Ergebnis nicht nur in einem Team-Konsens und dem gesteigerten Team-Verstehen besteht, sondern dass darüber hinaus auch eine sichere und produktive Umgebung für die Entwicklung neuer Ideen geschaffen wird (vgl. Strategic Play: *Lego Serious Play).*

Das Neue, das mit den Mitteln des »Serious Play« generiert wird, basiert also nicht auf der Erfahrung von Differenz, sondern auf Konsens. Zudem ist beiden Ansätzen – »Design Thinking« und »Serious Play« – gemein, dass sie ästhetische Objekterfahrungen »kontrolliert« einsetzen wollen: Anwenderorientierung und konkreter Unternehmensnutzen stehen dabei klar im Vordergrund. Bei Strategic Play sind sogar schon die Objekte des Spiels kommodifiziert. Das verdeutlicht nicht nur die Inflation der »®«-Zeichen in dem zitierten Text, sondern dass vorgefertigte »Spielsachen« eines bestimmten Herstellers die Richtung der ästhetischen Erfahrung »lenken«. Und dieses Spielen ist auch nicht eigentlich »spielerisch«, denn es soll eben nicht unkalkulierbar, ungerichtet, lustbasiert und Selbstzweck sein, wie es der Charakter eines wirklichen Spiels wäre, zu dem Johan Huizinga bemerkt: »Summing up the formal characteristic of play, we might call it a free activity standing quite consciously outside ›ordinary‹ life as being ›not serious‹ but at the same time absorbing the player intensely and utterly. It is an activity connected with no material interest, and no profit can be gained by it.« *(Homo Ludens:* S. 13)

»Serious Play« ist – wie der Name bereits sagt – dagegen eine überaus ernste Sache. Es muss zielgerichtet dem unternehmerischen Wohl dienen – und keiner der Beteiligten soll sich diesem Sinn des Spiels verweigern. Ganz ähnlich verhält es sich beim »Design Thinking«. Auch hier wird das spielerische Element der Methode explizit betont, um schließlich doch darauf zu beharren, dass es um konkreten Anwendernutzen geht. Derart wird versucht, das (ästhetische) Spiel zu vereinnahmen, dessen eigentliche Qualität doch genau darin läge, dass es sich der Kontrolle und der Instrumentalisierung verweigert – und genau darum andere Perspektiven und Lösungen aufzeigen könnte.

Sinn-voll, aber unnütz? – Zwei Fallbeispiele

Auch bei unseren eigenen Untersuchungen war das oben angerissene Dilemma der Instrumentalisierung durchgängig präsent. Denn um Organisationen dazu zu bewegen, an unseren Fallstudien teilzunehmen, wollten und mussten wir ihnen einen potentiellen Nutzen kommunizieren. Mit dem Fokus auf Reflexivität, also der Fähigkeit eigene Routinen und Sichtweisen in Frage zu stellen, handeltete es sich zwar (unserer Intention nach) nicht um einen rein ökonomischen Nutzenaspekt. Aber immerhin steht dahinter auch bei uns die Vorstellung, dass Reflexivität eine wichtige Voraussetzung ist, das Neue zu denken und Praktiken zu verändern – und damit ein »Innovationsversprechen«. Indem wir Objekte dabei als Medien betrachten, die durch ihre ästhetische Wirkung reflexive Elemente verstärken können, ist uns zudem – wenn man so will – von Beginn an ein instrumentelles Verständnis der Objekte zu eigen, die eben als Mittel/Medien der reflexiven (Selbst-)Erkenntnis dienen sollen. Die Ambivalenz der Instrumentalisierung betrifft also im Kern auch unsere eigenen Forschungen. Anhand von zwei Fallbeispielen möchte ich in diesem Zusammenhang ein zentrales Ergebnis herausarbeiten, dass ich mit dem Begriff »instrumentelles Paradox« (siehe auch S. 176ff.) umschreiben möchte:

Bei dem ersten Fallbeispiel handelt es sich um eine Serie von zwei »Workshops« (nomen est omen!?) in privaten »Kunstschulen«, die im Kontext des Forschungsprojekts mit einem Praxispartner aus der IT-Branche durchgeführt wurden. Da gerade Programmierer bei ihrer Tätigkeit wenig Gelegenheit haben, »sinnliche« Erfahrungen zu machen, war unsere Ausgangsidee, dass ästhetisch-künstlerische Betätigung – durch die andere Art des Umgangs mit Material und Objekten (die in der Informationstechnologie ja primär abstrakt aufgefasst werden) – reflexive Potentiale freisetzen könnte.

Bei dem Vorgespräch zum ersten Workshop entstand dabei zusammen mit dem betreffenden Abteilungsleiter die Idee, dass sich die Teilnehmer*innen in der Form künstlerischer Bildsprache auch Gedanken über sich und ihr »Befinden« in der Firma/Abteilung machen sollten, da es vielleicht auf diesem Weg leichter fallen könnte, sich zu »äußern« bzw. auch andere Perspektiven aufscheinen zu lassen. Dieses Ansinnen wurde jedoch durch den Anleiter des Workshops seitens der »Kunstschule« zunächst konterkariert, da er die Teilnehmer*innen (insgesamt ca. 15 Personen überwiegend männlichen Geschlechts) nicht einfach loslegen lassen wollte, sondern beabsichtigte, ihnen hauptsächlich zentrale Techniken, wie etwa perspektivisch »korrektes« Zeichnen, beizubringen. Wie die Auswertung der später durchgeführten Interviews zeigte, kam dieses Ansinnen der Mehrheit der Teilnehmer*innen durchaus entgegen, da die technische Seite des Zeichnens den teilnehmenden (Informations-)Technikern möglicherweise näher lag als der »kreative« Aspekt. Ein Teilnehmer fasste deshalb treffend zusammen: »[…] fand den Technik-Teil vorher also interessant, mit der Fluchtpunkt-Zeichnung, hab aber gemerkt, dass ich; also es war keine vergeudete Zeit, aber für den Inhalt hätte ich es fast nicht gebraucht.«

In der ersten Hälfte des Wokshops wurden also mehr oder weniger gelungene Bleistiftzeichnungen mit Perspektivübungen angefertigt (siehe Abb. 6 u. 7). Nach einer gemeinsamen Intervention mit dem Abteilungsleiter wurde das Format dann aber hinsichtlich der ursprünglichen Idee geöffnet, und auch Farben kamen nun zum Einsatz. Bei dieser »freien« Übung ergaben sich, wie erhofft, zum Teil relativ interessante, aufschlussreiche Bilddarstellungen der eigenen Situation und Sicht der Organisation (siehe Abb. 8 u. 9), die man sicherlich auch psychologisch deuten könnte. Allerdings interessierte uns hier eher der Aspekt, dass die Darstellungen zum Teil neue (und damit potentiell reflexive wirksame) Perspektiven/Sichtweisen – nicht nur – der eigenen Abteilung/Firma eröffneten. Ein Teilnehmer, der auch sonst häufiger künstlerisch-ästhetische Mittel im Arbeitskontext verwendet, bemerkte zu seinem Vorgehen und der reflexiven Wirkung des Mal- bzw. Zeichenvorgangs selbst: »Man schreibt vielleicht 30 Sachen auf und so hab ich dann ein Ding, was sich festsetzt, und dann fange ich an, weiter zu malen. Und dann wird mir erst klar, was ich eigentlich selber so dazu denke.« Die ästhetische Umsetzung dient für diesen Befragten also als Ankerpunkte für reflexive Bewusstwerdung.

Trotz der Anlaufschwierigkeiten fiel auch das allgemeine Resümee der anderen befragten Teilnehmer*innen, einschließlich des Abteilungsleiters, der selbst partizipierte, überwiegend positiv aus. Letzterer bemerkte: »Also mir hat

Abbildung 6

Abbildung 7

das schon viel gebracht. Ähm, also das ist generell so, für mich war das schon so; dieses Bild zum Beispiel, oder auch eben das mit dem [...] [aus Anonymisierungsgründen gekürzt], vor allem von dem Mann, von dem das kam, das ist nämlich tatsächlich jemand, der vier Sätze am Tag sagt, wenn man ihn nicht zwingt. Dass der quasi wirklich so die Wahrnehmung der Firma als, ja, so ein zweites Zuhause fast hat, das ist schon interessant [...]«

Positiv erscheint aus der Perspektive des Leiters also vor allem die Möglichkeit, neue Seiten an Mitarbeitern/Kollegen zu erkennen. Allerdings impliziert die Deutung der generierten Bilderwelten natürlich immer die Möglichkeit der Fehldeutung – und es ist fraglich, ob es wirklich im Interesse der Teilnehmer*innen ist, zum Gegenstand solcher Deutung zu werden. Aber eine andere Bemerkung des befragten Abteilungsleiters macht deutlich, dass auch neue allgemeine Perspektiven (mit unerwarteten Nebeneffekten) gewonnen werden konnten: »Ich erinnere mich auch, dass tendenziell die Bilder relativ düster wurden [schmunzelt] [...] wir machen schon Witze drüber, die düstere BU [Business Unit] [...] Aber [bei einer firmeninternen Präsentation der Bilder] [...] hat sich einer [...] vorne umgedreht: ›Also ich find ja düster tendenziell schon sehr cool.‹ [lacht] [...] Der würde auch gern zu mir wechseln übrigens [lacht], aus 'ner anderen Abteilung.« Düsternis – vor allem, wenn sie (wie

Abbildung 8

Abbildung 9 (Firmenlogo im Bild entfernt)

Abbildung 10

hier) durch diverse »Lichtpunkte« aufgehellt ist (siehe Abb. 10) – schreckt also nicht nur ab, sondern weiß auch zu faszinieren.
Angesichts dieser durchaus interessanten Ergebnisse waren wir auf den Verlauf und die anschließende Befragung zu einem zweiten geplanten Workshop mit einer anderen Abteilung der selben Firma sehr gespannt. Wir regten jedoch an, nunmehr eine »Kunstschule« mit weniger technischer Ausrichtung auszuwählen. Eine solche war auch schnell gefunden – und bei der neuen Einrichtung konnten neben Zeichnungen/Bildern auch Plastiken mit verschiedenen Materialien angefertigt werden. Hilfestellung zu Umsetzungstechniken sollten die Teilnehmer*innen jeweils durch situative individuelle Beratung der (zwei) Anleiter erhalten.
Allerdings konterkarierte diesmal der betreffende Abteilungsleiter mit seinem Ansinnen, den Workshop zu nutzen, um ein neues (dreidimensionales) Abteilungslogo zu entwickeln, die eigentlich angestrebte größere Offenheit. Die Teilnehmer*innen fertigten also zu Beginn, diesmal jedoch ohne große technische Einführung, Entwurfszeichnungen an (siehe Abb. 11). In einem zweiten Schritt sollten die Ideen mit Wasserfarben fixiert werden, was einige für durchaus freier gestaltete, expressive Bilder nutzen (siehe Abb. 12). In einer dritten Phase sollten sich die Teilnehmer*innen zu Gruppen von drei

Abbildung 11

Abbildung 12

bis vier Personen zusammenschließen. Nach der Einigung auf eine Idee sollte diese dreidimensional ausgestaltet werden. Nur der Abteilungsleiter bildete eine »Gruppe« ganz für sich, machte sich jedoch mit großem Eifer und Präzision daran, seine »Vision« umzusetzen, zu der er bei dem Interview, das einige Wochen nach der Aktion stattfand, bemerkte: »Äh, ich habe ein iPhone auf Rädern gebaut. Also es ist sehr phantasiearm, [zögert] aber ich habe mir da ein paar Ideen geklaut.« Diese hier auch zum Ausdruck kommende Fixierung auf effiziente Umsetzung scheint, zumindest gemäß der folgenden Interview-Aussage, relativ typisch für die Abteilung zu sein: »Weil wir werden irgendwie schon drauf getrimmt irgendwie, wir kriegen eine Spezifikation und wir machen; wir setzen die um, möglichst effizient irgendwie. Und das haben wir dann halt auch gemacht.«

Ein anderer Teilnehmer äußerte einerseits seine (wahrscheinlich durch die Kollegenberichte vom vorangegangenen Workshop ausgelöste) Enttäuschung darüber, dass zu wenig Techniken vermittelt wurden, wie er andererseits feststellte, dass die Fixierung auf die Entwicklung eines Abteilungslogos für ihn durchaus limitierend war: »Also ich dachte eigentlich, wir kriegen Techniken beigebracht, wie man zeichnet. Aber von Anfang an wirklich der klare Fokus, dieses BU-Logo zu entwerfen und ich war, glaube ich, einer der wenigen, die auch schon vorher ein bisschen rumgekritzelt hat wegen dem BU-Logo [...] Also, wenn man gesagt hätte, ihr könnt euch jetzt künstlerisch austoben und es geht weniger jetzt um das BU-Logo, was wirklich dann verwendet werden soll, sondern einfach, was assoziiert ihr mit der BU und dann hätte ich wahrscheinlich was Verrückteres gemacht [lacht].«

Als Zwischenresümee lässt sich deshalb festhalten: Während beim ersten Workshop die Entfaltung reflexiven Potentials durch die (zunächst) sehr starke »technische« Ausrichtung behindert wurde, war beim zweiten Workshop gar jegliches reflexive Element vor vorne herein durch die instrumentelle Fixierung auf die Entwicklung eines Abteilungslogos »unterdrückt«. Allerdings konnte genau diese instrumentelle Orientierung im Kontext des Ästhetischen für die Beteiligten klarer hervortreten als in der alltäglichen Praxis, wo eine instrumentelle Orientierung von vorne herein »legitim« erscheint. Leider konnte sich auch dieses reflexive Erkenntnis nicht recht vermitteln, da, insbesondere von der Leitungsseite, kaum Interesse an einer Gewinnung neuer Perspektiven bestand – was im klaren Gegensatz zum ersten Workshop steht, wo explizit versucht wurde, neue Sichtweisen auf die eigene Abteilung zu gewinnen. Es kommt also nicht nur auf den Verlauf, sondern wesentlich auch auf den Umgang mit dem sich ergebenden »Material« an.

Abbildung 13

Das zweite Fallbeispiel weist in eine ähnliche Richtung. Auch hier handelte es sich um zwei »Workshops« (an aufeinander folgenden Tagen) im Bereich ästhetischer Praxis. Bei dieser »Serie« wurden sie jedoch von der selben Person – einer Berliner Künstlerin – angeleitet und, bis auf minimale Variationen (siehe unten), in identischem Format durchgeführt. Das »Programm« wurde dabei von der anleitenden Künstlerin in Abstimmung mit uns entwickelt:

Zum Einstieg wurde die ästhetisch-sinnliche Wahrnehmung mittels einer Übung in Frottage-Technik geschärft: Im Hof des Veranstaltungsorts sollten sich die Teilnehmer*innen auf die Suche nach geeigneten Objekten machen und ein Blatt füllen (siehe Abb. 13). Danach wurden den Teilnehmer*innen drei neue, noch originalverpackte Gegenstände präsentiert (Bügeleisen, Telefon, Wecker). Zu diesen Gegenständen sollten sie Assoziationen/Gedanken auf Zettel schreiben, die anschließend eingesammelt und (eingerollt) an einer Wand befestigt wurden. Nunmehr wurde den Teilnehmer*innen eröffnet, dass sie die Gegenstände entweder auseinander nehmen oder zerstören sollten. Die erste Gruppe (die Service-Abteilung eines Wissenschaftsnetzwerks) war dabei völlig frei in der Entscheidung. Die zweite Gruppe (Mitarbeiter*innen einer Personalberatungsfirma) hatte die zusätzliche Anforderung, das mindestens ein Objekt zerstört und mindestens eines auseinander genommen werden musste. Beide Gruppen sollten ihre Entscheidung(en) dabei jeweils

Abbildung 14

gemeinschaftlich treffen. Dann wurde zur Tat geschritten und die Gegenstände wurden demontiert bzw. zerstört (siehe Abb. 14). Im Anschluss daran wiederum wurden die zuvor notierten Assoziationen verlesen. Und die Teilnehmer*innen erfuhren, dass sie mit den Teilen der Gegenstände einen kurzen Stopp-Motion-Animationsfilm drehen sollten. Dafür war zunächst eine Story samt Story-Board zu entwickeln. Nach einer kurzen Einführung in die Technik des Stop-Motion wurde die gemeinsam entwickelte Story verfilmt (siehe Abb. 15) und der ca. einminütige Film schließlich betrachtet. Zum Abschluss fand jeweils eine kurze Reflexionsrunde zum gesamten Workshop statt, und im Abstand von einigen Wochen wurden die Teilnehmer*innen dann von uns in Einzelinterviews ausführlich befragt.

Bei beiden Gruppen gab es jeweils ein relativ neues Team-Mitglied. Im Fall der ersten Gruppe handelte es sich sogar um den ersten Arbeitstag und die betreffende Personen vermutete ein Problem, einen internen Konflikt als (Hinter-)Grund, warum der Workshop durchgeführt wurde: »Ja, ne, ich habe mich bloß gefragt: Warum jetzt dieses Teambuilding, ne? Was, was ist da, warum muss das sein, ne? Gab es da, gibt es da Spannung irgendwie?«

Im Verlauf des Workshops zeigte es sich, dass insbesondere einer der drei Gegenstände anscheinend besondere Gefühle bei den Teilnehmer*innen auslöste – das Bügeleisen. Die gleiche Person bemerkte hierzu: »Also wie,

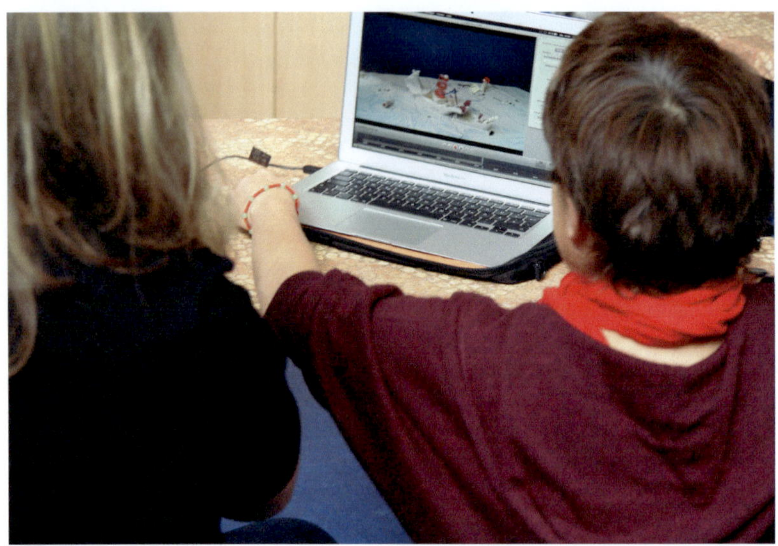

Abbildung 15

ähm, wie die da bei der Sache waren jetzt, ne? Also ich weiß nicht, ob das echt teilweise war, das habe ich mich so gefragt, ob die sich wirklich jetzt darüber so freuen, so ein Bügeleisen auseinander zu bauen.«

Auch bei der anderen Gruppe, die sich zur Zerstörung entschloss, war das Bügeleisen der Gegenstand, der die größte Emotionalität – und Polarisierung – bewirkte. Während eine Person dem Bügeleisen sogar eine Seele zusprach, reagierten andere mit offensichtlicher Zerstörungslust (siehe Abb. 16): »Einfach eine Sache zu [...], das macht man ja nicht alltäglich. Man kriegt ja niemals die Chance zu sagen: Zerstöre mutwillig ein Bügeleisen. Um einfach aus diesem so genannten Rahmen zu sprengen und zu sagen: Du darfst jetzt einfach, ohne dass dass Mama meckert, oder wie auch immer [lachend], mach mal ein Bügeleisen kaputt. Und das fand ich sehr, sehr, sehr, sehr spannend. Hat mir auch gefallen, also falls das nicht rüber gekommen ist [lacht].«

Was die Bewertung der Workshops anbelangt zeigten sich deutliche Unterschiede zwischen beiden Gruppen. In der ersten Gruppe gab es zwar auch positive Stimmen: »Ich fand es nett mit den Kolleginnen, einfach weil man sich so ein bisschen mal außerhalb des Büros ähm austauschen konnte und fand es auch ganz nett so mit der Zusammenarbeit, weil ähm, was mir vorher schon klar war, hat sich dann halt nur noch bestätigt: Dass wir ein relativ

Abbildung 16

gutes Team sind. Und ansonsten, ich fand es eine gute Erfahrung ähm wäre gerne persönlich einfach ein bisschen fitter gewesen. Also ich war ziemlich angeschlagen.« Allerdings schränkt auch diese Person ein: »[…] ich persönlich hätte gerne einfach so einen strikteren Plan gehabt.« Dieser Wunsch nach Strukturierung spiegelt durchaus die allgemeine Einschätzung der Gruppe wider, wie auch folgende Aussage belegt: »[…] da war ich erstmal so ein bisschen befremdlich, was wir da gemacht haben. Weil ich nicht wusste, worauf das Ganze hinaus läuft, ne?« Geradezu vernichtend fällt allerdings das Urteil der Leitungsebene aus: »Also für mich hatte das wenig Ergebnis, das Ganze, also das war also jetzt, also ich wüsste jetzt für mich auch also als Leiterin dieses, dieser Gruppe oder so was, habe ich jetzt irgendwie für mich wenig Greifbares in die Hand bekommen, was ich jetzt für mich auswerten könnte […] mir fehlt so ein bisschen der Mehrwert da draus.« Hierin kommt klar ein stark instrumentelles Verständnis zum Ausdruck, das in eine eindeutig negative Gesamtbewertung mündet.

Bei der zweiten Gruppe, die als Team einer Personalberatung sehr häufig selbst Workshops – allerdings mit anderem Fokus – organisiert, ergab sich eine geradezu entgegengesetzte Einschätzung. So bemerkte die teilnehmende Senior Partnerin der Firma etwa zur Frottage-Übung: »Und ich fand es ne sehr gute Vorbereitung, also es war wie ein Dehnen, wenn wir jetzt mal im

körperlichen Bereich bleiben, fand ich das wie ein ein Stretching, ein Dehnen, bevor man dann in den eigentlichen Sport geht.« Und zusammenfassen bemerkte sie zu diesem »Sport«: »[…] ne sehr hochprozentige Aktion sag ich mal [lachend].«
Ein anderes Team-Mitglied stellte ebenfalls zum »sinnlichen« Aspekt des Workshops, der hier reflexiv über die konkrete Situation hinaus griff, fest: »Also ich fand, ähm, jetzt unabhängig jetzt vom Job, hat es den Blick geöffnet, also dass man die Umwelt doch bewusster wahrnimmt.« Allerdings ging folgende Interview-Aussage einer Kollegin noch weit darüber hinaus: »Ja, ich hab kurzfristig überlegt, ob ich meinen Job schmeißen soll [allgemeines Lachen]. Nee, aber, äh, tatsächlich insofern, als dass, ähm, ich hab ja jetzt gerade erst angefangen hier auch zu arbeiten, oder sowieso nach dem Studium fest zu arbeiten, und muss mich, glaube ich, gerade sowieso dran gewöhnen, jeden Tag acht Stunden im Büro zu sitzen […]«
Anhand dieser Aussage wird klar, dass ästhetische Medien tatsächlich reflexive (Selbst-)Erkenntnisse vermitteln können – wenn man bereit ist, sie zu vernehmen. In der ersten Gruppe verhinderten jedoch, so hat es den Eindruck, die starke Orientierung an Struktur und die Erwartung eines unmittelbaren Nutzens, vor allem seitens der Leitung, die Wahrnehmung solcher reflexiver Botschaften. Wenn man sich jedoch, wie es bei der zweiten Gruppe überwiegend der Fall war, ohne eine bestimmte Erwartung, offen und tatsächlich spielerisch auf die ästhetische Erfahrung einlässt, dann besteht tatsächlich die »Gefahr«, dass dadurch neue Perspektiven eröffnet werden und es zu reflexiven Prozessen der Selbsthinterfragung kommt. So unnütz das ästhetische Spiel vordergründig erscheinen mag, es ist sinn-voll, nicht nur weil es die Sinne (und damit die erkennende »Wahrnehmung«) anspricht, sondern weil uns über diesen (Um-)Weg Botschaften (über unser Begehren, über die »andere« Seite) hervorgebracht und vermittelt werden, die sonst allzu leicht verdeckt und unbeachtet blieben.

Das instrumentelle Paradox – Ein »Naturgesetz« der Ästhethik?

Auch die anderen von uns untersuchten Fälle zeigten ein ähnliches Muster wie die beiden oben dargestellten Beispiele: je ausgeprägter der Versuch war, das ästhetische Element zu instrumentalisieren und zu kontrollieren, desto eingeschränkter war seine reflexive Wirksamkeit. In die selbe Richtung weisen auch die Befunde von Ariane Berthoin Antal, die sie im Rahmen einer europaweit angelegten Studie zu künstlerischen Interventionen in Organisationen gewonnen hat. Sie bemerkt: »The creative process is by its very nature unpredictable and uncontrollable, so a willingness to ›trust the process‹ [...] appears essential. Learning also entails trusting people. If management seeks to control the process, if there is low trust between employees and management, and/or if there is low trust in the relationship with the artist, it is unlikely that valuable effects will emerge from the intervention.« (*Transforming Organisations With the Arts:* S. 68) Und schon Kant hat (in Bezug auf die Urteilskraft) herausgearbeitet, dass die »subjektive«, auf das individuelle Erleben gerichtet »Natur« des Ästhetischen gegen seine Verallgemeinerbarkeit spricht (vgl. *Kritik der Urteilskraft:* S. 115). Was für den/die eine/n (und in einem bestimmten Kontext) funktioniert, wird nicht notwendig für den/die andere (in einem anderen Kontext) funktionieren. Dies setzt der Instrumentalisierung des Ästhetischen von vorne herein Grenzen.

Ich möchte deshalb als Konsequenz dieser Überlegungen und Beobachtungen – in eher ironischer Anlehnung an die Gepflogenheiten in den instrumentellen (Natur-)Wissenschaften – ein *»Naturgesetzt« der Ästhetik* postulieren, dessen Kern ein *instrumentelles Paradox* ausmacht:

> *Je mehr man das Ästhetische einhegt und kontrolliert, um es zu nutzen, desto weniger nützlich und reflexiv wirksam (im Sinn von tatsächlichen »neuen« Anregungen/Entfaltung von Differenz) ist es.*

Dieses instrumentelle Paradox kann gewissermaßen als die »Rache« des Ästhetischen (für alle Versuche der Vereinnahmung) betrachtet werden. Lässt man dem Ästhetischen aber ohne konkretes Nutzeninteresse Raum zur Entfaltung, kann es »das Andere« hervorbringen – und dieses Andere kann uns reflexive Erkenntnisse vermitteln und ggf. Auslöser auch für »radikale« Innovationen sein. Allerdings kann das »Ergebnis« eben auch völlig unbrauchbar oder – in Bezug auf unsere Absicht – gar kontraproduktiv sein. Dieses »Risiko« müssen wir eingehen, wenn wir das Potential des Ästhetischen entwickeln wollen. Die instrumentelle Einhegung des Ästhetischen ist – wie das instrumentelle Paradox aufzeigt – jedenfalls kein vielversprechender (Aus-)Weg, um dem möglichen »Fehlschlagen« der ästhetischen Praxis entgegen zu wirken. Denn der Preis, der für die Sicherstellung ihrer Wirksamkeit zu zahlen wäre, wäre eben diese Wirksamkeit von Beginn an (instrumentell) einzuschränken.

Ironischerweise vermögen dies gerade die Erfolgsstories von Verfahren wie etwa dem oben kurz dargestellten »Design Thinking« zu belegen. Im Fall des »Design Thinking« wird zum Aufweis der Wirksamkeit, wie angemerkt, gerne der Fall von »Procter & Gamble« herangezogen. Das Unternehmen verzeichnete in den 1990er Jahren schrumpfende Umsätze und Gewinne und geriet in Schwierigkeiten. Mit einem neuen Management unter der Leitung von Alan G. Lafley im Jahr 2000 wurden auch neue Methoden, wie eben das »Design Thinking«, bei »Procter & Gamble« eingeführt. Die Effektivität dieser Maßnahmen wird dabei hauptsächlich mit der erzielten Verdoppelung des Umsatzes des Unternehmens innerhalb von nur acht Jahren belegt (vgl. z.B. Chiranjeevi: *P&G's ›Design Thinking‹ Initiative*). Offenbar wird die Wirkung des Ästhetischen hier nahezu ausschließlich an seiner ökonomischen Verwertbarkeit bemessen (und zugleich ein Kausalzusammenhang hergestellt, der tatsächlich so eindeutig nicht sein dürfte). Dass das Ästhetische in den Dienst der Gewinnmaximierung gestellt werden kann, ist unbestritten (siehe auch oben) – allerdings, wie unsere Befunde nahe legen, nur zu einem gewissen Grad und immer verbunden mit der »Gefahr« des Scheiterns. Vor allem aber: die eigentliche (reflexive) Qualität des Ästhetischen läge, seiner »Natur« nach, genau dort, wo der Effekt nicht direkt in (Umsatz-)Zahlen zu messen ist, sondern wo es uns etwas – Sinn-lich – zu sagen hat und damit (neuen) Sinn für uns generiert. Die Wirkung des Ästhetischen entfaltet sich deshalb vielleicht am ehesten als *»Nebenfolge«*, als unintendierter Effekt seiner sinnlichen Ansprache, der zu einem reflexiven Umdenken auffordert.

Dadurch ergäbe sich ein weiteres Paradox im Kontext des Ästhetischen: das Paradox des ästhetischen »Mehrwerts«. Man kann nämlich sagen, dass das Ästhetische anscheinend genau umgekehrt wie ein Placebo wirkt. Die Placebowirkung beruht darauf, dass an die Wirksamkeit des Placebos *geglaubt* wird (obwohl gar keine wirksame »Substanz« verabreicht wurde). Erstaunlicherweise sind Placebos sehr wirksame Mittel, die entsprechend keinerlei Nebenwirkungen aufweisen. An die reflexive, d.h. tatsächliche verändernde Wirksamkeit des Ästhetischen wird dagegen überwiegend nicht geglaubt. Man hält es in der Regel für nur beschränkt nützliches »Beiwerk«. Andererseits versucht man es in diesem beschränkten Rahmen durchaus (ökonomisch) zu instrumentalisieren – in der Form der Warenästhetik (die mangelnden Gebrauchswert »kompensiert«) oder im Kontext von Verfahren, die darauf abzielen, über die Mittel der Ästhetik »kreative Abkürzungen« nehmen zu können. In diesem instrumentellen Kontext (der die Ästhetik ästhetisch fixiert) findet sich häufig sogar eine Fetischisierung, d.h. dem Ästhetischen wird eine Mächtigkeit zugesprochen, die ihm eigentlich nicht zukommt.

Wo das Ästhetische aber über seinen »angestammten« Bereich hinaus greift, verkehrt sich die Fetischisierung des Ästhetischen in ihr Gegenteil: Außerhalb seiner Domaine wird ihm kaum Bedeutung zugeschrieben, es wird überwiegend als wirk- und nutzlos erachtet. Man glaubt einfach nicht daran, dass das Ästhetische uns etwas »Substanzielles« zu sagen hat, das über die instrumentelle Ästhetik hinausgreift. Und doch »spricht« es zu uns, es regt unsere Sinne an, und erfüllt uns so mit Sinn. Und es entfaltet deshalb – zuweilen – eine »fatale« Wirkung: als unintendierte Nebenfolge. Es setzt dem Weiter-so ein unbedingtes Ende. Auch wenn wir es nicht hören wollen, »spricht« es nämlich zu uns. Was es uns – als dingliches Medium der Reflexivität – zu sagen hätte, ist zumeist nicht gern gehört: höre auf die Stimme deines eigen(tlich)en Begehrens!

Literaturverzeichnis

- A., Solveig: *Die Sünde – Franz von Stuck*. Online Resource: http://www.rhetoriksturm.de/franz-von-stuck-die-suende.php.
- Adorno, Theodor W.: *Ästhetische Theorie*. In: Tiedemann, Rolf (Hg.): *Theodor W. Adorno – Gesammelte Schriften*. Suhrkamp, Frankfurt 2003, Band 7.
- Adorno, Theodor W.: *Negative Dialektik*. In: Tiedemann, Rolf (Hg.): *Theodor W. Adorno – Gesammelte Schriften*. Suhrkamp, Frankfurt 2003, Band 6.
- Althusser, Louis: *Ideologie und ideologische Staatsapparate*. In: Ders.: *Marxismus und Ideologie*. VSA-Verlag, Berlin 1973, S. 111–172.
- Anders, Günther: *Die Antiquiertheit des Menschen [Band I: Über die Seele im Zeitalter der zweiten industriellen Revolution]*. C. H. Beck, München 1956.
- Arabatzis, Stavros: *Im Niemandsland der Großen Installation – Theorie der Medien*. Königshausen & Neumann, Würzburg 2011.
- Aristoteles: *Hermeneutica oder Lehre vom Urteil*. Erich Koschny, Leipzig 1876.
- Aristoteles: *Kategorien oder Lehre von den Grundbegriffen*. Erich Koschny, Leipzig 1876.
- Aristoteles: *Metaphysik*. Reclam, Stuttgart 1993.
- Aristoteles: *Über die Seele*. Akademie Verlag, Berlin 2006.
- Artificial Intelligence Lab: *Reflexive Learning*. University of Michigan, Ann Arbor 1994, Online Ressource: http://ai.eecs.umich.edu/cogarch0/common/prop/reflexlearn.html.
- Assmann, Aleida: *Die Sprache der Dinge – Der lange Blick und die wilde Semiose*. In: Gumbrecht, Hans U./Pfeiffer, Karl L. (Hg.): *Materialität der Kommunikation*. Suhrkamp, Frankfurt 1995, S. 237–251.
- Assmann, Jan: *Im Schatten junger Medienblüte – Ägypten und die Materialität des Zeichens*. In: Gumbrecht, Hans U./Pfeiffer, Karl L. (Hg.): *Materialität der Kommunikation*. Suhrkamp, Frankfurt 1995, S. 141–160.
- Austin, John L.: *How to Do Things With Words*. Harvard University Press, Cambridge 1962.
- Bal, Miecke: *Kulturanalyse*. Suhrkamp, Frankfurt 2002.
- Barthes, Roland: *Der Tod des Autors*. In: Jannidis, Fotis u.a. (Hg.): *Texte zur Theorie der Autorenschaft*. Reclam, Stuttgart 2007, S. 185–193.
- Baudrillard, Jean: *Die Simulation*. In: Welsch, Wolfgang (Hg.): *Wege aus der Moderne – Schlüsseltexte der Postmoderne-Diskussion*. Acta Humaniora, Weinheim 1988, S. 153–162.

- Baudrillard, Jean: *Der symbolische Tausch und der Tod*. Matthes & Seitz, München 1982.
- Baudry, Jean-Louis: *Ideological Effects of the Basic Cinematographic Apparatus*. In: *Film Quarterly*. Vol. 28, Nr. 2 (1974), S 39–47.
- Bauman, Zygmunt: *Moderne und Ambivalenz – Das Ende der Eindeutigkeit*. Junius, Hamburg 1992.
- Baumgart, Christel: *Fraktur, Antiqua, Schwabacher = deutsche Schrift? – Zur Auseinandersetzung um die Fraktur im Dritten Reich*. Online Ressource: http://www.textfindling.de/Fraktur/Schrift.html.
- Baumgarten, Alexander Gottlieb: *Ästhetik [Aesthetica]*. Felix Meiner, Hamburg 2007.
- Beck, Ulrich: *Die Erfindung des Politischen*. Suhrkamp, Frankfurt 1993.
- Beck, Ulrich: *Risikogesellschaft – Auf dem Weg in eine andere Moderne*. Suhrkamp, Frankfurt 1986.
- Beck, Ulrich/Bonß, Wolfgang: *Die Modernisierung der Moderne*. Suhrkamp, Frankfurt 2001.
- Becker, Werner: *Idealistische und materialistische Dialektik – Das Verhältnis von »Herrschaft und Knechtschaft« bei Hegel und Marx*. Kohlhammer, Stuttgart u.a. 1970.
- Begemann, Christian (1987): *Furcht und Angst im Prozeß der Aufklärung – Zu Literatur und Bewußtseinsgeschichte des 18. Jahrhunderts*. Athenäum, Frankfurt 1987.
- Benjamin, Walter: *Das Kunstwerk im Zeitalter seiner technischen Reproduzierbarkeit*. In: Schweppenhäuser, Hermann/Tiedemann, Rolf (Hg.): *Walter Benjamin – Gesammelte Schriften*. Suhrkamp, Frankfurt 1974 [1939], Band 1-2.
- Benjamin, Walter: *Der Begriff der Kunstkritik in der deutschen Romantik*. In: Ders.: *Gesammelte Schriften*. Suhrkamp, Frankfurt 1974 [1919], Band I-1.
- Benjamin, Walter: *Über die Sprache überhaupt und über die Sprache des Menschen*. In: Schweppenhäuser, Hermann/Tiedemann, Rolf (Hg.): *Walter Benjamin – Gesammelte Schriften*. Suhrkamp, Frankfurt 1991 [1916], Band II-1.
- Bennett, Tony: *The Birth of the Museum – History, Theory, Politics*. Routledge, London 2005.
- Berg, Karen van den/Rieger-Ladich, Markus: *Pssst! – Zum* hidden curriculum *von Museum und Bibliothek*. In: Geiss, Michael/Magyar-Haas, Veronika

(Hg.): *Zum Schweigen – Macht/Ohnmacht in Erziehung und Bildung*. Velbrück, Weilerswist 2015, S. 235–258.

- Berger, Dieter: *Komma, Punkt und alle anderen Satzzeichen*. Dudenverlag – Bibliographisches Institut, Mannheim 1968.
- Berger, Peter L./Berger, Brigitte/Kellner, Hansfried: *Das Unbehagen in der Modernität*. Campus, Frankfurt/New York 1983.
- Berger, Peter L./Luckmann, Thomas: *Die gesellschaftliche Konstruktion der Wirklichkeit – Eine Theorie der Wissenssoziologie*. Fischer, Frankfurt 1993 [1966].
- Berkeley, George: *Abhandlung über die Principien der menschlichen Erkenntnis*. L. Heimann, Berlin 1869.
- Berringer, Tim/Flynn, Tom (Hg.): *Colonialism and the Object – Empire, Material Culture and the Museum*. Routledge, Milton Park/New York 1998.
- Berthoin Antal, Ariane: *Transforming Organisations With the Arts – Research Report of the Tillt Europe Project*. WZB, Berlin 2009.
- Bertram, Ursula (Hg.): *Kunst fördert Wirtschaft – Zur Innovationskraft des künstlerischen Denkens*. Transscript, Bielefeld 2012.
- Beuys, Joseph/Haks, Frans: *Das Museum – Ein Gespräch über seine Aufgaben, Möglichkeiten, Dimensionen*. FIU, Wangen 1992.
- Biehl-Missal, Brigitte: *Wirtschaftsästhetik – Wie Unternehmen die Kunst als Inspiration und Werkzeug nutzen*. Gabler, Wiesbaden 2011.
- Biocca, Frank: *The Cyborg's Dilemma – Progressive Embodiment in Virtual Environments*. In: *Journal of Computer-Mediated Communication*. Vol. 3, Nr. 2 (1997).
- Blättler, Christine: *Fetisch, Phantasmagorie und Simulakrum*. In: Dies./-Schmieder, Falko (Hg.): *In Gegenwart des Fetischs – Dingkultur und Fetischbegriff in der Diskussion*. Turia und Kant, Wien 2014, S. 279–294.
- Blumenberg, Hans: *Die Lesbarkeit der Welt*. Suhrkamp, Frankfurt 1981.
- Blumer, Herbert: *Symbolic Interactionism – Perspective and Method*. Prentice-Hall, Englewood Cliffs 1969.
- Böhme, Gernot: *Aisthetik – Vorlesungen über Ästhetik als allgemeine Wahrnehmungslehre*. Fink, München 2001.
- Böhme, Hartmut: *Fetischismus und Kultur – Eine andere Theorie der Moderne*. Rowohlt, Reinbek 2006.
- Böttger, Matthias: *Marcel Duchamps Fountain [in Auszügen, ergänzt und bearbeitet von Uwe Kurz]*. Online Ressource: http://www.balloon-painting.de/duchamp.htm.

- Bolz, Norbert: *Am Ende der Gutenberg-Galaxis – Neue Kommunikationsverhältnisse*. Wilhelm Fink, München 1993.
- Bosler, Denise: *Mastering Type – The Essential Guide to Typography fpr Print and Web Design*. How Books, Cincinnati 2012.
- Bourdieu, Pierre: *Praktische Vernunft – Zur Theorie des Handelns*. Suhrkamp, Frankfurt 1998.
- Bourdieu, Pierre/Wacquant, Loïc J. D.: *Invitation to a Reflexive Sociology*. University of Chicago Press: Chicago/London 1992.
- Brecht, Bertolt: *Über experimentelles Theater*. In: Ders.: *Werke*. Suhrkamp, Frankfurt am Main 1967, Band 15.
- Bryant, Levi R.: *The Democracy of Objects*. Open Humanities Press, Ann Arbor 2011.
- Bredel, Ursula: *Interpunktion*. Universitätsverlag Winter, Heidelberg 2011.
- Brown, Tim: *Design Thinking*. Online Ressource: https://designthinking.ideo.com/?page_id=1542.
- Burckhardt, Jacob: *Die Kultur der Renaissance in Italien*. Kröner, Reutlingen 1952.
- Callon, Michel: *Techno-Economic Networks and Irreversibility*. In: Law, John (Hg.): *A Sociology of Monsters – Essays on Power, Technology and Domination*. Routledge, London/New York 1991, S. 132–161.
- Camfield, William A.: *Marcel Duchamp's Fountain – Its History and Aesthetics in the Context of 1917*. In: Kuenzli, Rudolf E./Naumann, Francis M. (Hg.): *Marcel Duchamp – Artist of the Century*. MIT Press, Cambridge/-London 1990, S. 64–94.
- Capra, Fritjof: *Wendezeit*. Scherz: Bern/München 1983.
- Carossa, Hans: *Geschichte einer Jugend*. Insel Verlag, Frankfurt 1957.
- Carr, Adrian/Hancock, Philip (Hg.): *Art and Aesthetics at Work*. Palgrave Macmillan, Basingstoke/New York 2003.
- Cassirer, Ernst: *An Essay on Man – An Introduction to a Philosophy of Human Culture*. Yale University Press, New Haven/London 1944.
- Cassirer, Ernst: *Philosophie der symbolischen Formen*. Meiner, Hamburg 2010.
- Certeau, Michel de: *Kunst des Handelns*. Merve, Berlin 1988.
- Chakravorti Spivak, Gayatri: *Can the Subaltern Speak?* In: Nelson, Cary/Grossberg, Lawrence (Hg.): *Marxism and the Interpretation of Culture*. University of Illinois Press, Chicago 1988, S. 271–313.
- Chiranjeevi, C. V.: *P&G's ›Design Thinking‹ Initiative – The Innovation Lessons*. In: *IBS Case Development Centre*. Nr. 07/2009.

- Chomsky, Noam: *Media Control – The Spectacular Achievements of Propaganda*. Seven Stories Press, New York 1997.
- Clemmens, Michael C.: *The Interactive Field – Gestalt Therapy as an Embodied Relational Dialogue*. In: Bar-Yoseph, Talia L. (Hg.): *Gestalt Therapy – Advances in Theory and Practice*. Routledge, Hove/New Yorck 2012, S. 39–48.
- Collot d'Herbois, Liane: *Licht, Finsternis und Farbe in der Maltherapie*. Verlag am Goethheanum, Dornach 1993.
- Coyle, Diane: *The Weightless World – Strategies for Managing the Digital Economy*. Capstone, Oxford 1997.
- Danto, Arthur C.: *Marcel Duchamp and the End of Taste – A Defense of Contemporary Art*. In: *tout-fait [Online Journal*]. Vol. 1, Nr. 3 (2000): http://www.toutfait.com/issues/issue_3/News/Danto/danto.html.
- Deleuze, Gilles: *Foucault*. Suhrkamp, Frankfurt 1992.
- Deleuze, Gilles: *Postscriptum über die Kontrollgesellschaft*. In: Ders.: *Unterhandlungen: 1972–1990*. Suhrkamp, Frankfurt 1990, S. 254–262.
- Derrida, Jacques: *Grammatologie*. Suhrkamp, Frankfurt 1974.
- Derrida, Jacques: *Die Schrift und die Differenz*. Suhrkamp, Frankfurt 1972.
- Derrida, Jacques: *Marges de la philosophie*. Minuit, Paris 1972.
- Descartes, René: *Abhandlung über die Methode*. In: Kirchmann, Julius H. (Hg.): *René Descartes philosophische Werke*. L. Heimann, Berlin 1870.
- Descartes, René: *Untersuchungen über die Grundlagen der Philosophie [Meditationes]*. In: Kirchmann, Julius H. (Hg.): *René Descartes' philosophische Werke*. L. Heimann, Berlin 1870.
- Dewey, John: *Kunst als Erfahrung*. Suhrkamp, Frankfurt 1980 [1934].
- Diemer, Alwin: *Dialektik*. Econ Verlag, Düsseldorf/Wien 1976.
- Dilthey, Wilhelm: *Der Aufbau der geschichtlichen Welt in den Geisteswissenschaften*. Suhrkamp, Frankurt 1970.
- Dreitzel, Hans P.: *Reflexive Sinnlichkeit – Die Mensch-Umwelt-Beziehung aus gestalttherapeutischer Sicht*. Edition Humanistische Psychologie, Köln 2007.
- Durkheim, Émile: *Die Regeln der soziologischen Methode*. Luchterhand, Neuwied 1980 [1895].
- Eagleton, Terry: *The Ideology of the Aesthetic*. Blackwell, Oxford/Cambridge 1990.
- Eco, Umberto: *Semiotik – Entwurf einer Theorie der Zeichen*. Fink, München 1987.

- Edelman, Murray: *Politik als Ritual – Die symbolische Funktion staatlicher Institutionen und politischen Handelns*. Campus, Frankfurt/New York 1990.
- Eiffel, Erika: *Objektsexualität Internationale – Startseite*. Online-Ressource: http://www.objectum-sexuality.org/deu/welcome-de.htm.
- Eiffel, Erika: *Objektsexualität Internationale – Was ist OS?* Online-Ressource: http://www.objectum-sexuality.org/deu/what-is-os-de.htm.
- Eisenstadt, Shmuel N.: *Die Antinomien der Moderne – Die jakobinischen Grundzüge der Moderne und des Fundamentalismus*. Suhrkamp, Frankfurt 1998.
- Elias, Norbert: *Über den Prozeß der Zivilisation – Soziogenetische und psychogenetische Untersuchungen*. Suhrkamp: Frankfurt 1976.
- Engels, Friedrich: *Ludwig Feuerbach und der Ausgang der klassischen deutschen Philosophie*. In: Institut für Marxismus-Leninismus beim ZK der SED (Hg.): *Karl Marx, Friedrich Engels – Werke*. Dietz Verlag, Berlin 1956ff., Band 21.
- Evans, Peter William: *The Films of Louis Buñuel – Subjectivity and Desire*. Clarendon Press, Oxford 1995.
- Evsan, Ibrahim: *Alles entmaterialisiert sich*. Online Ressource: https://www.ibrahimevsan.de/2009/12/12/alles-entmaterialisiert-sich.
- Featherstone, Mike: *Postmodernism and the Aesthetization of Everyday Life*. In: Lash, Scott/Friedman, Jonathan (Hg.): *Modernity and Identity*. Blackwell, Oxford/Cambridge 1992, S. 265–290.
- Fehr, Michael: *Das Museum als Ort der Beobachtung zweiter Ordnung*. In: Beier, Rosmarie (Hg.): *Geschichtskultur in der Zweiten Moderne*. Campus: Frankfurt/New York 2000, S. 149–166.
- Flusser, Vilém: *Lob der Oberflächlichkeit – Für eine Phänomenologie der Medien*. Bollmann, Mannheim 1993.
- Foucault, Michel: *Die Geburt der Klinik – Eine Archäologie des ärztlichen Blicks*. Hanser, München 1973 [1963].
- Foucault, Michel: *Die Ordnung der Dinge – Eine Archäologie der Humanwissenschaften*. Suhrkamp, Frankfurt 1974 [1966].
- Foucault, Michel: *Die Ordnung des Diskurses*. Fischer, Frankfurt 1997 [1972].
- Foucault, Michel: *Der Wille zum Wissen [Sexualität und Wahrheit, Band 1]*. Suhrkamp, Frankfurt 1983 [1976].
- Foucault, Michel: *Recht der Souveränität/Mechanismus der Disziplin [Vorlesung]*. In: Ders.: *Dispositive der Macht*. Merve, Berlin 1978, S. 75–95.

- Foucault, Michel: *Überwachen und Strafen*. Suhrkamp, Frankfurt 1994 [1975].
- Foucault, Michel: *Wahnsinn und Gesellschaft – Eine Geschichte des Wahns im Zeitalter der Vernunft*. Suhrkamp, Frankfurt am Main 1969 [1961].
- Foucault, Michel: *Was ist ein Autor?* In: Jannidis, Fotis u.a. (Hg.): *Texte zur Theorie der Autorenschaft*. Reclam, Stuttgart 2007, S. 198–229.
- Foucault, Michel u.a. (Hg.): *Technologien des Selbst*. Fischer, Frankfurt 1993.
- Freud, Sigmund: *Abriss der Psychoanalyse*. Fischer, Frankfurt 1993.
- Freud, Sigmund: *Das Unbehagen in der Kultur*. Fischer. Frankfurt 1993.
- Freud, Sigmund: *Die Verdrängung*. In: Ders.: *Das Unbewußte – Schriften zur Psychoanalyse*. Frankfurt: Fischer.
- Freud, Sigmund: *Eine Schwierigkeit der Psychoanalyse*. In: *Imago*. Vol. 5 (1917), S. 1–7.
- Freud, Sigmund: *Fetischismus*. In: *Almanach der Psychoanalyse 1928*. Internationaler Psychoanalytischer Verlag, Wien 1927, S. 17–24.
- Freud, Sigmund: *Hysterische Phantasien und ihre Beziehung zur Bisexualität*. In: Ders.: *Gesammelte Werke*. Band VII, S. 191–199.
- Freud, Sigmund: *Jenseits des Lustprinzips*. Online Ressource: http://gutenberg.spiegel.de/buch/jenseits-des-lustprinzips-8092/1.
- Freud, Sigmund: *Über den Traum*. In: Ders.: *Über Träume und Traumdeutung*. Fischer, Frankfurt 1983, S. 11–52.
- Freud, Sigmund: *Vorlesungen zur Einführung in die Psychoanalyse*. Fischer, Frankfurt 1983.
- Freud, Sigmund: *Zur Einführung des Narzißmus*. Online Resource: http://gutenberg.spiegel.de/buch/kleine-schriften-ii-7122/9.
- Freud, Sigmund/Breuer, Josef: *Studien über Hysterie*. Franz Deuticke, Leipzig/Wien 1895.
- Fromm, Erich: *Die Furcht vor der Freiheit*. Deutscher Taschenbuch Verlag, München 1990.
- Gadamer, Hans-Georg: *Wahrheit und Methode – Grundzüge einer philosophischen Hermeneutik*. J. C. B. Mohr, Tübingen 1960.
- Gehlen, Arnold: *Der Mensch – Seine Natur und seine Stellung in der Welt*. Junker und Dünnhaupt, Berlin 1940.
- Giddens, Anthony: *Die Konstitution der Gesellschaft*. Campus: Frankfurt/New York 1995.
- Giddens, Anthony: *The Consequences of Modernity*. Stanford University Press: Stanford 1990.

- Ginsburg, Herbert P./Opper, Sylvia: *Piagets Theorie der geistigen Entwicklung*. Klett-Cotta, Stuttgart 2004.
- Grieser, Gunter: *Selbsteinschätzende Lernverfahren*. Akademische Verlagsgesellschaft: Berlin 2001.
- Groh, Wolfgang: *Das verfremdete Objekt in der Kunstpädagogik – Studien zur praktischen, ästhetischen und pädagogischen Zweckmäßigkeit*. Herbert Utz Verlag, München 2004.
- Groys, Boris: *Die Logik der Sammlung – Am Ende des musealen Zeitalters*. Hanser, München/Wien 1997.
- Groys, Boris: *Im Namen des Mediums [Audio-CD]*. supposé Verlag, Köln 2004.
- Groys, Boris: *Unter Verdacht – Eine Phänomenologie der Medien*. Carl Hanser, München 2000.
- Grunwald, Martin: *Haptik*. In: Schmitz, Thomas H./Groninger, Hannah (Hg.): *Werkzeug/Denkzeug – Manuelle Intelligenz und Transmedialität kreativer Prozesse*. Transcript, Bielefeld 2012, S. 95–125.
- Hannan, Michael T./Freeman, John: *Structural Inertia and Organizational Change*. In: *American Sociological Review*. Vol. 49, No. 2 (1984), S. 149–164.
- Haraway, Donna J.: *A Cyborg Manifesto – Science, Technology, and Socialist-Feminism in the Late Twentieth Century*. In: Dies.: *Simians, Cyborgs, and Women*. S. 149–181.
- Harman, Graham: *Guerilla Metaphysics – Phenomenology and the Carpentry of Things*. Open Court, Chicago/La Salle 2013.
- Harman, Graham: *Prince of Networks – Bruno Latour and Metaphysics*. re.press, Melbourne 2009.
- Harman, Graham: *Tool-Being – Heidegger and the Metaphysics of Objects*. Open Court, Chicago/La Salle 2002.
- Hartmann-Kottek, Lotte: *Gestalttherapie*. Springer, Berlin u.a. 2004.
- Haug, Wolfgang Fritz: *Kritik der Warenästhetik*. Suhrkamp, Frankfurt 1971.
- Haugeland, John: *Der verkörperte und eingebettete Geist*. In: Fingerhut, Joerg/Hufendiek, Rebekka/Wild, Markus (Hg.): *Philosophie der Verkörperung – Grundlagentexte zu einer aktuellen Debatte*. Suhrkamp, Frankfurt 2013, S. 105–143.
- Hegel, Georg W. F.: *Enzyklopädie der philosophischen Wissenschaften im Grundrisse*. In: Moldenhauer, Eva/Michel, Karl M. (Hg.): *Hegel – Werke*. Suhrkamp, Frankfurt 1979, Band 10.

- Hegel, Georg W. F.: *Phänomenologie des Geistes*. In: Moldenhauer, Eva/Michel, Karl M. (Hg.): *Hegel – Werke*. Suhrkamp, Frankfurt 1979, Band 3.
- Hegel, Georg W. F.: *Vorlesungen über die Ästhetik*. Suhrkamp, Frankfurt 1986.
- Hegel, Georg W. F.: *Wissenschaft der Logik*. In: Moldenhauer, Eva/Michel, Karl M. (Hg.): *Hegel – Werke*. Suhrkamp, Frankfurt 1979, Band 5.
- Heidegger, Martin: *Sein und Zeit*. In: *Jahrbuch für Philosophie und phänomenologische Forschung [Band VIII]*. Max Niemeyer, Halle 1927.
- Heidegger, Martin: *Die Technik und die Kehre*. Verlag Günther Neske, Pfullingen 1962.
- Hicks, Dan: *The Material-Cultural Turn – Event and Effect*. In: Ders./Beaudry, Mary C. (Hg.): *The Oxford Handbook of Material Culture Studies*. Oxford University Press, Oxford 2010, S. 25–98.
- Hillis, Ken: *Digital Sensations – Space, Identity and Embodiment in Virtual Reality*. University of Minnesota Press, Minneapolis 1999.
- Höchli, Stefan: *Zur Geschichte der Interpunktion im Deutschen – Eine kritische Darstellung der Lehrschriften von der zweiten Hälfte des 15. Jahrhunderts bis zum Ende des 18. Jahrhunderts*. Walter de Gruyter, Berlin/New York 1981.
- Hörster, Reinhard/Köngeter, Stefan/Müller, Burkhard (Hg.): *Grenzobjekte – Soziale Welten und ihre Übergänge*.Springer VS, Wiesbaden 2013.
- Hoffmann, Stefan: *Geschichte des Medienbegriffs*. Meiner, Hamburg 2002.
- Hofstätter, Hans H.: *Symbolismus und die Kunst der Jahrhunderwende*. DuMont Schauberg, Köln 1965.
- Horkheimer, Max/Adorno, Theodor W.: *Dialektik der Aufklärung*. Fischer, Frankfurt 1994.
- Huizinga, Johan: *Homo Ludens – A Study of the Play-Element in Culture*. Boston: Beacon Press, Boston 1955.
- Humez, Alexander/Humez, Nicholas: *On the Dot – The Speck That Changed the World*. Oxford University Press, New York 2008.
- Husserl, Edmund: *Logische Untersuchungen*. In: Ders.: *Husserliana*. Martinus Nijhoff, Den Haag 1984, Band XIII–XX.
- Huws, Ursula: *Material World – The Myth of the »Weightless Economy«*. In: *The Socialist Register*. Vol. 35 (1999), S 29–55.
- Iacono, Alfonso M.: *Fetischismus und Substitution*. In: Antenhofer, Christina (Hg.): *Fetisch als heuristische Kategorie – Geschichte, Rezeption, Interpretation*. transscript, Bielefeld 2011, S. 85–96.

- Inglehart, Ronald: *Culture Shift in Advanced Industrial Society*. Princeton University Press, Princeton 1990.
- Isenböck, Peter: *Sinn und Materialität – Herausforderungen einer postkonstruktivistischen Theoriebildung*. In: Renn, Joachim/Erst, Christoph/Isenböck, Peter (Hg.): *Konstruktion und Geltung – Beiträge zu einer post-konstruktivistischen Sozial- und Medientheorie*. Springer VS, Wiesbaden 2012, S. 119–135.
- Jackson, Robert: *The Anxiousness of Objects and Artworks – Michael Fried, Object Oriented Ontology and Aesthetic Absorption*. In: *Speculations*. Vol. 2 (2011), S. 135–168.
- Jain, Anil K.: *Anchors of Resistance*. In: Stopinska, Agata/Bartels, Anke/Kollmorgen, Raj (Hg.): *Revolutions – Reframed, Revisited, Revised*. Peter Lang, Frankfurt u.a. 2007, S. 105–114.
- Jain, Anil K.: *Medien der Anschauung – Theorie und Praxis der Metapher*. edition fatal, München 2002.
- Jain, Anil K.: *Politik in der (Post-)Moderne – Reflexiv-deflexive Modernisierung und die Diffusion des Politischen*. edition fatal, München 2000.
- Jain, Anil K.: *Spiegelungen der Reflexivität – Deflexive Gegenpole und die reflexive Methode der Organalyse*. Online Ressource: http://www.power-xs.net/jain/pub/spiegelungen.pdf.
- Jain, Anil K.: *Terror oder die Normalität des Schreckens*. In: Hitzler, Ronald/Reichertz, Jo (Hg.): *Irritierte Ordnung – Gesellschaftliche Deutung und Verarbeitung von Terror*. UVK Verlagsgesellschaft, Konstanz 2003, S. 31–50.
- Jain, Anil K.: *Zur Ökonomie des wissenschaftlichen Begehrens – Das Objekt als reflexives Erkenntnismedium und Fetisch*. In: Adelmann, Ralf et al. (Hg.): *Kulturelle Zyklographie der Dinge*. Wilhelm Fink, München 2017, S. ??–??.
- Jameda: *Dr. med. Anil Jain*. Online Ressource: https://www.jameda.de/-bruchsal/aerzte/praktische-aerzte/dr-anil-jain/uebersicht/80272492_1.
- Jaspers, Karl: *Einführung in die Philosophie – Zwölf Radiovorträge*. Artemis, Zürich 1950.
- Jones, Chuck: *Apple's iPhone – Market Share Vs. Profits*. In: *Forbes*. Ausgabe vom 21.2.2016. Online Ressource: https://www.forbes.com/sites/chuckjones/2016/02/21/apples-iphone-market-share-vs-profits.
- Jung, Carl G.: *Die Archetypen und das kollektive Unbewußte*. In: Jung-Kerker, Lylly/Rüf, Elisabeth (Hg.): *C. G. Jung – Gesammelte Werke*. Walter-Verlag, Olten/Feiburg 1976, Band 9-1.

- Kant, Immanuel: *Beantwortung der Frage: Was ist Aufklärung?* In: Weischedel, Wilhelm (Hg.): *Immanuel Kant – Werke in zwölf Bänden*. Suhrkamp: Frankfurt 1977, Band 11.
- Kant, Immanuel: *Kritik der reinen Vernunft*. In: Weischedel, Wilhelm (Hg.): *Immanuel Kant – Werke in zwölf Bänden*. Suhrkamp, Frankfurt 1977, Band 3.
- Kant, Immanuel: *Kritik der Urteilskraft*. In: Weischedel, Wilhelm (Hg.): *Immanuel Kant – Werke in zwölf Bänden*. Suhrkamp, Frankfurt 1977, Band 10.
- Kapr, Albert: *Fraktur – Form und Geschichte der gebrochenen Schriften*. Verlag Hermann Schmidt, Mainz 1993.
- Kerckhove, Derrick de: *Jenseits des Globalen Dorfes – Infragestellung der Öffentlichkeit*. In: Maresch, Rudolf (Hg.): *Medien und Öffentlichkeit – Positionierungen, Symptome, Simulationsbrüche*. Klaus Boer Verlag, Grafrath 1996, S. 135–148.
- Kerckhove, Derrick de: *The Skin of Culture – Investigating the New Electronic Reality*. Somerville House Publishing, Toronto 1995.
- Kierkegaard, Søren: *Der Begriff Angst – Eine simple psychologisch-hinweisende Erörterung in Richtung des dogmatischen Problems der Erbsünde*. Europäische Verlagsanstalt, Frankfurt 1991.
- Kirshenblatt-Gimblett: *Destination Culture – Tourism, Museums, and Heritage*. University of California Press, Berkley/Los Angeles/London 1998.
- Kittler, Friedrich A.: *Aufschreibesysteme – 1800/1900*. Wilhelm Fink, München 1985.
- Klein, Melanie: *Some Theoretical Conclusions Regarding the Emotional Life of the Infant*. In: Klein, Melanie et al. (Hg.): *Developments in Psychoanalysis*. Hogarth Press, London 1952, S. 198–236.
- Knorr-Cetina, Karin: *Die Fabrikation von Erkenntnis – Zur Anthropologie der Naturwissenschaften*. Suhrkamp: Frankfurt 1984.
- König, Gudrun M. (Hg.): *Alltagsdinge – Erkundungen der materiellen Kultur [Tübinger kulturwissenschaftliche Gespräche, Band 1]*. Tübinger Vereinigung für Volkskunde, Tübingen 2005.
- Kohl, Karl-Heinz: *Macht der Dinge – Geschichte und Theorie sakraler Objekte*. C. H. Beck, München 2003.
- Koivunen, Niina/Rehn, Alf (Hg.): *Creativity and the Contemporary Economy*. Liber, Malmö u.a. 2009.

- Korff, Gittfried: *Notizen zur Dingbedeutsamkeit*. In: Eberspächer, Martina et al. (Hg.): *13 Dinge – Form, Funktion, Bedeutung [Ausstellungskatalog]*. Landesmuseum Württemberg, Stuttgart 1992, S. 8–17.
- Kossman, Herman/Mulder, Suzanne/den Oudsten, Frank: *Narrative Spaces – On the Art of Exhibiting*. NAi, Rotterdam 2013.
- Krämer, Sybille: *Das Medium als Spur und als Apparat*. In: Dies. (Hg.): *Medien, Computer, Realität – Wirklichkeitsvorstellungen und neue Medien*. Suhrkamp, Frankfurt 1998, S. 73–94.
- Kreissl, Dorit: *Franz von Stuck – Vom Müllersohn zum Malerfürst [Rundfunkmanuskript]*. Bayerischer Rundfunk, München 2014.
- Kuhn, Thomas: *The Structure of Scientific Revolutions*. The University of Chicago Press: Chicago 1970.
- Lacan, Jacques: *Das Spiegelstadium als Bildner der Ichfunktion*. In: Ders.: *Schriften*. Quadriga Verlag, Weinheim/Berlin 1986, Band I, S. 61–70.
- Lacan, Jacques: *Die Ethik der Psychoanalyse – Das Seminar, Buch VII*. Quadriga, Weinheim/Berlin 1996.
- Lacan, Jacques: *Die Objektbeziehung – Das Seminar, Buch IV*. Quadriga, Weinheim/Berlin 1986.
- Lacan, Jacques: *Die Metapher des Subjekts*. In: Ders.: *Schriften*. Quadriga Verlag, Weinheim/Berlin 1986, Band II, S. 56–59.
- Lacan, Jacques: *Funktion und Feld des Sprechens und der Sprache in der Psychoanalyse*. In: Ders.: *Schriften*. Quadriga Verlag, Weinheim/Berlin 1986, Band I, S. 71–169.
- Lauffer, Otto: *Quellen der Sachforschung – Wörter, Schriften, Bilder und Sachen: Ein Beitrag zur Volkskunde der Gegenstandskultur*. In: *Oberdeutsche Zeitschrift für Volkskunde*. Nr. 17/1943, S. 106–131.
- Lange, Rudi W./Esterhuizen, Hendry L./Beatty, Derek: *Performance Differences Between Times and Helvetica in a Reading Task*. In: *Electronic Publishing*. Vol. 6, Nr. 3 (1993), S. 241–248.
- Lash, Scott: *Ästhetische Dimension Reflexiver Modernisierung*. In: *Soziale Welt*. Nr. 3/1992, S. 261–277.
- Lash, Scott: *Reflexivität und ihre Doppelungen – Struktur, Ästhetik und Gemeinschaft*. In: Beck, Ulrich/Giddens, Anthony/Ders.: *Reflexive Modernisierung*. Suhrkamp: Frankfurt 1996, S. 195–286.
- Lash, Scott/Urry, John: *Economies of Signs and Space*. Sage Publications, London/Thousand Oaks/New Delhi 1994.
- Latour, Bruno: *On Actor Network Theory – A Few Clarifications*. In: *Soziale Welt*. Vol. 47 (1996), S. 369–381.

- Latour, Bruno: *Das Parlament der Dinge – Für eine politische Ökologie*. Suhrkamp, Frankfurt 2001.
- Latour, Bruno: *Technology Is Society Made Durable*. In: Law, John (Hg.): *A Sociology of Monsters – Essays on Power, Technology and Domination*. Routledge, London/New York 1991, S. 103–131.
- Latour, Bruno: *Wir sind nie modern gewesen – Versuch einer symmetrischen Anthropologie*. Akademie Verlag, Berlin 1995.
- Latour, Bruno/Woolgar, Steve: *Laboratory Life – The Social Construction of Scientific Facts*. Sage Publications, Beverly Hills/London 1979.
- Laurence Moore, R.: *The Spiritualist Medium – A Study of Female Professionalism in Victorian America*. In: *American Quarterly*. Vol. 27, Nr. 2 (1975), S. 200–221.
- Lego: *Serious Play*. Online Ressource: https://www.lego.com/en-us/seriousplay.
- Leibniz, Gottfried W.: *Neue Abhandlungen über den menschlichen Verstand.* Dürr: Leipzig 1904.
- Lévi-Strauss, Claude: *Introduction à l'oeuvre de Marcel Mauss*. In: Mauss, Marcel: *Sociologie et anthropologie*. Presses universitaires de France, Paris 1950, S. VII–LII.
- Liebig, Martin: *Browser-Typografie – Untersuchungen zur Lesbarkeit von Schrift*. VWH, Glückstadt 2008.
- Linstead, Stephen/Höpfl, Heather (Hg.): *The Aesthetics of Organization*. Sage, London/Thousand Oaks 2000.
- Lippe, Rudolf zur: *Sinnenbewußtsein – Grundlegung einer anthropologischen Ästhetik*. Rowohlt, Reinbek 1987.
- Lischka, Gerhard J.: *Schnittstellen – Das postmoderne Weltbild.* Benteli, Bern 1997.
- Locke, John: *Ein Versuch über den menschlichen Verstand.* L. Heimann, Berlin 1872.
- Löhnhoff, *Jens: Der Körper als Generator vorreflexiver Gewissheit und Medium der Sinnkonstruktion*. In: Renn, Joachim/Erst, Christoph/Isenböck, Peter (Hg.): *Konstruktion und Geltung – Beiträge zu einer post-konstruktivistischen Sozial- und Medientheorie.* Springer VS, Wiesbaden 2012, S. 183–203.
- Lücking, Andy: *Ikonische Gesten – Grundzüge einer linguistischen Theorie*. De Gruyter, Berlin/Boston 2013.
- Luhmann, Niklas: *Die Realität der Massenmedien.* Westdeutscher Verlag, Opladen 1996.

- Luhmann, Niklas: *Soziale Systeme – Grundriß einer allgemeinen Theorie.* Suhrkamp, Frankfurt 1984.
- Lynch, Michael: *Against Reflexivity as an Academic Virtue and Source of Privileged Knowledge.* In: *Theory, Culture & Society.* Vol. 17, Nr. 3 (2000), S. 26–54.
- Lyotard, Jean-François: *Das postmoderne Wissen – Ein Bericht.* Edition Passagen: Graz/Wien 1986.
- Mahagoni – Magazin für Stil, Lebensart und Kultur: *Franz von Stuck: »Die Sünde« – Macht und Ihre Mittel (1893).* Online Ressource: http://www.mahagoni-magazin.de/malerei/franz-von-stuck-,die-sunde---macht-und-ihre-mittel-1893.
- March, Amy: *Love Among the Objectum Sexuals.* In: *Electronic Journal of Human Sexuality.* Vol. 13 (2010), Online-Ressource: http://www.ejhs.org/-volume13/ObjSexuals.htm.
- Marcuse, Herbert: *Der eindimensionale Mensch.* Deutscher Taschenbuch Verlag, München 1994 [1964].
- Martin, Roger: *The Design of Business – Why Design Thinking Is the Next Competitive Advantage.* Harvard Business Press, Boston 2009.
- Marx, Karl: *Das Kapital.* In: Institut für Marxismus-Leninismus beim ZK der SED (Hg.): *Karl Marx, Friedrich Engels – Werke.* Dietz Verlag, Berlin 1956ff., Band 23, S. 11–802.
- Marx, Karl: *Kritik der Hegelschen Dialektik und Philosophie überhaupt [Ökonomisch-philosophische Manuskripte].* In: Institut für Marxismus-Leninismus beim ZK der SED (Hg.): *Karl Marx, Friedrich Engels – Werke.* Dietz Verlag, Berlin 1956ff., Band 40, S. 465–588.
- Marx, Karl/Engels, Friedrich: *Manifest der kommunistischen Partei.* In: Institut für Marxismus-Leninismus beim ZK der SED (Hg.): *Karl Marx, Friedrich Engels – Werke.* Dietz Verlag, Berlin 1956ff., Band 4, S. 459–493.
- Masalon, Kevin C.: *Die Deutsche Zeichensetzung gestern, heute – und morgen: eine korpusbasierte, diachrone Untersuchung der Interpunktion als Teil schriftsprachlichen Wandels im Spannungsfeld von Textpragmatik, System und Norm unter besonderer Berücksichtigung des Kommas.* Dissertation, Universität Duisburg-Essen 2014.
- McLuhan, Marshall: *The Gutenberg Galaxy – The Making of Typographic Man.* University of Toronto Press, Toronto 1962.
- McLuhan, Marshall: *Understanding Media – The Extensions of Man.* MIT Press, Camebridge/London 1994 [1964].

- Mead, George H.: *Geist, Identität und Gesellschaft*. Suhrkamp, Frankfurt 1993.
- Meadows, Donella et al: *Die Grenzen des Wachstums – Bericht des Club of Rome zur Lage der Menschheit*. Deutsche Verlags-Anstalt, Stuttgart 1972.
- Mehrgardt, Michael: *Erkenntnistheoretische Grundlegung der Gestalttherapie*. Lit Verlag, Münster/Hamburg 1994.
- Melucci, Alberto: *Nomads of the Present – Social Movements and Individual Needs in Contemporary Society*. Temple University Press, Philadelphia 1989.
- Memory Alpha: *Navigational Deflector*. Online-Ressource: http://memory-alpha.wikia.com/wiki/navigational_deflector.
- Merrell, Floyd: *Simplicity and Complexity – Pondering Literature, Science, and Painting*. University of Michigan Press, Ann Arbor 1998.
- Meyer, Thomas: *Die Inszenierung des Scheins – Essay-Montage*. Suhrkamp, Frankfurt 1992.
- Mir, Emmanuel: *Kunst Unternehmen Kunst – Die Funktion der Kunst in der postfordistischen Arbeitswelt*. Transscript, Bielefeld 2014.
- Moldaschl, Manfred: *Institutionelle Reflexivität – Zur Analyse von »Change« im Bermuda-Dreieck von Modernisierungs-, Organisations- und Interventionstheorie*. In: Faust, Michael/Fulda, Maria/Moldaschl, Manfred (Hg.): *Die »Organisation« der Arbeit*. Rainer Hampp Verlag: München/Mering 2005, S. 355–382.
- Moldaschl, Manfred: *Reflexivität – Zur Bestimmung und Anwendung der Kategorie in Organisationsforschung, Beratung und Gestaltung*. Lehrstuhl für Soziologie der TU München, Working Paper Nr. 3 (2000). Online-Ressource: https://www.researchgate.net/publication/228554501_Zur_Bestimmung_und_Anwendung_der_Kategorie_in_Organisationsforschung_Beratung_und_Gestaltung.
- Moldaschl, Manfred/Manger Daniela (Hg.): *Im Spiegel der Organisation – Innovationsfähigkeit durch Institutionelle Reflexivität*. Rainer Hampp Verlag, München/Mering 2016.
- Montaigne, Michel de: *Daß Philosophieren sterben lernen heisse*. In: Ders.: *Essais*. Diogenes, Zürich 1992, Band 1, S. 103–135.
- Moréas, Jean: *Der Symbolismus*. Online Ressource: http://www.uni-due.de/lyriktheorie/texte/1886_moreas.html.
- Morris, Charles W.: *Grundlagen der Zeichentheorie*. Ullstein, Frankfurt/Berlin/Wien 1979.

- Müller, Daniel: *Banale Objekte einer obskuren Begierde*. In: *taz*. Ausgabe vom 14.12.2006, Online Resource: http://www.taz.de/1/archiv/?dig=2006/-12/14/a0179.
- Nieslony, Henning: *Corporate Design am Beispiel der Marke »Nivea«*. GRIN Verlag, München 2006.
- Nietzsche; Friedrich: *Also sprach Zarathustra*. In: Schlechta, Karl (Hg.): *Friedrich Nietzsche – Werke in drei Bänden*. Hanser, München 1954, Band 2.
- Nohejl, Regine: *Die »Auferstehung des Wortes« – Die Suche nach einer universellen Sprache in der russischen Avantgarde*. Online Resource: http://www.komparatistik-online.de/component/joomdoc/doc_download/202-komparatistik-online-20142-russische-avantgarde.
- Ogden, Charles K./Richards, Ivor A.: *The Meaning of Meaning – A Study of the Influence of Language upon Thought and of the Science of Symbolism*. Harcourt, Brace & World, New York 1923.
- Ovid: *Narcissus und Echo*. In: *Metamorphosen*. Online Ressource: http://gutenberg.spiegel.de/buch/metamorphosen-4723/19.
- Paper, Jordan: *Mediumism Throughout History and Around the Globe*. In: Moreman, Christopher M. (Hg.): *The Spiritualist Movement – Speaking With the Dead in America and Around the World [Vol. 1: American Origins and Global Proliferation]*. Praeger, Santa Barbara/Denver/Oxford 2013, S. 3 18.
- Partridge, Eric: *You Have a Point There – A Guide to Punctuation and Its Allies*. Routledge, London/New York 2005.
- Patterson, Donald G./Tinker, Miles A.: *Studies of Typographical Factors Influencing Speed of Reading – X: Style of Type Face*. In: *Journal of Applied Psychology*. Vol. 16, Nr. 6 (1932), S. 605–613.
- Peirce, Charles S.: *Semiotische Schriften*. Suhrkamp, Frankfurt 1993.
- Perls, Fritz/Hefferline, Ralph F./Goodman, Paul: *Gestalt Therapy – Excitement and Growth in the Human Personality*. Julian Press, New York 1951.
- Peters, John Durham: *Speaking Into the Air – A History of the Idea of Communication*. University of Chicago Press, Chicago/London 1999.
- Pfahl, Julia: *Der Körper als Bühne des Selbst – Zur Theatralität des Körpers in ästhetischer und kulturanthropologischer Perspektive*. In: Schneider, Martin/Diehl, Marc (Hg.): *Gender, Queer und Fetisch – Konstruktionen von Identität und Begehren*. Männerschwamm Verlag, Hamburg 2011, S. 30–53.

- Piaget, Jean: *Das Erwachen der Intelligenz beim Kinde.* Klett-Cotta, Stuttgart 2003.
- Platon: *Kratylos.* In: Loewenthal, Erich (Hg.): *Platon – Sämtliche Werke.* Lambert Schneider, Berlin 1940, Band I.
- Platon: *Politeia.* In: Hülser, Karlheinz (Hg.): *Platon – Sämtliche Werke.* Insel: Frankfurt/Leipzig 1991, Band V.
- Pomian, Krzysztof: *Der Ursprung des Museums – Vom Sammeln.* Wagenbach, Berlin 1988.
- Quah, Denny T.: *Increasingly Weightless Economies.* In: *Bank of England Quarterly Bulletin.* Februar 1997, S. 49–56.
- Rancière, Jacques: *Das Unbehagen in der Ästhetik.* Passagen, Wien 2009.
- Rau, Harald: *Die digitale Herausforderung: Entmaterialisierung meint mehr als nur Entstofflichung – ein Essay.* In: Ders. (Hg.): *Digitale Dämmerung – Die Entmaterialisierung der Medienwirtschaft.* Nomos, Baden-Baden 2014, S. 15–40.
- Reck, Hans Ulrich: *Kunst als Medientheorie – Vom Zeichen zur Handlung.* Wilhelm Fink, München 2003.
- Rheinberger, Hans-Jörg: *Experimentalsysteme und epistemische Dinge – Eine Geschichte der Proteinsynthese im Reagenzglas.* Suhrkamp, Frankfurt 2006.
- Ricœur, Paul: *Der Text als Modell – Hermeneutisches Verstehen.* In: Bühl, Walter L. (Hg.): *Verstehende Soziologie – Grundzüge und Entwicklungstendenzen.* Nymphenburger Verlagshandlung, München 1972, S. 252–283.
- Rousseau, Jean-Jacques: *Abhandlung über den Ursprung und die Grundlagen der Ungleichheit unter den Menschen.* In: Weigand, Kurt (Hg.): *Rousseau – Schriften zur Kulturkritik.* Felix Meiner, Hamburg 1995.
- Sagan, Eli: *Citizens and Cannibals – The French Revolution, the Struggle for Modernity, and the Origins of Ideological Terror.* Rowman & Littelfield Publishers, Lanham u.a. 2001.
- Sandro, Paul: *Diversions of Pleasure – Louis Buñuel and the Crisis of Desire.* Ohio State University Press, Columbus 1987.
- Sandywell, Barry: *Reflexivity and the Crisis of Western Reason – Logological Investigations [Vol. 1].* Routledge: London/New York 1996.
- Sarte, Jean-Paul: *Das Sein und das Nichts – Versuch einer phänomenologischen Ontologie.* Rowohlt, Reinbek 1991.
- Sartre, Jean-Paul: *Kritik der dialektischen Vernunft – Theorie der gesellschaftlichen Praxis.* Rowohlt, Reinbek 1967.

- Saussure, Ferdinand: *Grundfragen der allgemeinen Sprachwissenschaft*. De Gruyter, Berlin 1967.
- Schelling, Friedrich W. J.: *Ideen zu einer Philosophie der Natur*. In: Weiß, Otto (Hg.): *Friedrich Wilhelm Joseph von Schelling: Werke – Auswahl in drei Bänden*. Fritz Eckardt, Leipzig 1907, Band 1.
- Schiller, Friedrich: *Über die ästhetische Erziehung des Menschen in einer Reihe von Briefen*. In: Frick, Gerhard/Göpfert, Herbert C. (Hg.): *Friedrich Schiller – Sämtliche Werke*. Hanser, München 1962, Band 3.
- Schiuma, Giovanni: *The Value of Arts for Business*. Cambridge University Press, Cambridge u.a. 2011.
- Schönherr-Mann, Hans-Martin: *Protest, Solidarität und Utopie – Perspektiven partizipatorischer Demokratie*. edition fatal, München 2013.
- Schüttpelz, Erhard: *Mediumismus und moderne Medien – Die Prüfung des europäischen Medienbegriffs*. In: *Deutsche Vierteljahrsschrift für Literaturwissenschaft und Geistesgeschichte*. Vol. 86, Nr. 1 (2012), S. 121–144.
- Searle, John R.: *Speech Acts – An Essay in the Philosophy of Language*. Cambridge University Press, Cambridge 1969.
- Shannon, Claude: *A Mathematical Theory of Communication*. In: *Bell System Technical Journal*. Vol. 27 (1948), S. 379–423 und S. 623–656.
- Sommer, Christoph/Rimscha, M. Bjørn: *Jenseits von traditionellen Mediengattungen – Die transmediale Angebotsmatrix*. In: Rau, Harald (Hg.): *Digitale Dämmerung – Die Entmaterialisierung der Medienwirtschaft*. Nomos, Baden-Baden 2014, S. 247–265.
- Star, Susan L./Griesemer, James R. (1989): *Institutional Ecology, ›Translations‹ and Boundary Objects – Amateurs and Professionals in Berkeley's Museum of Vertebrate Zoology, 1907–39*. In: *Social Studies of Science*. Vol. 19, Nr. 3/1989, S. 387–420.
- Steyerl, Hito: *Die Sprache der Dinge*. Online-Ressource: http://eipcp.net/-transversal/0606/steyerl/de.
- Strategic Play: *Lego Serious Play*. Online Ressource: http://www.strategic-play.ca/article/lego-serious-play-1282.asp.
- Strati, Antonio: *Aesthetics in the Study of Organizational Life*. In: Barry, Daved/Hansen, Hans (Hg.): *The Sage Handbook of New Approaches in Management and Organization*. Sage, Los Angeles u.a. 2008.
- Strati, Antonio: *Organization and Aesthetics*. Sage, London/Thousand Oaks 1999.

- Tarasova, Dimitry A./Sergeeva, Alexander P. /Filimonova, Victor V.: *Legibility of Textbooks – A Literature Review*. In: *Procedia – Social and Behavioral Sciences*. Vol. 174 (2015), S. 1300–1308.
- Terry, Jennifer: *Loving Objects*. In: *Trans-Humanities*. Vol 2, Nr. 1 (2010), S. 33–75.
- Thiemeyer, Thomas: *Die Sprache der Dinge – Museumsobjekte zwischen Sprache und Erscheinung*. Online-Reosurce: http://www.museenfuergeschichte.de/downloads/news/Thomas_Thiemeyer-Die_Sprache_der_Dinge.pdf.
- Thomas, Christoph: *»Ich kann aber nicht malen« – Geschichte, Verfahren, Möglichkeiten und Grenzen der Kunsttherapie*. In: Kraus, Werner (Hg.): *Die Heilkraft des Malens – Einführung in die Kunsttherapie*. C. H. Beck, München 1996, S. 13–36.
- Tillich, Paul: *Symbol und Wirklichkeit*. Vandenhoeck unf Rupprecht, Göttingen 1986.
- Toulmin, Stephen: *Cosmopolis – The Hidden Agenda of Modernity*. University of Chicago Press, Chicago 1990.
- Tromershausen, Anke: *Medienorganisationen im Wandel – Zur theoretischen Fundierung einer Re-Materialisierung von Kommunikation und Organisation*. In: Rau, Harald (Hg.): *Digitale Dämmerung – Die Entmaterialisierung der Medienwirtschaft*. Nomos, Baden-Baden 2014, S. 59–76.
- Unger, Roberto M.: *False Necessity – Anti-Necessitarian Social Theory in the Service of Radical Democracy*. Cambridge Univerity Press, New York u.a. 1987.
- Varela, Francisco J./Thompson, Evan/Rosch, Eleanor: *The Embodied Mind – Cognitive Science and Human Experience*. MIT Press, Cambridge 1991.
- Weber, Max: *Wissenschaft als Beruf*. Reclam, Stuttgart 1995 [1919].
- Wellmer, Albrecht: *Zur Dialektik von Moderne und Postmoderne*. Suhrkamp, Frankfurt 1993.
- Weisberg, Barbara: *Talking to the Dead – Kate and Maggie Fox and the Rise of Spiritualism*. HarperCollins, New York 2004.
- Wikipedia: *Anil K. Jain – Electrical Engineer, Born 1946*. Online Ressource: https://en.wikipedia.org/wiki/Anil_K._Jain_(electrical_engineer,_born_1946).
- Wikipedia: *Columbo*. Online Ressource: https://de.wikipedia.org/wiki/-Columbo.
- Wikipedia: *Forensic Files*. Online Ressource: *https://en.wikipedia.org/wiki/-Forensic_Files*.

- Wikipedia: *Medical Detectives*. Online Ressource: https://de.wikipedia.org/-wiki/Medical_Detectives_%E2%80%93_Geheimnisse_der_Gerichtsmedizin.
- Winnicott, Donald W.: *The Maturational Processes and the Faciliating Environment – Studies in the Theory of Emotional Development*. International Universities Press, New York 1965.
- Wittgenstein, Ludwig: *Philosophische Untersuchungen*. Suhrkamp, Frankfurt 2002.
- Wolf, Hellmuth: *Nachrichtenübertragung*. Springer, Berlin/Heidelberg/New York 1974.

Bildquellenverzeichnis

Abbildung 1: WTC Smoking on 9-11. Quelle: Wikipedia, Urheber: Michael Foran (Lizenz: Creative Commons Attribution 2.0)

Abbildung 2: Gemälde »Die Sünde« von Franz Stuck. Quelle: Wikipedia, bereitgestellt durch Directmedia Publishing GmbH/The Yorck Project Gesellschaft für Bildarchivierung GmbH (Lizenz: GNU Free Documentation License)

Abbildung 3: Replik von Marcel Duchamps »Fountain« im Musée Maillol, Paris. Quelle: Wikipedia, Urheber: Micha L. Rieser (Lizenz: Creative Commons Attribution-Share Alike 3.0 Unported)

Abbildung 4: Verkehrszeichen 101 (Gefahrstelle). Quelle: Deutscher Verkehrssicherheitsrat e.V.

Abbildung 5: Ausrufezeichen, dargestellt in verschiedenen Schrifttypen. Quelle: selbst erstellt.

Abbildungen 6ff.: Eigene Fotos von Workshops im Kontext des Projekts »OMedeR«.